广州城市智库丛书

广州都市民生与社会心态
评价分析与提升路径

黄玉　陈杰　简荣　等◎著

中国社会科学出版社

图书在版编目(CIP)数据

广州都市民生与社会心态:评价分析与提升路径/黄玉等著.—北京:中国社会科学出版社,2024.4

(广州城市智库丛书)

ISBN 978-7-5227-2941-1

Ⅰ.①广… Ⅱ.①黄… Ⅲ.①社会管理—研究—广东 Ⅳ.①D676.5

中国国家版本馆CIP数据核字(2023)第255950号

出 版 人	赵剑英
责任编辑	喻 苗
责任校对	王 龙
责任印制	王 超

出　　版	中国社会科学出版社
社　　址	北京鼓楼西大街甲158号
邮　　编	100720
网　　址	http://www.csspw.cn
发 行 部	010-84083685
门 市 部	010-84029450
经　　销	新华书店及其他书店
印　　刷	北京明恒达印务有限公司
装　　订	廊坊市广阳区广增装订厂
版　　次	2024年4月第1版
印　　次	2024年4月第1次印刷
开　　本	710×1000 1/16
印　　张	22
字　　数	286千字
定　　价	108.00元

凡购买中国社会科学出版社图书,如有质量问题请与本社营销中心联系调换

电话:010-84083683

版权所有　侵权必究

广州城市智库丛书
编审委员会

主　任　张跃国

副主任　周成华　杨再高　尹　涛　伍　庆

委　员（按姓氏拼音排序）
　　　　白国强　蔡进兵　陈彦博　杜家元　方　琳　郭艳华
　　　　何　江　何春贤　黄　玉　柳立子　罗谷松　欧江波
　　　　覃　剑　王美怡　杨代友　姚　阳　殷　俊　曾俊良
　　　　张赛飞

总　序

何谓智库？一般理解，智库是生产思想和传播智慧的专门机构。但是，生产思想产品的机构和行业不少，智库因何而存在，它的独特价值和主体功能体现在哪里？再深一层说，同为生产思想产品，每家智库的性质、定位、结构、功能各不相同，一家智库的生产方式、组织形式、产品内容和传播渠道又该如何界定？这些问题看似简单，实际上直接决定着一家智库的立身之本和发展之道，是必须首先回答清楚的根本问题。

从属性和功能上说，智库不是一般意义上的学术团体，也不是传统意义上的哲学社会科学研究机构，更不是所谓的"出点子""眉头一皱，计上心来"的术士俱乐部。概括起来，智库应具备三个基本要素：第一，要有明确目标，就是出思想、出成果，影响决策、服务决策，它是奔着决策去的；第二，要有主攻方向，就是某一领域、某个区域的重大理论和现实问题，它是直面重大问题的；第三，要有具体服务对象，就是某个层级、某个方面的决策者和政策制定者，它是择木而栖的。当然，智库的功能具有延展性、价值具有外溢性，但如果背离本质属性、偏离基本航向，智库必会惘然自失，甚至可有可无。因此，推动智库建设，既要遵循智库发展的一般规律，又要突出个体存在的特殊价值。也就是说，智库要区别于搞学科建设或教材体系的大学和一般学术研究机构，它重在综合运用理论和知识分析研判重大问题，这是对智库建设的一般要求；同时，具体到一家智库个体，又要依据自身独一无二的性质、类型和定位，塑造独特个性和鲜明风格，占据真正属于自己的空间和制高点，这是智库独立和自立的根本标志。当前，智库建设的理论和政策不一而足，实践探索也呈现出八仙过海之势，这当然有利于形成智库界的时代标签和身份识别，但在热情高涨、高歌猛进的大时代，也容易盲目跟风、漫天飞舞，以致破坏本就脆弱的智库生态。所以，我们可能还要保持一点冷静，从战略上认真思考智库到底应该怎么建，社科院智库应该怎么建，城市社科院智库又应该怎么建。

广州市社会科学院建院时间不短，在改革发展上也曾经历曲折艰难探索，但对于如何建设一所拿得起、顶得上、叫得响的新型城市智库，仍是一个崭新的时代课题。近几年，我们全面分析研判新型智库发展方向、趋势和规律，认真学习借鉴国内外智库建设的有益经验，对标全球城市未来演变态势和广州重大战略需求，深刻检视自身发展阶段和先天禀赋、后天条件，确定了建成市委、市政府用得上、人民群众信得过、具有一定国际影响力和品牌知名度的新型城市智库的战略目标。围绕实现这个战略目标，边探索边思考、边实践边总结，初步形成了"1122335"的一套工作思路：明确一个立院之本，即坚持研究广州、服务决策的宗旨；明确一个主攻方向，即以决策研究咨询为主攻方向；坚持两个导向，即研究的目标导向和问题导向；提升两个能力，即综合研判能力和战略谋划能力；确立三个定位，即马克思主义重要理论阵地、党的意识形态工作重镇和新型城市智库；瞄准三大发展愿景，即创造战略性思想、构建枢纽型格局和打造国际化平台；发挥五大功能，即咨政建言、理论创新、舆论引导、公众服务、国际交往。很显然，未来，面对世界高度分化又高度整合的时代矛盾，我们跟不上、不适应的感觉将长期存在。由于世界变化的不确定性，没有耐力的人常会感到身不由己、力不从心，唯有坚信事在人为、功在不舍的自觉自愿者，才会一直追逐梦想直至抵达理想的彼岸。正如习近平总书记在哲学社会科学工作座谈会上的讲话中指出的，"这是一个需要理论而且一定能够产生理论的时代，这是一个需要思想而且一定能够产生思想的时代。我们不能辜负了这个时代"。作为以生产思想和知识自期自许的智库，我们确实应该树立起具有标杆意义的目标，并且为之不懈努力。

智库风采千姿百态，但立足点还是在提高研究质量、推动内容创新上。有组织地开展重大课题研究是广州市社会科学院提高研究质量、推动内容创新的尝试，也算是一个创举。总的考虑是，加强顶层设计、统筹协调和分类指导，突出优势和特色，形成系统化设计、专业化支撑、特色化配套、集成化创新的重大课题研究体系。这项工作由院统筹组织。在课题选项上，每个研究团队围绕广州城市发展战略需求和经济社会发展中重大理论与现实问题，结合各自业务专长和学术积累，每年初提出一个重大课题项目，经院内外专家三轮论证评析后，院里正式决定立项。在课题管理上，要求从基本逻辑与文字表达、基础理论与实践探索、实地调研与方法集成、综合研判与战略谋划等方面反复打磨锤炼，结项仍然要经过三轮评审，并集中举行重大课题成果发布会。在成果转化应用上，建设"研究专报＋刊物发表＋成果发布＋媒体宣传＋著作出版"组合式转化传播平台，形成延伸转化、彼此补充、互相支撑的系列成果。自2016年以来，广州市社会科学院已组织开展40多项重大课题研究，积累了一批具有一定学术价值和应用价值的研究成果，这些成果绝大部分以专报方式呈送市委、市政府作为决策参考，对广州城市发展产生了积极影响，有些内容经媒体宣传报道，也产生了一定的社会影响。我们认为，遴选一些质量较高、符合出版要求的研究成果统一出版，既可以记录我们成长的足迹，也能为关注城市问题和广州实践的各界人士提供一个观察窗口，是很有意义的一件事情。因此，我们充满底气地策划出版了这套智库丛书，并且希望将这项工作常态化、制度化，在智库建设实践中形成一条兼具地方特色和时代特点的景观带。

感谢同事们的辛勤劳作。他们的执着和奉献不但升华了自我，也点亮了一座城市通向未来的智慧之光。

广州市社会科学院党组书记、院长

张跃国

2018年12月3日

前　　言

　　中国共产党的百年奋斗史就是为人民谋幸福的历史，2020年中国全面建成小康社会，实现了第一个百年奋斗目标，中国共产党带领全国各族人民乘势而上迈上全面建设社会主义现代化国家新征程、向第二个百年奋斗目标进军。坚持人民至上是习近平新时代中国特色社会主义思想的根本立场，"以人民为中心"的发展理念，紧紧抓住我国社会的主要矛盾，以满足人民日益增长的美好生活需要为根本目的，坚持在发展中保障和改善民生，扎实推进共同富裕。在中国经济社会发展进程中，城市的作用越来越凸显，持续深入的城市化成为经济社会转型的重要环节。广州作为国家中心城市，根据第七次全国人口普查的数据，全市常住人口1867.7万人，十年间增加了597.6万人，增长达47.1%，呈现出强劲的人口"虹吸效应"。城市化进程中的都市民生与社会心态日益成为社会建设需要关注的重要内容。

　　坚持"以人民为中心"需要我们听民意察民心，重视社情民意，要以造福人民为目标开展调查研究。在我国，社会综合调查已成为了解社会民生、社会结构变迁和社会发展状况的基础性调查。广州市社会科学院紧紧围绕立足广州、服务决策的根本任务，成立"公共政策与社会调查研究中心"，支持开展具备实证化、科学化特点的"广州社会状况综合调查（GZSS）"项目，为决策研究提供基础的、原创性的数据支持。项目的定位为具有广州城市代表性特点的大型持续性社会综合调查，聚焦广州城市民生状况、社会心态、社会治理等重点议题，建立包含社区、家庭和个人的广州社会调查综合数据库。项目以问卷调查方法为基础，整合社会学、经济学、统计学、管理学、政治学等跨学科研究力量，综合运用科学的调查数据和社会分析，提升智库科研人员研究社会政策与社会治理的能力，提高决策咨询研究的质量。

"2019年广州社会状况综合调查"是在2016年调查基础之上的GZSS项目更大规模的调查，调查时间为2019年5月至12月，历时8个月，调查样本覆盖全市11个行政区、50个街镇、100个社区、3493户家庭，有效回收3040份家庭问卷和98份社区问卷，形成了丰富的高质量数据库。本书是"2019广州社会状况综合调查"的一项成果，聚焦社会民生、社会心态、社区治理等相关数据，开展专题研究，本书部分研究成果以研究专报、《领导参阅》等多种形式报送广东省、广州市党委和政府部门，获得肯定性批示，发挥了决策参考作用。

广州市社会科学院社会研究所科研人员和GZSS 2019调查团队人员参与了2019年广州社会状况综合调查和本书的撰写，所长黄玉作为项目负责人，负责项目总体设计、研究框架、问卷设计、调查执行的统筹和写作指导，具体写作分工，第一章导论，由黄玉、付舒撰写，第二章广州社会状况综合调查项目介绍，由简荣撰写；第三章广州居民就业形态与社会预期，由朱泯静撰写；第四章广州居民住房状况与购房意愿，由田向东、潘光辉撰写；第五章广州居民消费特征及扩大内需对策研究，由张小英撰写；第六章广州儿童养育现状分析，由简荣、虞添淇撰写；第七章广州居民的社会心态及积极心态培育，由付舒、余封亮撰写；第八章广州居民的获得感分析，由卢声旺撰写；第九章广州居民幸福感及其影响因素，由简荣撰写；第十章广州居民安全感状况分析，由苗兴壮撰写；第十一章广州社会治理现代化状况分析，由陈杰、刘孟宇撰写；第十二章广州社区设施建设与社区治理情况分析，由麦劲恒撰写；第十三章广州社区信息管理状况及改进对策，由戚干舞撰写；第十四章广州居民境外关系及其影响分析，由陈杰、虞添淇撰写。

在实施调查项目过程中，广州市社会科学院党组书记、院长张跃国高度重视并多次指导和参加讨论，副院长尹涛亲自指导并给予支持，时任副院长许鹏从统计学专业角度提供了宝贵意见，在此一并致谢。受水平所限，本书难免存在错漏不足之处，恳请读者不吝赐教指正。

目 录

第一章　导论 …………………………………………（1）

第二章　广州社会状况综合调查项目介绍 ……………（10）
　　一　抽样设计 ………………………………………（10）
　　二　问卷结构 ………………………………………（16）
　　三　调查执行 ………………………………………（17）
　　四　数据分布 ………………………………………（19）

都市民生篇

第三章　广州居民就业形态与社会预期 ………………（33）
　　一　问题的提出 ……………………………………（33）
　　二　广州居民就业形态结构特征分析 ……………（34）
　　三　不同就业形态中居民社会预期与社会心态分析 …（41）
　　四　广州居民就业形态特征与社会预期特点 ……（51）
　　五　对策建议 ………………………………………（54）

第四章　广州居民住房状况与购房意愿 ………………（57）
　　一　市民住房状况 …………………………………（59）
　　二　市民购房意愿 …………………………………（71）
　　三　小结和对策建议 ………………………………（78）
　　四　政策建议 ………………………………………（81）

第五章 广州居民消费特征及扩大内需对策研究 …………（83）
一 "双循环"新发展格局下把握城市居民
消费特征的战略意义 …………………………………（83）
二 国内城乡居民消费特征的相关研究进展 ……………（84）
三 城市居民消费数据来源与研究方法 …………………（88）
四 "双循环"新发展格局下广州城市居民
消费结构变化分析 ……………………………………（88）
五 "双循环"新发展格局下广州城市居民
不同群体消费特征分析 ………………………………（102）
六 "双循环"新发展格局下广州扩大
内需的政策启示 ………………………………………（115）

第六章 广州儿童养育现状分析 …………………………（119）
一 问题的提出 ……………………………………………（119）
二 广州儿童养育的基本情况 ……………………………（119）
三 亲子互动和教养模式 …………………………………（129）
四 教育期望 ………………………………………………（135）
五 总结和对策建议 ………………………………………（139）

社会心态篇

第七章 广州居民的社会心态及积极心态培育 …………（145）
一 社会心态建设的社会功能 ……………………………（145）
二 广州城镇居民社会心态的基本特征 …………………（147）
三 广州居民社会心态的影响因素 ………………………（157）
四 广州居民社会心态建设的策略 ………………………（165）

第八章 广州居民的获得感分析 …………………………（169）
一 广州居民获得感的总貌 ………………………………（170）
二 广州市居民获得感的分布特征 ………………………（171）

三 广州居民获得感的影响因素分析 …………………… (183)
四 小结和对策建议 ………………………………………… (191)

第九章 广州居民幸福感及其影响因素 …………………… (196)
一 广州居民幸福感的总貌和趋势 ………………………… (197)
二 广州居民幸福感的群体及区域差异 …………………… (202)
三 广州居民幸福感的影响因素 …………………………… (212)
四 小结和对策建议 ………………………………………… (225)

第十章 广州居民安全感状况分析 ………………………… (229)
一 调查的基本情况及分析方法 …………………………… (229)
二 广州居民安全感的基本情况 …………………………… (230)
三 广州居民安全感的变化情况 …………………………… (234)
四 广州居民安全感的群体差异及影响因素 ……………… (237)
五 总结与建议 ……………………………………………… (242)

社会治理篇

第十一章 广州社会治理现代化状况分析 ………………… (247)
一 引言 ……………………………………………………… (247)
二 社区治理 ………………………………………………… (249)
三 获得感、幸福感、安全感 ……………………………… (265)
四 公共服务 ………………………………………………… (269)
五 总结与建议 ……………………………………………… (274)

第十二章 广州社区设施建设与社区治理情况分析 ……… (278)
一 社区生活圈 ……………………………………………… (281)
二 社区民主与自治 ………………………………………… (284)
三 公共服务 ………………………………………………… (289)
四 垃圾收集、分类与回收 ………………………………… (292)

五　社区办公环境与社区管理难题 …………………… (295)
六　总结与建议 …………………………………………… (299)

第十三章　广州社区信息管理状况及改进对策 ………… (303)
一　背景及问题提出 ……………………………………… (303)
二　基本抽样过程 ………………………………………… (304)
三　社区信息质量影响与评价维度 ……………………… (307)
四　信息能力不足的原因分析及负面效果 ……………… (310)
五　加强信息能力建设的对策 …………………………… (313)

第十四章　广州居民境外关系及其影响分析 …………… (317)
一　问题的提出 …………………………………………… (317)
二　广州境外关系数据来源及研究方法 ………………… (318)
三　广州居民境外关系的基本情况 ……………………… (318)
四　境外关系的社会影响 ………………………………… (328)
五　移民意愿 ……………………………………………… (332)
六　小结 …………………………………………………… (335)
七　广州做好境外关系社会资本增持工作的
　　路径思考 ……………………………………………… (336)

第一章 导论

"民生"一词最早出自《左传·宣公十二年》"民生在勤，勤则不匮"一文，此处"民"指百姓。① 从字面意思来看，民生指"人民的生计"，可以说政治、经济、文化、社会、生态文明等所有同人民生活有关的事项都是民生。② 这一概念显然颇为广义，所涉范围太大而不易把握，因此社会科学研究主要在社会层面上使用民生概念，其主要指民众基本的生活状态、发展机会、发展能力和权益保护状况。③

从民生理论的历史演进角度来看，民生在中国有着久远的思想传统。传说由夏朝君王太康之弟所作的《五子之歌》即有"民惟邦本，本固邦宁"的说法。④ 先秦时期《尚书·泰誓中》有"天视自我民视，天听自我民听"，认为民与天相联系，人民的意志就是天的意志。⑤ 孟子认为"民为贵，社稷次之，君为轻"，只有得民心之人才能成为天子。⑥ 西汉贾谊提出"民无不为本也，国以为本，君以为本，吏以为本"，认为百姓是一切事物的根本。⑦ 唐代柳宗元提出"吏为民役，非以役民"

---

① （战国）左丘明等：《左传》，上海古籍出版社1997年版。
② 夏征农等：《辞海》，上海辞书出版社2011年版。
③ 吴忠民：《民生的基本涵义及特征》，《当代社科视野》2008年第6期。
④ 顾颉刚：《尚书通检》，上海古籍出版社1990年版。
⑤ 顾颉刚：《尚书通检》，上海古籍出版社1990年版。
⑥ 焦循清：《孟子正义》，中华书局1957年版。
⑦ （汉）贾谊等：《贾谊集·贾太傅新书》，岳麓书社2010年版。

的著名论断。① 清代黄宗羲更是主张"天下之兴乱,不在一姓之兴亡,而在万民之忧乐",认为唯有人民是天下的主人,君王仅是宾客。② 这些中华优秀传统文化中蕴含的思想精华呈现出一个清晰的中国古代民生理论发展脉络,充分证明中国古代已经非常重视民生,将其作为确保国家长治久安的根本之策。民生思想在近代也得到发展,如康有为提出"人人平等、天下为公"的大同民生观,孙中山提出以核定地价与平均地权为核心的民生主义,梁漱溟提出发展农业、关注农村、关心农民的乡村建设理论等。

在马克思主义理论传统中,一方面,民生理论本身就是马克思主义经典理论的重要内容。王涛认为马克思恩格斯的民生思想内涵丰富,主要可以概括为以下三点:解决作为现实的人的生存和发展问题是马克思主义的根本出发点;不断改善人民群众的生产和生活状况是马克思主义的现实诉求点;每个人的全面而自由的发展是马克思主义的最终落脚点。③ 另一方面,马克思主义民生理论的发展也随着时代变迁,随着社会主要矛盾的不断转化而不断向前发展。胡柳娟认为,中国共产党百年来在民生问题的艰难求索中,先后经历了以解决土地问题为核心,目的是满足人民群众基本生存需求的生存型民生;以解决人民群众实际生活困难为根本,目的是保障好人民群众基本生活需求的保障型民生;以民生意识、民生结构、民生过程的高层次化为寻求,目的是提高人民群众生活水平的改善型民生。④ 随着中国特色社会主义进入新时代,"我国社会的主要矛盾已经转化为人民群众日益增长的美好生活需要和不平衡不充分的

---

① 杨涛:《论柳宗元民本思想的现实意义》,《船山学刊》2010 年第 4 期。
② (清)黄宗羲:《明夷待访录》,中华书局 1981 年版。
③ 王涛:《马克思恩格斯的民生思想及其启示》,《理论探索》2010 年第 2 期。
④ 胡柳娟:《中国共产党民生思想的百年探索与发展》,《西南民族大学学报》(人文社会科学版)2021 年第 42 期。

发展之间的矛盾"①。这一变化意味着，人民群众的民生需求将会更加关注生活质量、更加关注公平正义、更加关注全面发展。基于此，以习近平同志为核心的党中央始终强调以人民群众对美好生活的向往为奋斗目标，坚持在发展中保障和改善民生，在发展中补齐民生短板，促进社会公平正义，不断实现人的全面发展。

从民生问题与社会心态的关系来看，学界普遍认为民生问题会导致社会心态失衡。姜胜洪等指出，食品价格上涨、房价高企等突出的民生问题会引发群体焦虑心态，激发公众的心理压力和抑郁悲观情绪。② 唐任伍等则认为，社会心态对民生工作也具有反作用，不良的社会心态可能会诱发新的民生问题。③ 李峰讨论了新时代下中国社会民生问题和社会心态相互关系的新变化，认为随着社会主要矛盾发生转化，中国的民生领域发展不平衡不充分的矛盾日益突出，社会心态也因此呈现出赞扬和愤懑并存的矛盾状态。④ 周绍杰等指出，随着中国整体发展业已跨越生存阶段，已经进入满足人民更高福祉要求的发展阶段，经济增长对国民幸福感的提升作用逐步减弱，改善民生对国民幸福感的作用则更加明显。⑤ 这些发现共同表明，随着中国特色社会主义进入新时代，中国的民生问题和社会心态的相互作用呈现出新形态，民生工作在当代中国各项公共事务中的关键地位将越发凸显。

---

① 习近平：《决胜全面建成小康社会　夺取新时代中国特色社会主义伟大胜利——在中国共产党第十九次全国代表大会上的报告》，人民出版社 2017 年版。
② 姜胜洪、毕宏音：《转型期社会心态方面存在的问题、特点及对策研究》，《兰州学刊》2011 年第 10 期。
③ 唐任伍、刘立潇：《全面深化改革进程中的民生心态建设》，《中国行政管理》2014 年第 10 期。
④ 李锋：《新时代人民获得感再提升与民生政策调适》，《云南社会科学》2018 年第 4 期。
⑤ 周绍杰、王洪川、苏杨：《中国人如何能有更高水平的幸福感——基于中国民生指数调查》，《管理世界》2015 年第 6 期。

在社会心态研究领域，从变迁角度看，中国人的社会心态变化蕴藏在社会结构变迁的宏大叙事之中。周晓虹总结改革开放30多年来中国人社会心态的变化趋势表现为，越来越理智而成熟，越来越开放和多元，越来越主动和积极，越来越具有世界意识，具体表现为开放、流动、竞争、进取、平和、包容等的积极变化。① 各个阶层的社会心态亦发生选择性、多元性和差异性的变化。② 但与此同时，社会结构变迁也引致物欲、拜金、浮躁、冷漠、缺乏诚信、仇富炫富等消极社会心态的出现，③ 并伴随着现代社会个体主义上升，传统集体主义价值的式微。④ 这些消极社会心态的出现在一定程度上是由于利益分配不均、贫富差距拉大、腐败问题存在、社会分化加剧等原因造成的。⑤ 特别是在风险社会背景下，个体层面的社会心态变化所表现出的焦虑感凸显、信任感匮乏以及公共价值旁落等现象也值得关注⑥。从社会心态变化的发生机制来讲，有研究认为涓滴效应是社会心态变迁趋势的形成机制，即某些特定社会群体较早、较深入地感知社会变迁所带来的社会态度变迁，进而会影响到其他社会群体，并最终导致总体态度倾向的社会变迁。⑦

从群体的社会心态看，网民群体和青年群体是社会心态研

---

① 周晓虹：《中国体验：改革开放以来中国社会心态嬗变》，《中国党政干部论坛》2015年第5期。
② 严飞：《分化与流动：我国社会结构与社会心态变迁（1978—2020）》，《求索》2021年第6期。
③ 周晓虹：《中国体验：改革开放以来中国社会心态嬗变》，《中国党政干部论坛》2015年第5期。
④ 黄梓航、王俊秀、苏展、敬一鸣、蔡华俭：《中国社会转型过程中的心理变化：社会学视角的研究及其对心理学家的启示》，《心理科学进展》2021年第10期。
⑤ 董慧、杜君：《当今社会心态的"三观"因素探析》，《毛泽东邓小平理论研究》2020年第7期。
⑥ 杜仕菊、程明月：《风险社会中的社会心态表征与重塑》，《甘肃社会科学》2020年第4期。
⑦ 李路路、王元超：《中国的社会态度变迁：总体倾向和影响机制（2005—2015）》，《开放时代》2020年第6期。

究领域比较关注的两类人群。常宴会从网络流行语的变化分析中归纳出网民社会心态的矛盾性特征,一方面既表现出对党和政府的信任,对中国未来发展的信心,但另一方面也表达出对当下社会压力下的焦虑情绪、对权力腐败、分配不公的不满和对生活的娱乐化调侃,中国青年网民社会心态逐渐从政治讽刺转向生活调侃。① 例如网络流行语"佛系"体现的是个人面对高压力、高强度、高风险社会时的自我退出与生存策略,② "躺平""内卷"表达了青年群体的焦虑和宣泄的情绪。③ 在对青年群体的研究中,杨雄以我国大城市不同青年群体为研究对象,认为其社会心态新变化表现在理性爱国,公平感上升,对国家未来形式表示乐观等方面,但同时也存在住房困难、消费不足、心理困扰等问题。④ 较为可喜的是,"90 后""00 后"在社会价值观上体现出对生命至上、国家利益至上、乐于奉献精神认同的一致性。⑤

从社会心态包含的获得感、幸福感、安全感研究上看,张正等辨析了三个概念之间的关系,认为获得感建立在客观获得基础上,处于基础性地位,安全感是重要保障,幸福感是获得感和安全感的最高表现。⑥ 在对获得感的研究中,谭旭运等从需求角度分析认为保障性需求和成就性需求的满足可以提高获

---

① 常宴会:《从网络流行语看社会心态的培育》,《思想教育研究》2016 年第 2 期。
② 赵翠翠:《"佛系":当代社会私人化心态研究》,《江苏行政学院学报》2019 年第 5 期。
③ 徐振华:《躺平之维:躺平文化的话语表征与省思辩证》,《新疆社会科学》2021 年第 5 期。
④ 杨雄:《当前青年群体社会心态新变化及演变逻辑》,《人民论坛》2021 年第 25 期。
⑤ 陈月仪:《新冠肺炎疫情期间"90 后""00 后"的社会心态分析》,《决策探索》(下) 2021 年第 4 期。
⑥ 张正、金丽馥:《获得感研究述评与展望——基于 2015—2020 年文献 CiteSpace 可视化分析》,《江苏大学学报》2021 年第 9 期。

得感。① 除此之外,创造社会公平正义、② 社会信任③的环境也是提升民众获得感的有效途径。在幸福感的研究中,周绍杰等通过中国民生指数调查发现,改善民生对国民幸福感的提升比经济增长的作用更大。④ 但是不同群体对幸福感的评价存在差异,比如社会经济地位较低的农民工主观幸福感要高于城市居民,⑤ 也就是说,客观经济地位与主观的福利评价之间可能存在不一致的情况。在对安全感的研究中,王虹等通过网络问卷调查认为平安是人民群众的幸福底线,谌丽等基于北京大规模调查问卷的分析发现,良好的社区社会环境对居民安全感具有非常明显的正向影响。⑥ 除此之外,社会治安水平⑦、公安执法公信力⑧、社会信任⑨、地域因素和个体因素⑩等也是影响社会安全感的重要因素。

党的十八大以来,习近平总书记多次强调,要使人民的获得感、幸福感、安全感更加充实、更有保障、更可持续。这一

---

① 谭旭运、董洪杰、张跃、王俊秀:《获得感的概念内涵、结构及其对生活满意度的影响》,《社会学研究》2020年第5期。
② 杨宜音、王俊秀:《当代中国社会心态研究》,社会科学文献出版社2013年版。
③ 王俊秀:《社会心态:转型社会的社会心理研究》,《社会学研究》2014年第1期。
④ 周绍杰、王洪川、苏杨:《中国人如何能有更高水平的幸福感——基于中国民生指数调查》,《管理世界》2015年第6期。
⑤ 吴菲、王俊秀:《相对收入与主观幸福感:检验农民工的多重参照群体》,《社会》2017年第2期。
⑥ 谌丽、许婧雪、张文忠、解扬洋、党云晓、湛东升:《居民城市公共安全感知与社区环境——基于北京大规模调查问卷的分析》,《地理学报》2021年第8期。
⑦ 朱铭、钟源、石睿、周逊泽、吴尉:《城市居民安全感影响因素研究》,《法治与社会》2021年第13期。
⑧ 刘建涛:《公安执法公信力对公众安全感的影响——基于Logit回归分析的实证研究》,《武夷学院学报》2020年第11期。
⑨ 张悦、刘磊:《社会信任理论视角下社区安全感影响因素分析——基于Logistics回归分析的实证研究》,《保定学院学报》2019年第5期。
⑩ 王大为、张潘仕、王俊秀:《中国居民社会安全感调查》,《统计研究》2002年第9期。

要求既体现出党和国家对改革发展过程中人们社会心态发生嬗变的高度关注，同时也更进一步说明，越是到改革发展的攻坚阶段，越是需要健康稳定的社会心态作为经济社会发展的"压舱石"。

中国经济发展在给社会结构带来深刻转型的过程中，我们还可以窥见人们的价值观、社会态度以及社会情绪等正发生多重转变，这些变化的趋势包括物质生活的改善使民众获得感提升，生活福祉的提高使民众幸福感增强，法治化的治理手段使民众安全感增强，中华民族伟大复兴的中国梦激发了民众的自豪感和自信心。特别是中国青年一代，他们已不再盲从于接受外来文化和其他亚文化。中国青年报社会调查中心的一项调查结果显示，"00后"和"90后"的青年一代，有着坚定的家国信念，他们对中国未来的发展充满信心。青年一代是国家和民族的未来，他们强烈的民族自豪感和自信心必将更好地为实现中国梦提供不竭力量。不可否认，在改革开放取得巨大成就的同时，也伴随着一些社会不公、贫富差距、社会焦虑、诚信缺失、人际关系冷漠等负面现象。换句话说，社会心态这一变量既可能对经济社会发展产生积极作用，也有可能带来消极影响。这就要求我们必须认识到社会心态是影响社会变革的重要变量，关注社会心态发生的变化，将社会心态研究与经济社会发展的宏观背景紧密地联系在一起，才可以让我们更充分地勾勒出社会变迁的完整图景。本次广州社会综合状况调查从多个层面对广州居民社会心态状态进行了细致的考察，通过多维度分析可以进一步观察广州经济社会发展对居民社会心态变化产生的影响，同时也为分析当前广州居民的社会心态特征、未来发展变化趋势提供扎实的经验素材。

改革开放以来，伴随着中国社会学的重建与恢复，社会调查在中国得到了越来越广泛的应用。1979年的"中国青年生育意愿调查"是中国社会学恢复以来的首次学术性社会调查，这一调查虽然因条件所限而存在一些难以避免的缺憾，但及时记录了处于剧烈变迁中的中国社会，积累了本土调查的宝贵经验，对中国刚刚重新起步的社会调查事业的规范化与本土化进程意义深远。①1982年的五城市家庭研究、1983年的天津千户居民调查、1988年的中国社会阶级阶层研究、1994年的七城市婚姻家庭调查等都是改革开放初期较为重要的社会调查项目。21世纪以来，国内一些知名高校纷纷依托自身的社会学、统计学专业优势，建立起自己的专业社会调查与数据分析机构，开展了诸多大型、综合性、纵贯面的社会调查项目。中国人民大学中国调查与数据中心负责执行的中国综合社会调查（CGSS）、北京大学中国社会科学调查中心主持的中国家庭追踪调查（CFPS）、中山大学社会科学调查中心开展的中国劳动力动态调查（CLDS）、中国社会科学院社会学研究所开展的中国社会状况综合调查（CSS）等是其中的主要代表。这些大型追踪调查项目为学术界提供了宝贵的全国层面的时间序列数据，推动了中国实证社会科学事业的发展。在城市层面，香港自2009年开始启动"香港社会动态追踪调查"（HKPSSD），旨在建立一个对全香港有代表性的长期追踪调查数据库，全面了解香港居民的婚姻、家庭、教育、生育、就业、社会活动和社会心态，为香港社会民生问题的学术研究和政策制定提供重要参考；②上海也于2014年开始举行"上海都市社区调查"（SUNS），该项目同样为追踪调查，由居村调查和住户调查两个子项目构成，旨在通过搜集社会、经济、文化、健康等各方面、多层次的数据了解上海居民生活现状，为城市创新治理和基层建设工作提供数据支持。作为国内超大城市、改革开放的前沿地、粤港澳大湾区核心枢纽、中国通向世界的南大门，广州吸引了大量人才会聚

---

① 张子毅等：《中国青年的生育意愿》，天津人民出版社1982年版。
② 吴晓刚：《香港社会动态追踪调查：设计理念与初步发现》，《港澳研究》2014年第4期。

于此，城市居民的思想更加开放，价值观和利益取向更加多元，社情民意更加复杂多变，城市治理现代化的任务也更加艰巨。广州市社会科学院课题组开展广州社会状况综合调查，旨在推动社会数据建设，为现代化、精细化的城市社会治理提供有代表性的、准确可靠的经验资料支持。广州社会状况综合调查通过科学严谨的抽样问卷调查获得具有代表性的社情民意一手数据，分析广州不同城市空间的社区面貌特征，了解各类居民的个人特征、社会关系和多元化的利益诉求，提炼广州的都市民生与社会心态建设现状，为政府科学决策提供及时有效的信息服务，使广州的公共资源配置、行政管理服务、公共政策制定更具有针对性，更好满足人民群众日益多元的生活需要。

第二章 广州社会状况综合调查项目介绍

一 抽样设计

本次社会综合状况调查的抽样方法结合了科学性和可行性两方面,最终确定调查样本量为3000份。抽样方案采用PPS和等间距相结合的抽样法,其优点在于使用了多种辅助信息,综合衡量了行政区划和社区类型多样性和复杂性的现实情况,降低抽样误差,提高样本代表性。具体抽样步骤如下。

(1)确定各区样本分配数量。为确保样本结构特征能反映广州居民总体,本调查参照广州市统计局网站公布的《2018年广州市人口规模及分布情况》,依据各区常住人口占广州总人口的比例,同时参考《广州年鉴(2018)》相关的人口结构数据(如年龄结构、生育情况等),确定各区初步样本数量。最后,为方便计算社区抽样数量,做取整处理,结果如表2.1所示。

表2.1　各行政区样本数量分配

行政区	样本数量(个)	行政区	样本数量(个)
荔湾区	300	黄埔区	300
越秀区	300	南沙区	240
海珠区	300	花都区	180
天河区	300	增城区	180
白云区	360	从化区	180
番禺区	360		

表 2.2　　各区街道（镇）样本单位和社区样本单位分配

行政区	街道（镇）样本单位（个）	社区（居委会）样本单位（个）
荔湾区	5	10
越秀区	5	10
海珠区	5	10
天河区	5	10
白云区	6	12
番禺区	6	12
黄埔区	5	10
南沙区	4	8
花都区	3	6
增城区	3	6
从化区	3	6

（2）确定街道（镇）和社区（居委会）抽样单位数量。根据广州市统计局 2018 年统计数据，共有街道（镇）182 个，居委会 543 个（《2018 年广州市国民经济和社会发展统计公报》数据显示，广州城镇化率较高，为 86.38%，因此本次调查暂不抽取农村样本），按照平均每个街道（镇）抽取 2 个社区（一个居委会对应一个社区）、平均每个社区（居委会）抽取 30 个调查样本的原则计算，确定各区街道（镇）和社区（居委会）抽样单位数，如表 2.2 所示。

（3）抽取街道（镇）样本单位。由于各区街道（镇）的社区数量和人口数量不等，仅对街道（镇）做简单随机抽样，会导致各社区入选概率不等，最终造成居民被抽中的概率不一，违反了等概率抽样的理论原则，从而使样本有偏。因此，采用 PPS（Sampling with Probability Proportional to Size，概率与元素的规模大小成比例的抽样）方法。先将各个街道（镇）排列起来，以广州市统计局提供的《2018 年广州各街道（镇）人口统计》数据为依据，计算各街道（镇）人口规模占各区人口规模的比例，并将它们的比例累计起来，依据比例的累计数依次划分每一街道（镇）所对应的选择号码范围，然后采用随机数表的方法选择号码，号码所对应的街道（镇）入选。

（4）抽取社区（居委会）样本单位。采用上述同样办法进行社区（居委会）样本抽样。

（5）对街道（镇）样本单位进行初次修正。由于第一次抽取的街道（镇）样本单位比较分散，从调查可行性方面考虑，在不完全违背科学性原则的前提下，对抽样单位进行初次修正。修正的原则是，根据地理位置、人口数量分布以及进入难度，调整了部分街道抽样单位。

（6）对社区（居委会）样本单位进行二次修正。为使数据储备和调查研究更具延续性，可通过比较分析观察广州社会变迁，对社区（居委会）样本单位进行二次修正。修正原则是，在地理位置相近的前提下，将入选2015年广州社会状况综合调查的社区（居委会）纳入本次调查的社区（居委会）样本单位中，如将天河区的华工社区调整为相邻的华农社区。最终抽取社区（居委会）样本单位如表2.3所示。

表2.3　　　　　　　各区样本分布情况

序号	行政区	街道	社区	名额	共计
1	荔湾区	逢源街道	马基涌社区	30	300
2			耀华社区	30	
3		南源街道	风雨亭社区	30	
4			西焦社区	30	
5		白鹤洞街道	鹤建里社区	30	
6			金道社区	30	
7		东漖街道	西塱社区	30	
8			东漖社区	30	
9		岭南街道	和平社区	30	
10			扬仁东社区	30	

续表

序号	行政区	街道	社区	名额	共计
11	越秀区	六榕街道	双井社区	30	300
12			文园巷社区	30	
13		人民街道	青兰里社	30	
14			大德中社区	30	
15		东山街道	新河浦社区	30	
16			幸福社区	30	
17		白云街道	广九社区	30	
18			筑南社区	30	
19		梅花村街道	环市东社区	30	
20			共和苑社区	30	
21	海珠区	赤岗街道	南贤社区	30	300
22			毛纺社区	30	
23		滨江街道	小港社区	30	
24			草芳社区	30	
25		南石头街道	纸北社区	30	
26			翠城社区	30	
27		官洲街道	赤沙西北约社区	30	
28			官洲社区	30	
29		新港街道	南景社区	30	
30			海洋社区	30	
31	天河区	五山街道	华农社区	30	300
32			瘦狗岭社区	30	
33		天河南街道	体育西社区	30	
34			育蕾社区	30	
35		棠下街道	荷光东社区	30	
36			华景东社区	30	
37		珠吉街道	吉山东社区	30	
38		龙洞街道	朱村北社区	30	
39			瑜翠社区	30	
40			西社社区	30	

续表

序号	行政区	街道	社区	名额	共计
41	白云区	三元里街道	三元里东约社区	30	360
42			白云机场第二社区	30	
43		黄石街道	陈田第一社区	30	
44			荷塘月色社区	30	
45		太和镇	汇雅社区	30	
46			龙穗社区	30	
47		江高镇	高塘社区	30	
48			石龙社区	30	
49		永平街道	磨刀坑社区	30	
50			东恒社区	30	
51		嘉禾街道	长泩社区	30	
52			新村社区	30	
53	黄埔区	黄埔街道	港湾北社区	30	300
54			金丽园社区	30	
55		鱼珠街道	蟹山社区	30	
56			金碧社区	30	
57		南岗街道	南岗墟社区	30	
58			新港社区	30	
59		萝岗街道	萝岗社区	30	
60			香雪社区	30	
61		永和街道	新庄社区	30	
62			永岗社区	30	
63	番禺区	市桥街道	康裕社区	30	360
64			东丽社区	30	
65		桥南街道	御园社区	30	
66			福景社区	30	
67		洛浦街道	广奥社区	30	
68			洛溪新城社区	30	
69		大龙街道	城市花园社区	30	
70			金龙社区	30	
71		沙湾镇	沙湾社区	30	
72			东区社区	30	
73		南村镇	华南新城社区	30	
74			南村社区	30	

续表

序号	行政区	街道	社区	名额	共计
75	花都区	新华街道	松园社区	30	180
76			秀全社区	30	
77		秀全街道	锦城社区	30	
78			学府社区	30	
79		狮岭镇	旗岭社区	30	
80			狮岭社区	30	
81	南沙区	南沙街道	南沙社区	30	240
82			海庭社区	30	
83		珠江街道	义隆社区	30	
84			新兴社区	30	
85		东涌镇	鱼窝头社区	30	
86			东涌社区	30	
87		黄阁镇	黄阁社区	30	
88			梅山社区	30	
89	增城区	荔城街道	雁塔社区	30	180
90			继梅社区	30	
91		新塘镇	翡翠绿洲社区	30	
92			汇美社区	30	
93		永宁街道	荔湖城社区	30	
94			凤凰城社区	30	
95	从化区	街口街道	府前社区	30	180
96			镇安社区	30	
97		江埔街道	龙井社区	30	
98			江埔社区	30	
99		太平镇	太平社区	30	
100			翠荔社区	30	

（7）家庭样本抽样。家庭样本抽样依据各社区（居委会）提供的居民家庭住址表，按照等距抽样方法抽取被调查家庭。在抽取具体的访问对象时，对于家庭户，使用KISH抽样表进行抽样。对于集体户，还要先经过集体户随机数表进行户抽样，再利用KISH抽取具体访问对象。家庭样本抽样限定样本年龄为18—70岁。

二 问卷结构

"广州社会状况综合调查"旨在搜集社区、家庭和个人三个层次的数据。根据广州现行的行政管理体制,我们把社区划定为居委会所辖范围,每个社区的调查包括社区调查和家庭调查,社区调查用于搜集社区层面的数据,家庭调查用于搜集家庭和个人层面的数据。

"2019年广州社会状况综合调查"家庭调查问卷分为四个部分。

第一部分为入户接触情况登记表。用于登记入户访问过程基本情况,如户主姓名、住址、入户访问时间等。

第二部分为入户抽样页。用于记录入户抽样的基本信息和抽样过程,包括户抽样、家庭抽样和集体户抽样三个子部分。

第三部分为社区和访问信息。用于登记访问地点、社区类型、访问时间、访问员信息等资料。

第四部分为问卷调查核心环节,共包含7个子部分。

A. 住户成员。该部分询问受访家庭和受访者的基本信息,如成员数量、成员构成、受访人的个人资料,如年龄、学历、民族、婚姻状况、户口基本信息、语言使用、海外关系、移民倾向等。

B. 个人工作状况。该部分询问受访者工作状况,如目前的工作状态、工作单位类型、合同签订情况、工作压力、收入分配等。

C. 家庭经济状况。该部分询问受访者的家庭经济状况,如房屋拥有情况、2018年消费和收入情况等。

D. 生活质量。该部分主要询问受访者关于社会生活的各方面态度,如个人经济社会地位自评、公共服务满意度、获得感幸福感安全感、社会问题感知、社区治理满意度、社会参与情况、关于民生热点问题的态度等。

E. 儿童养育。该部分询问受访者家庭的儿童养育情况，仅访问有0—6岁小孩的家庭。主要内容有儿童数量、教育现状和期望、亲子活动、养育费用等方面。

F. 社会心态。该部分询问受访者的社会信任感、社会公平感、社会价值观、社会总体评价等方面。

G. 访谈记录。该部分由访问员在访问完成后进行填写，作用是对访谈过程进行初步评估，包括对受访者的配合程度、态度、理解程度等方面的评估，为后续的问卷复核检查提供依据。

三 调查执行

本次调查项目的执行从2019年5月至12月，历时8个月，调查督导11名，包括课题组成员、高校教师和研究助理，访问员共计300名，复核员271名，数据录入员38名，总参与人数620人。另外，每个社区居委会也派出了工作人员协助调查员入户。

整个项目执行过程划为社区调查—家庭调查—复核检查—数据录入4个环节。

（一）社区调查

根据前述社区抽样的结果，课题组对每个社区派出一支调查员队伍进行社区调查和家庭的入户访问。每支调查员队伍包含6—8名调查员，进行入户访问；由课题组成员作为带队老师，保证在调查过程中遇到的任何问题能得到及时的反馈和解决；设立一名小组长，主要负责调查进度的把控和问卷填答质量初步控制。

社区调查使用《2019年广州社会状况综合调查（社区调查）》问卷，由居委会工作人员自行填答，带队老师负责问题的解释和质量控制。最后共回收了98份有效问卷。

(二) 家庭调查

与国内外相类似的调查项目一样,"广州社会状况综合调查"把调查基本单元定为家庭。原因主要有两点:一是居委会一般保存着社区内住户的基本信息,能为抽样工作提供样本框;二是家庭是联结个人和社会的组织,是我们了解社情民意的基本单元。[1] 被访家庭的抽样由调查员在居委会完成。家庭调查使用《2019年广州社会状况综合调查(家庭调查)》问卷。

被访者是广州的常住人口,年龄限定为18—70岁。"广州社会状况综合调查"对常住人口的定义沿用国家统计局的定义,以时间(半年)和空间(乡、镇、街道)为判断标准,包括:(1)调查时点居住在本乡、镇、街道,户口也在本乡、镇、街道的人;(2)调查时点居住在本乡、镇、街道,户口不在本乡、镇、街道,离开户口登记地半年以上的人;(3)调查时点居住在本乡、镇、街道,尚未办理常住户口的人。[2]

家庭调查采用入户调查的形式,由两名调查员登门造访被抽中的家庭,一名负责访问,一名负责记录和检查。入户后,调查员根据首个应答者(即调查员敲门时的应答者)对家庭成员的介绍组成户内抽样框,进行户内抽样。户内抽样的方法,前述已有所介绍,此处不再赘述。如发现有同居者,即使其与其他家庭成员没有血缘或亲属关系,也视为同一户人参与户内抽样。

户内抽样完成后,由被抽中的家庭成员进行问卷的回答。访问时长控制在60—80分钟。访问的语言采用粤语或普通话,

---

[1] 孙秀林等:《中国都市社会脉动:上海调查(2017)》,社会科学文献出版社2018年版。

[2] 参考国家统计局网页,2022年2月21日,http://www.stats.gov.cn/tjzs/cjwtjd/201308/t20130829_74322.html。

由被访对象自行决定。访问的形式以一问一答为主,由调查员根据问卷进行提问,被访对象进行回答。若被访对象提出自行填答的要求,则由其自行填答,调查员负责问题的解释和质量控制。

入户调查完成后,调查员即时对问卷填答进行检查,查缺补漏,然后上交给小组长。小组长将对问卷填答质量再次进行检查,必要时进行回访。

(三) 复核检查

课题组组织了复核员对问卷进行检查,主要检查问卷填答的完整性、前后逻辑的一致性、填写的规范性等方面,对于填写不完整的问卷,复核员通过电话进行回访,将问卷补充完整;对于缺陷较大的问卷,复核员将回到社区进行回访,拒绝回访的,将由新的家庭样本进行补充。另外,还抽取了部分问卷进行了电话回访,主要检查问卷填写的真实性。

(四) 数据录入

课题组专门组织了数据录入员进行数据录入。录入工作开展前,所有工作人员都进行了培训,统一规范了录入工作程序和编码。录入采用的是专门编写的问卷数据录入程序。

四 数据分布

本次调查总共成功访问了3493户家庭和居民,获得了回收问卷3493份。由课题组组织人员力量对回收问卷的完整性进行审核,并通过电话回访对回收问卷的真实性和一致性进行质量控制,对部分问卷进行查缺补漏,最后确定了有效回收问卷3040份,得到了3040个居民样本。

(一) 各行政区域分布

各区样本分布如表 2.4 所示。

表2.4　　　　　　　　　　各区样本分布

行政区	街道数量	社区数量	样本量	百分比（%）
从化区	3	6	180	5.92
南沙区	4	8	242	7.96
增城区	3	6	183	6.02
天河区	5	10	305	10.03
海珠区	5	10	304	10
番禺区	6	12	362	11.91
白云区	6	12	366	12.04
花都区	3	6	182	5.99
荔湾区	5	10	304	10
越秀区	5	10	307	10.1
黄埔区	5	10	305	10.03
总计	50	100	3040	100

(二) 年龄和性别

在调查成功访问的 3040 位居民里，男性和女性各有 1376 人和 1664 人，分别占总体的 45.26% 和 54.74%。样本总体的平均年龄为 44 岁，男性的平均年龄是 43.8 岁，略低于女性的 44.2 岁。我们如果把年龄分为 5 组，并按照性别分类，就可以得到按性别分的各年龄组比例，如表 2.5 所示。男性样本中占比较高的是 30—39 岁和 40—49 岁，分别占总体的 22.46% 和 22.02%。女性样本中占比最高的是 30—39 岁，其比例为 27.16%，18—29 岁的女性样本占比较低，只有 14.96%。总体上，30—39 岁的样本占比最高，约占样本总体的四分之一，40—49 岁的样本占 20.66%，50—59 岁和 60—69 岁的样本各占 19% 左右，而 18—29 岁的样本占比最低，有 16.55%。

表2.5　　　　　　样本各年龄组的性别和总体比例　　　　（单位：%）

年龄	男	女	总体
18—29	18.46	14.96	16.55
30—39	22.46	27.16	25.03
40—49	22.02	19.53	20.66
50—59	18.1	19.89	19.08
60—69	18.97	18.45	18.68
总计	100	100	100

（三）民族

在民族构成上，如表2.6所示，被访者以汉族为主，其比例占总体的98.06%，少数民族的比例不到2%。在少数民族中，壮族的受访者有14人，占总体的0.46%。满族和回族的受访者各有4人，各占总体的0.13%。藏族和维吾尔族的受访者各有1人，各占总体的0.03%。

表2.6　　　　　　　　样本的民族分布

民族	样本量	百分比（%）
汉族	2981	98.06
满族	4	0.13
回族	4	0.13
藏族	1	0.03
壮族	14	0.46
维吾尔族	1	0.03
其他	35	1.15
总计	3040	100

（四）婚姻状态

婚姻状况方面，如表2.7所示，近八成的受访者为已婚。有16.84%的受访者还未婚或处于同居状态，还有2.11%的受访者为离婚，1.32%的受访者为丧偶。

表 2.7　　　　　　　　　样本的婚姻状况分布

婚姻状态	样本量	百分比（%）
未婚/同居	512	16.84
已婚	2417	79.51
离婚	64	2.11
丧偶	40	1.32
拒答/不清楚	7	0.23
总计	3040	100

（五）宗教信仰

对于宗教信仰，如表2.8所示，89.7%的受访者表示自己无宗教信仰。在有宗教信仰的受访者里，信仰佛教的受访者最多，有145人，占总体的4.77%。排在第二位的是民间信仰，信仰者有55人，占总体的1.81%。信仰基督教和天主教的各有33人和4人，分别占总体的1.09%和0.13%。信仰道教和伊斯兰教的各有14人和4人，分别占总体的0.46%和0.13%。

表 2.8　　　　　　　　　样本的宗教信仰分布

宗教信仰	样本量	百分比（%）
基督教	33	1.09
天主教	4	0.13
伊斯兰教	4	0.13
道教	14	0.46
佛教	145	4.77
民间信仰	55	1.81
无宗教信仰	2727	89.7
其他/拒答	58	1.91
总计	3040	100

（六）受教育程度

受教育程度方面，如表2.9所示，高中/中专/职高学历的受访者比例最高，占总体的26.81%。其次是初中学历，占总体的24.21%。拥有本科及以上学历的受访者有698人，占总体的22.96%。拥有大专学历的受访者占总体的16.45%。有9.34%的受访者只完成了小学及以下的教育。如果我们把不同的受教育程度转换为受教育年限（小学及以下为6年，初中为9年，高中/中专/职高为12年，大专为15年，本科及以上为16年），受访者的平均受教育年限为12.1年，标准差为3.3年。分性别来看，男性的平均受教育年限为12.4年，高于女性的11.9年。

表2.9　　　　　　　　　　样本的受教育程度分布

受教育程度	样本量	百分比（%）
小学及以下	284	9.34
初中	736	24.21
高中/中专/职高	815	26.81
大专	500	16.45
本科及以上	698	22.96
其他/拒答	7	0.23
总计	3040	100

（七）政治面貌

在政治面貌上，如表2.10所示，受访者是中共党员的人数有416人，占总体的13.68%。共青团员和民主党派的受访者分别有278人和16人，各占总体的9.14%和0.53%。政治面貌为群众的受访者有2296人，占总体的75.53%。

表2.10　　　　　　　　　　样本的政治面貌分布

政治面貌	样本量	百分比（%）
中共党员	416	13.68
共青团员	278	9.14
民主党派	16	0.53
群众	2296	75.53
其他/拒答/不清楚	34	1.12
总计	3040	100

(八) 户籍情况

户口性质方面,如表 2.11 所示,有 926 位受访者是农业户口,占总体的 30.46%。居民户口的受访者有 2060 人,占总体的 67.76%。

表 2.11　　　　　　　　　样本的户口性质分布

户口性质	样本量	百分比(%)
农业户口	926	30.46
居民户口	2060	67.76
其他/拒答	54	1.78
总计	3040	100

户口所在地方面,如表 2.12 所示,近一半受访者的户口在本街道、镇,有 14.47% 的受访者的户口在本市其他街道、镇,二者相加,我们发现本市户籍的受访者占总体的 63.65%。在非本市户籍(流动人口)的受访者中,有 504 人的户口在本省其他地区,占总体的 16.58%。还有 583 人的户口在外省,占总体的 19.18%。

表 2.12　　　　　　　　　样本的户口所在地分布

户口所在地	样本量	百分比(%)
本街道、镇	1495	49.18
本市其他街道、镇	440	14.47
本省其他地区	504	16.58
外省	583	19.18
户口待定/拒答	18	0.59
总计	3040	100

(九) 语言

在语言的使用上,如表 2.13 所示,受访者在家中使用比例最高的是粤语,占总体的 52.76%,使用普通话的占 31.51%,

还有15.33%的受访者在家中使用其他中国方言，使用英语或其他外语的仅有0.1%。在工作或社交中，受访者使用比例最高的是普通话，使用比例达54.77%，使用粤语的占总体的42.86%，使用其他中国方言的只有1.84%，使用英语或其他外语的仅有0.2%。

表2.13　　　　　　　　　样本的使用语言分布

语言	家中		工作或社交中	
	样本量	百分比（%）	样本量	百分比（%）
普通话	958	31.51	1665	54.77
粤语	1604	52.76	1303	42.86
其他中国方言	466	15.33	56	1.84
英语或其他外语	3	0.1	6	0.2
拒答	9	0.3	10	0.33
总计	3040	100	3040	100

（十）职业

关于受访者的职业，如表2.14所示，服务业一般员工所占的比例最高，为15.49%。单位负责人/高层管理者、专业技术人员和中层管理者所占的比例分别为6.94%、7.2%和8.49%。制造业工人的比例为4.14%，还有13.95%的受访者

表2.14　　　　　　　　　样本的职业分布

职业	样本量	百分比（%）
单位负责人/高层管理者	211	6.94
专业技术人员	219	7.2
中层管理者	258	8.49
服务业一般员工	471	15.49
制造业工人	126	4.14
其他	424	13.95
没有工作	1319	43.39
拒答	12	0.39
总计	3040	100

的职业归类为其他。除了正在工作的受访者，有43.39%的受访者目前没有工作。

受访者的工作单位性质方面，如表2.15所示，占比最高的是私营企业，有678位受访者在其中工作，占全部受访者的38.09%。排在第二位的是个体工商户，有16.74%的受访者属于此类。在国有企业及国有控股企业和国有/集体事业单位中工作的分别有11.46%和10.22%。在三资企业中工作的有4.61%。在党政机关、人民团体、军队工作的占3.93%。还有2.47%和2.08%的受访者分别在民办事业单位（民办非企业单位）和社区居委会、村委会等自治组织中工作。

表2.15　　　　　　　　样本的工作单位性质分布

工作单位性质	样本量	百分比（%）
党政机关、人民团体、军队	70	3.93
国有企业及国有控股企业	204	11.46
国有/集体事业单位	182	10.22
集体企业	32	1.8
私营企业	678	38.09
三资企业	82	4.61
个体工商户	298	16.74
民办事业单位（民办非企业单位）	44	2.47
社区居委会、村委会等自治组织	37	2.08
其他/没有单位/不清楚	153	8.6
总计	1780	100

（十一）收入

对于收入，如表2.16所示，我们分别研究了个人年收入、家庭总收入和家庭人均年收入。除了关注均值和标准差，为了充分考虑收入分布的情况，我们把收入从低到高排列，按人数平均划分为四组，得到了25分位值、中位值和75分位值。简单来说，25分位值以下为低收入组，25分位—中位值为中低收入组,中位值—75分位值为中高收入组,75分位值以上为高收入组。我们先来看个人年收入,其均值为82266元,标准差为141328元,25分位值、中位值和75分位值分别为27600元、50000元和100000元。家庭总收入方面,均值为183570元,标准差为267868元,25分位值、中位值和75分位值分别为72000元、120000元和200000元。如果用家庭总收入除以家庭人口数,我们就得到了家庭人均年收入。家庭人均年收入的均值为52292元,标准差为84778元,25分位值、中位值和75分位值分别为18750元、33167元和60000元。

表2.16　　　　　　　　　样本的收入分布

测量指标	个人年收入（元）	家庭总收入（元）	家庭人均年收入（元）
均值	82266	183570	52292
标准差	141328	267868	84778
25分位值	27600	72000	18750
中位值	50000	120000	33167
75分位值	100000	200000	60000

(十二) 住房

关于受访者现有住房的产权,如表2.17所示,有2082位受访者目前居住的是自有住房,占总体的68.49%。而租房的受访者有818人,占总体的26.91%。

表2.17　　　　　　　　样本的住房产权分布

住房产权	样本量	百分比（%）
自有住房	2082	68.49
租房	818	26.91
其他/拒答	140	4.61
总计	3040	100

(十三) 家庭规模

家庭规模方面,如表2.18所示,此次调查共有3040个家庭样本。其中,1—2人户所占比例为16.38%,3—4人户所占比例为50.86%,5人及以上户所占比例为32.76%。可见,3—4人户家庭规模是目前广州的主流家庭,但5人及以上户也不在少数。

表2.18　　　　　样本居住的社区类型分布　　　　　(单位:%)

行政区	1—2人户	3—4人户	5人及以上户
白云区	17.21	52.46	30.33
从化区	9.44	47.22	43.33
番禺区	9.39	51.10	39.50
海珠区	20.72	52.30	26.97
花都区	12.64	59.89	27.47
黄埔区	18.03	48.52	33.44
荔湾区	23.36	57.57	19.08
南沙区	11.16	50.41	38.43
天河区	19.34	39.67	40.98
越秀区	20.85	52.12	27.04
增城区	12.02	49.18	38.80
合计	16.38	50.86	32.76

(十四) 社区类型

受访者所在的社区类型方面,如表2.19所示,单元型社区(按住宅群落划分,大型楼盘为主体的相对独立的住宅小区)所占的比例最高,为37.3%。地缘型社区(按街区巷道、道路、河流等自然地域划分的社区,并按聚居人口类型划分的社区)和单位型社区(以机关、企事业单位家属聚居区、宿舍区为主体的社区)所占的比例分别为11.91%和11.78%。综合型社区

（汇集居住、旅游、商务、文化、体育等不同功能特点的社区）和转制型社区（原属农村社区，经"村改居"后划分出来的社区，原村集体经济组织仍正常运作，参与社区服务管理的社区，如"城中村"）分别有6.09%和16.09%。而混合型社区（综合有上述多种社区类型）也占有一定的比例，为16.84%。

表2.19　　　　　　　　样本居住的社区类型分布

社区类型	样本量	百分比（%）
地缘型	362	11.91
单元型	1134	37.3
单位型	358	11.78
综合型	185	6.09
转制型	489	16.09
混合型	512	16.84
总计	3040	100

都市民生篇

第三章 广州居民就业形态与社会预期

一 问题的提出

就业是最大的民生，是民生之本，关乎千家万户生计。历来党中央一直高度关注居民就业问题，尤其是2020年新冠疫情之后，稳就业、保就业更是位居"六稳""六保"之首。从党的十九大报告到国家"十四五"规划均明确提出要实现更高质量和更充分就业。当前，全球已进入以数据资源为核心的大数据时代，数字经济、人工智能等新兴行业蓬勃发展，灵活就业、共享就业等新就业形态、新模式涌现，那么，大数据时代背景下广州居民就业形态呈现哪些新的发展特点和态势呢？且随着就业形态改变的居民社会预期和社会心态又呈现何种特征与变迁呢？全景式分析掌握广州居民就业形态与社会预期、社会心态结构对于制定更具针对性、稳健的就业保障政策和更好引导居民社会预期、培育健康社会心态具有重要的指导意义。

目前学界和业界探讨居民就业新形态、居民社会心态的论文较为丰富，但以超大城市为研究对象，基于大规模社会调查数据定量分析居民就业形态及居民社会预期和社会心态结构的研究甚为匮乏。鉴于此，本书利用广州市社会科学院开展的2016年、2019年两次全市大规模的分层随机社会状况综合调查数据，定量勾勒出广州居民就业收入形态及不同就业类型群体社会心态变化特征，丰富现有就业、社会心态相关研究，对指导当前就业政策与培育良性社会氛围都有政策意义。

二 广州居民就业形态结构特征分析

研究居民就业形态结构首先得划分不同的就业类型，使用最广泛的两种分类分别是劳动者与失业者、正规就业与非正规就业，本书遵循这一思路分析广州居民就业形态特征。

（一）就业者与非就业者分析

1. 广州劳动参与率为74.5%，呈现下降趋势，老龄化趋势显现

劳动参与率是考察劳动力市场的重要指标，表征处于劳动年龄段中人群对于工作收入与闲暇的选择偏好。它是指经济活动人口（包括就业者和失业者）占劳动年龄人口（16岁以上劳动年龄人口）的比率，换言之，就是处于劳动年龄段中人口愿意参加经济活动的比重。鉴于问卷内容所限，失业者无法计算，使用非就业者代替。非就业人员是指非离退休、上学等原因而未参与劳动的人员。

计算结果显示，2019年广州就业状态的人群规模为1806人，非劳动者为460人，处于劳动年龄段（18岁以上人口）的样本为3040人，劳动参与率为74.5%。其中，男性、女性的劳动参与率分别为76.8%、68.1%。女性劳动参与率低于男性。相较于2016年（广州劳动参与率为78.0%，其中，男性、女性的劳动参与率分别为79.2%、69.3%），2019年劳动参与率稍有下降，下降了3.5个百分点。男性、女性的劳动参与率均有所下降，分别下降了2.4%、1.2%。这一结论与全国1990—2017年劳动参与率呈现明显下降趋势保持一致。

广州劳动参与率的下降意味着人们闲暇的选择偏好在提高，工作选择偏好在降低。虽然广州是外来人口流入地，吸纳大量

外来劳动力来穗就业，扩大就业规模，但是随着劳动力人口年龄不断老化，工作参与度在不断降低。

2. 非就业人员比重有所下降，劳动力市场稳中向好

失业率在一定程度上反映了劳动供求的剩余程度。让失业率保持在合理水平是经济健康运行的重要指征之一。当失业率维持低位运行则意味着就业形势整体平稳发展。目前，使用较多的是调查失业率，通过劳动力调查计算出失业人口占全部劳动力（就业人口与失业人口加总）的比重。其中，失业人口是指16周岁以上，没有工作但近期有寻找工作，如果有合适工作能够在两周内到任的人员。鉴于2019年广州社会状况综合调查问卷的问题，未涉及相关问题，因此无法推测出失业者规模，计算出调查失业率。本书则使用非就业人员比重从一个侧面反映就业形势。

计算结果显示，2019年广州非就业人员为460人，占全部劳动力的比重为15.1%；2016年则为21.0%。2019年就业形势有明显好转，非就业人员占比呈现显著下降趋势，广州劳动市场整体较为平稳，稳中向好。

3. 非就业人员以已婚女性为主，照顾小孩是其不就业的首要原因

非就业人员中以已婚女性为主。其中，73.7%的为女性，26.3%的为男性，且以已婚人士为主，88.6%的为已婚状态。她们未就业的主要原因是照顾小孩，48.8%的非就业人员选择这一原因，而其他造成非就业人员未就业的原因占比都较小。由此可知，随着"二胎时代"的到来，"70后""80后""90后"育龄女性生育孩子数量在增加。而广州作为一线城市，生活压力依然较大，多数双职工家庭难以花钱雇用保姆照顾孩子，因此，夫妻一方放弃工作回归家庭成为首选。通常而言，女性的职场竞争力相对于男性较弱，从经济层面来看，女性放弃事业回归家庭成为第一选择。这反映出：已婚女性作为照顾小孩

的主力,牺牲了自己的事业,负向影响育龄女性生育意愿,不利于应对老龄化这个社会问题。(见图3.1)

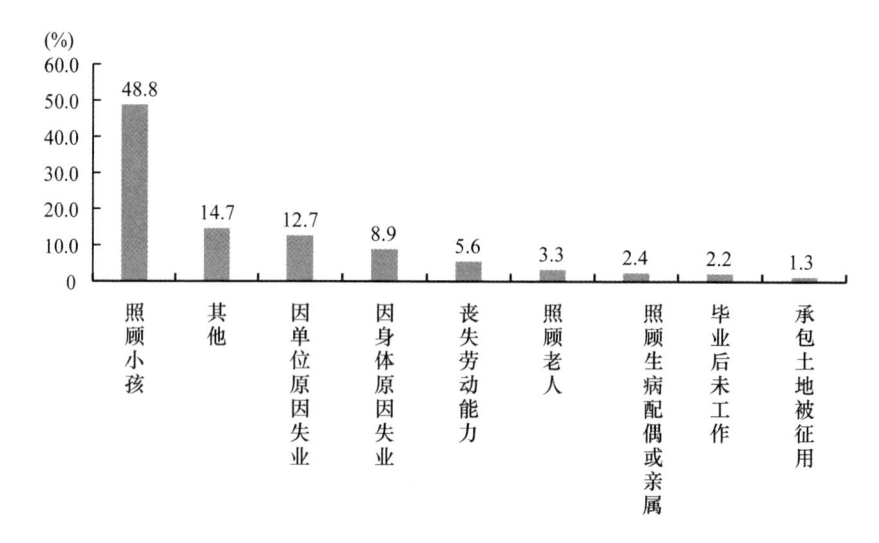

图3.1 2019年广州非就业人员不就业原因状况

（二）正规就业与非正规就业

1. 非正规就业者占比37.6%,呈现下降趋势,劳动力市场走向正规化

正规就业与非正规就业是就业模式中最主要的两个类型。关于何为非正规就业,目前尚未有定论。最具权威的界定来自国际劳工组织,认为非正规就业是指非正规部门就业者、正规部门的非正规就业者。国内部分学者则根据劳动合同期限的长短来看,签订了短期雇佣合同与无合同雇佣两个类型属于非正规就业。这一定义存在明显缺陷,忽视了自雇者这一就业类型。还有部分学者按照是否签订劳动合同、劳动合同类型、是否享受养老保险或是医疗保险联合判断以界定非正规就业者。而正规就业者则是指正规部门里签订劳动合同的劳动者。

结合国际劳工组织关于非正规就业的定义与2019年广州社

会状况综合调查问卷内容,将就业单位类型、是否签订劳动合同作为非正规就业判断依据。具体如下:首先,本书将就业单位划分为正规部门与非正规部门,其中,正规部门包括党政机关人民团体军队、国有企业及国有控股企业、国有集体事业单位、集体企业、私营企业、三资企业;非正规部门包括个体工商户、民办事业单位(民办非企业单位)、社区居委会村委会等自治组织、没有单位和其他单位。其次,将是否签订书面劳动合同作为考察是否为正规部门里的非正规就业者的依据。

计算结果显示,2019年广州非正规就业者为655人,占比37.6%,正规就业者为1085人,占比62.4%。相较于2016年非正规就业者占比56.6%,2019年非正规就业者比重有所下降,劳动力市场正规化趋势凸显。(见图3.2)

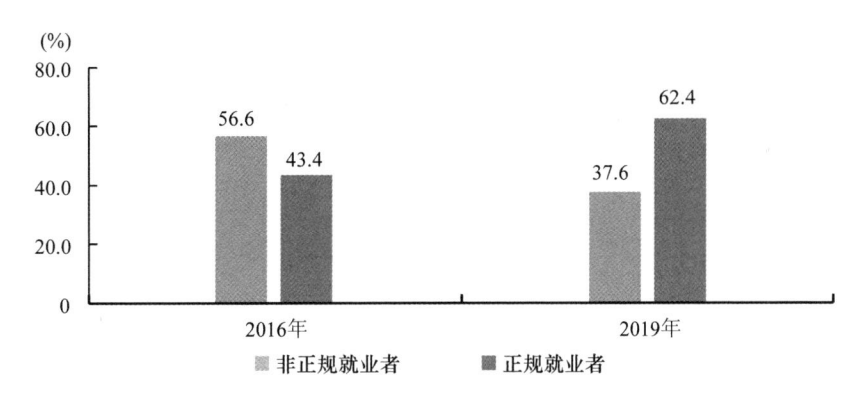

图 3.2 2016 年、2019 年广州非正规就业者与正规就业者分布情况

2. 非正规就业者呈现低学历、低收入特征,正规就业者具备高学历、高收入等特点

从性别、年龄等人口学特征分析非正规就业与正规就业的具体特点发现:相较于正规就业者,非正规就业者呈现低学历、低收入特点,二者在性别分布、年龄分布、婚姻状况上表现相似。从教育水平来看,非正规就业以初中学历为主,占比32.6%,而大学本科及以上学历占比仅为13.6%。正规就业者

则以大学本科及以上学历为主,占比44.9%。较之正规就业者,非正规就业者学历层次较低。从年平均收入来看,非正规就业者为99200元,正规就业者为127500元,正规就业者年收入明显高于非正规就业者。值得注意的是,从政治面貌来看,虽然非正规就业者与正规就业者均以群众为主,但是正规就业者中中共党员的占比为20.1%,显著高于非正规就业者。从性别、年龄、婚姻状况来看,均以男性、已婚、30—49岁年龄段为主(见表3.1)。

表3.1　2019年广州非正规就业者中正规就业者与非正规就业者画像情况

(单位:%)

指标	类型	正规就业者	非正规就业者
性别	男	53.8	51.1
	女	46.2	48.9
年龄	18—19岁	0.6	0.6
	20—29岁	21.2	16.3
	30—39岁	38.4	31.6
	40—49岁	27.6	28.4
	50—59岁	11.3	18.9
	60—69岁	1.0	4.1
婚姻状况	未婚	22.0	18.1
	已婚	76.4	78.2
	离异及丧偶	1.6	3.7
教育水平	小学及以下	1.3	13.6
	初中	10.9	32.6
	高中	9.9	16.1
	中专	8.1	6.9
	职高技校	2.7	2.1
	大学专科	22.2	15.1
	大学本科及以上	44.9	13.6
政治面貌	中共党员	20.1	7.7
	共青团员	11.6	9.6
	民主党派	0.7	0.2
	群众	67.6	82.5

3. 非正规就业里自雇者规模不断增大,符合数字经济发展

趋势

非正规就业可划分为受雇者、自雇者两类。随着国家积极实施"大众创业、万众创新"政策,涌现出一批以创业、自由职业、灵活就业等形式存在的自雇者群体,他们多数是主动选择自我雇佣的就业模式。而非正规就业中的受雇者群体,多数则是由于学历、技能等较低导致的被动选择成为非正规就业者。二者在社会预期、社会心态上也存在着差异。

计算结果如图3.3显示,2019年广州非正规就业者中,自雇者为331人,占比51.2%;受雇者为316人,占比为48.8%。相较于2016年(自雇者为56人,占比30.9%;受雇者为125人,占比69.1%)而言,自雇者占比明显提升,提高了20.3个百分点,这也意味着随着数字经济成为新的经济增长动力,以及鼓励青年创业政策的积极推进,自由职业者、创业者等非正规就业自雇者比重不断增加。

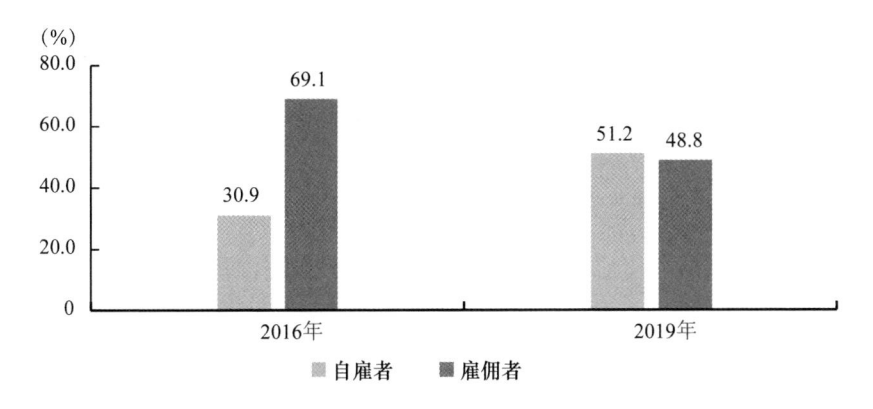

图3.3 2016年、2019年广州非正规就业者中自雇者、受雇者分布情况

4. 自雇者以男性、中青年为主,收入显著高于受雇者

进一步分析发现,非正规就业者中,自雇者与受雇者在性别、年龄、收入三维度上存在明显差异,在户口类型、婚姻状况、教育状况、政治面貌上则较为相似。详述之,受雇者以女性为主,女性占比为52.8%,自雇者则以男性为主,男性占比

为54.7%。从年龄来看，自雇者年龄集中在30—49岁，占比为65.8%，以30—39岁年龄段为主，占比为35.0%。受雇者年龄则较为平均，30—39岁、40—49岁、50—59岁三个年龄段分别占比为27.8%、25.9%、22.2%。从收入来看，自雇者平均年收入为126000元，受雇者年平均收入为71900元，受雇者年收入显著低于自雇者。自雇者和受雇者均以已婚者、初中学历、农业户口、群众身份为主。这说明自雇者工作挑战性更强，收益更高，中青年男性更为偏好这一就业方式。（见表3.2）

表3.2　2019年广州非正规就业者中自雇者、受雇者画像　　　（单位：%）

指标	类型	自雇者占比	受雇者占比
性别	男	54.7	47.2
	女	45.3	52.8
年龄	18—19岁	0.3	0.6
	20—29岁	13.3	19.6
	30—39岁	35.0	27.8
	40—49岁	30.8	25.9
	50—59岁	16.0	22.2
	60—69岁	4.5	3.8
婚姻状况	未婚	14.3	22.2
	已婚	82.1	74.0
	离异及丧偶	3.6	3.8
教育水平	小学及以下	14.5	12.7
	初中	32.4	33.2
	高中	18.5	13.0
	中专	7.6	6.0
	职高技校	2.1	2.2
	大学专科	15.5	14.9
	大学本科及以上	9.4	18.0
户口类型	农业户口	56.0	51.0
	居民户口	44.0	49.0
政治面貌	中共党员	3.6	12.3
	共青团员	9.4	9.7
	民主党派	—	0.3
	群众	86.9	77.7

三 不同就业形态中居民社会预期与社会心态分析

(一) 就业者与非就业者社会心态比较分析

1. 就业者与非就业者对未来阶层提升有信心，就业者信心更足

主观阶层认同在一定程度上反映了不同类型就业群体对自身的定位、看法与心理状态，不仅受到当下个体经济收入社会地位的影响，也受到对比参照体系及未来预期的影响。从就业者与非就业者对自身5年前、当前、5年后主观阶层判断可知，就业者与非就业者的主观阶层认同上呈现明显向上提升的趋势。以就业者为例，5年前、当前、5年后，认为自身是下阶层的比重从26.1%降至19.8%再降至10.5%；中下阶层的比重从32.4%变为35.0%再降至21.0%；而认为中阶层的比重则从33.9%升至38.7%再升至45.4%；中上阶层从7.0%降至6.3%再涨至20.1%；上阶层也有上扬趋势，从0.6%变为0.3%再升至3.0%。非就业者同样呈现相似特征。这反映出，就业者与非就业者均对未来阶层提升有信心。

就业者与非就业者相比，就业者认定自身主观阶层处于中、中上、上阶层的比重均高于非就业者。以5年后评价为例，就业者认为自身处于中、中上、上阶层的比重分别为45.4%、20.1%、3.0%；而非就业者则分别为37.1%、18.7%、2.8%。再以当前判断为例，同样如此。这说明，相较于非就业者，就业者对未来阶层提升的信心更足。(见图3.4、图3.5)

2. 就业者与非就业者对未来美好生活充满向往，就业者受益感高于非就业者

个人对未来生活的预期显著影响居民在面对工作、生活时所采取的行为，形成不同社会预期，进而影响社会稳定与发展。

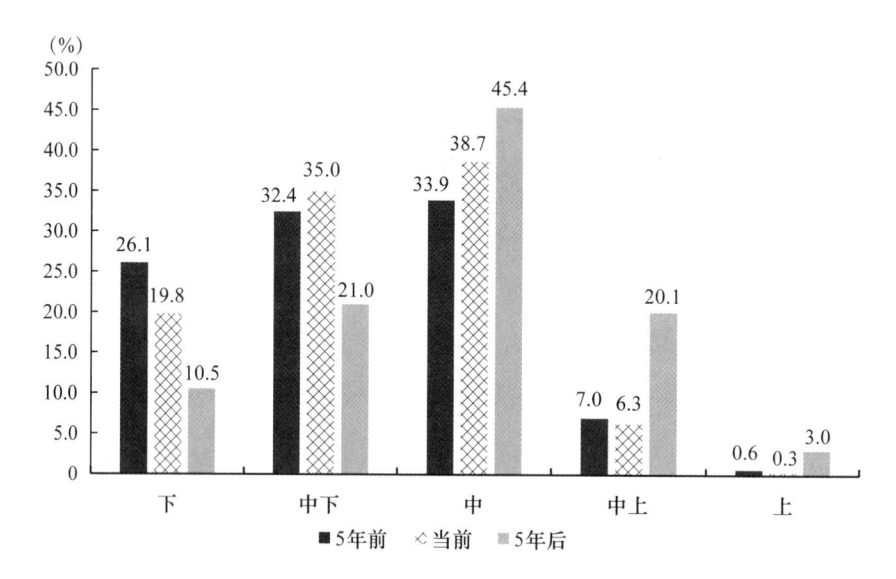

图3.4　2019年广州劳动者5年前、当前、5年后阶层认同变化

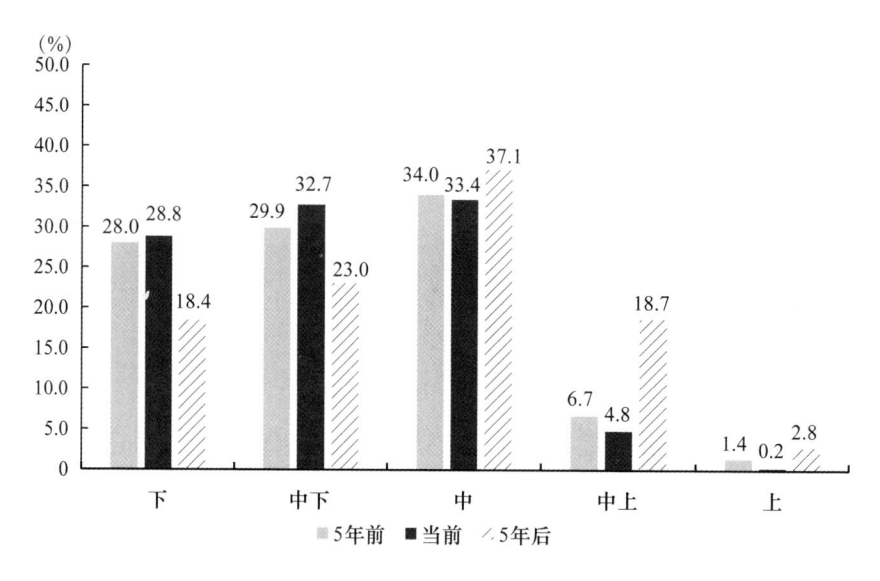

图3.5　2019年广州非就业者5年前、当前、5年后阶层认同变化

从对未来生活的预期可知，就业者与非就业者均认为生活会越来越好，呈现乐观心态。分别有85.4%的就业者、83.1%的非就业者认为生活越变越好。相较而言，就业者的信心更足。（见图3.6）

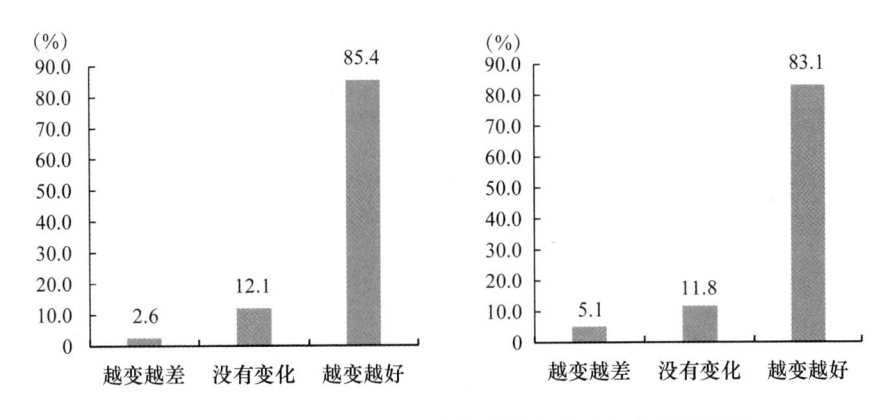

第三章 广州居民就业形态与社会预期

图 3.6　2019 年广州就业者与非就业者对未来生活预期

从另一个指标——不同类型就业群体对广州经济社会发展受益感来看，同样佐证了不同类型就业群体对未来预期向好的判断。分别有 63.1% 的就业者、51.0% 的非就业者认为广州经济社会发展为个人带来了收益。其中，就业者在感到略微受益、受益很多两项选择上分别占比为 48.4%、14.7%，均高于非就业者（39.6%、11.4%）。值得注意的是，亦分别有 31.4% 的就业者、42.1% 的非就业者没有感觉到广州经济社会发展为个人带来了红利。这一结论指出，随着广州国民生产总值、居民可支配收入的不断提高，如何更好惠及全体居民仍是需要考量的问题。（见图 3.7）

3. 非就业者多维社会心态优于就业者，社会信任感得分最低

社会心态是指居民对自身、社会所持有的态度、情绪、情感体验等心理状态，是经济社会发展的"晴雨表"，对社会稳定发挥着重要作用。结合社会心态的概念与问卷内容，本书界定社会心态涵盖 5 个维度内容，分别是社会信任感、性别平等感、社会道德感、社会法治状况、总体社会评价。测量方式是询问被访者对这 5 个维度的评分，总分为 10 分，1 分表示非常否定的消极态度，10 分表示非常肯定的积极态度。研究结果显示，

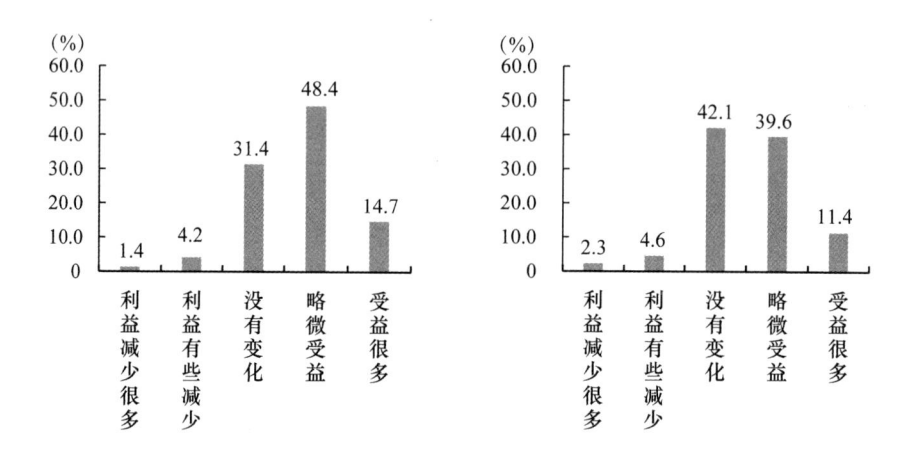

图 3.7 2019 年广州就业者与非就业者对广州经济社会发展受益感

非就业者社会心态比就业者更为积极。就业者在社会信任感、性别平等感、社会道德感、社会法治状况、总体社会评价上平均分分别为 5.70、7.05、6.34、6.69、6.98，而非就业者分别为 5.92、7.23、6.50、6.89、7.07。这可能是由于就业者直接感受到的经济、工作压力大于非就业者，一定程度上损害其社会心态，导致其社会心态各方面评价低于非就业者。（见表 3.3）

需要指出的是，社会信任感在 5 个维度中得分最低，均低于 6 分，这也说明，当前各类网络诈骗、融资违约等事件频繁，使得居民间信任度较低，如何构建信任度高的和谐社会是未来的重点之一。

表 3.3 2019 年广州就业者与非就业者多维度社会心态平均分（满分均为 10 分）

	就业者	非就业者
社会信任感	5.70	5.92
性别平等感	7.05	7.23
社会道德感	6.34	6.50
社会法治状况	6.69	6.89
总体社会评价	6.98	7.07

（二）正规就业者与非正规就业者

1. 正规就业者与非正规就业者对未来生活充满希望，正规就业者拥有更强信心

过去、现在、未来的主观阶层认同感变化能够很好地展示居民对未来生活的期许和信心。对比5年前、当前、5年后阶层认同感可知，正规就业者在下阶层的认同度上明显下降，从23.3%变为16.2%再到8.3%。中下阶层震荡下降，从31.0%升至32.9%再降到19.1%。在中、中上、上阶层中比重震荡攀升。中阶层认同度从37.7%升至43.9%再升至49.5%；中上阶层从7.5%降至6.9%再升至21.1%；上阶层从0.4%降至0.1%再升至1.9%。非正规就业者亦然。由此可知，正规就业者与非正规就业者均认为未来自己能够提升自身阶层，对未来生活充满希望。

比较分析正规就业者与非正规就业者在5年前、当前、5年后主观阶层认同感可知，正规就业者认知高于非正规就业者。以5年后为例，非正规就业者认为自身处于下阶层、中下阶层的占比分别为14.1%、24.5%，高于正规就业者（8.3%、19.1%）；而非正规就业者认为自身处于中、中上、上阶层的占比分别为38.1%、18.5%、4.8%，明显低于正规就业者（49.5%、21.1%、1.9%）。由此可推出，正规就业者对于未来发展拥有更强的信心。（见图3.8、图3.9）

进一步分析非正规就业者中受雇者与自雇者两个群体对未来预期的差异可知，非正规受雇者的主观阶层认同低于非正规自雇者。以当前主观阶层认同来看，非正规受雇者认为自身处于下、中下、中、中上、上阶层的占比分别为27.2%、40.7%、26.9%、4.9%、0.3%；非正规自雇者分别为24.1%、36.8%、31.6%、6.5%、0.9%，非正规受雇者在下、中下阶层占比高于非正规自雇者，非正规受雇者在中、中

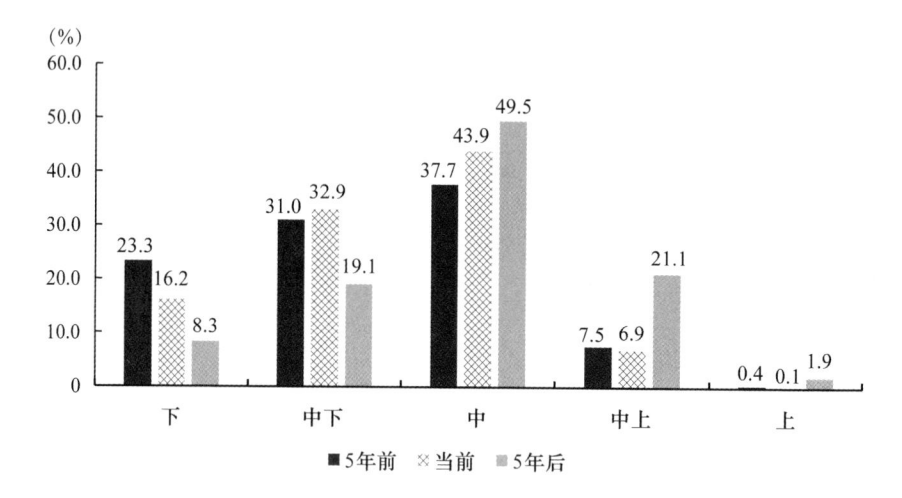

图 3.8　2019 年广州正规就业者 5 年前、当前、5 年后阶层认同变化

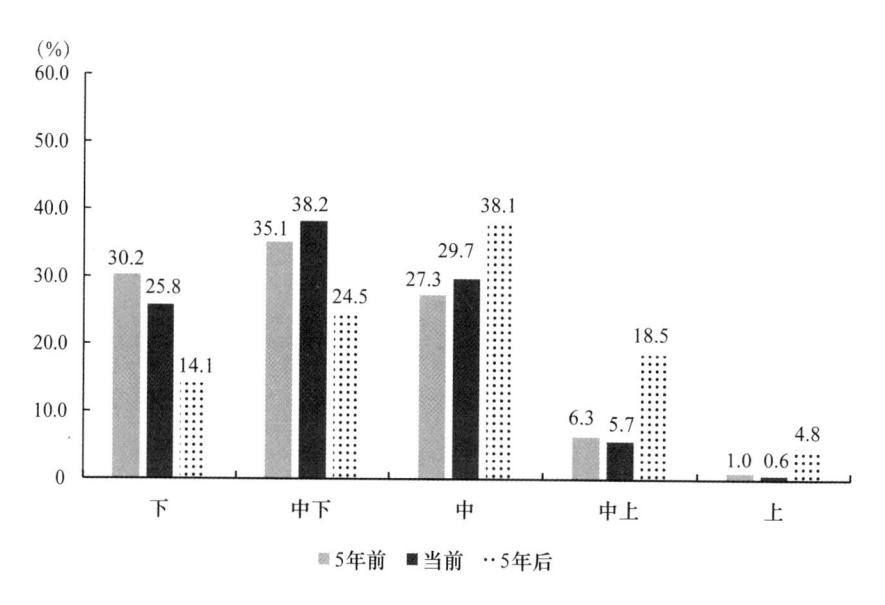

图 3.9　2019 年广州非正规就业者 5 年前、当前、5 年后阶层认同变化

上、上阶层占比低于非正规自雇者。值得关注的是，非正规自雇者群体对未来预期显著高于非正规受雇者，体现在对5年后自我阶层认同中，23.8%的非正规自雇者自认能够达到中上阶层，仅有12.4%的非正规受雇者认为自己能够达到中上阶层。这也从一个侧面反映出，自雇者承担了较大的工作压力、经济

第三章 广州居民就业形态与社会预期 47

风险，伴随的是能够获得较高的经济收入和社会地位，对未来预期更可观，如图 3.10、图 3.11 所示。

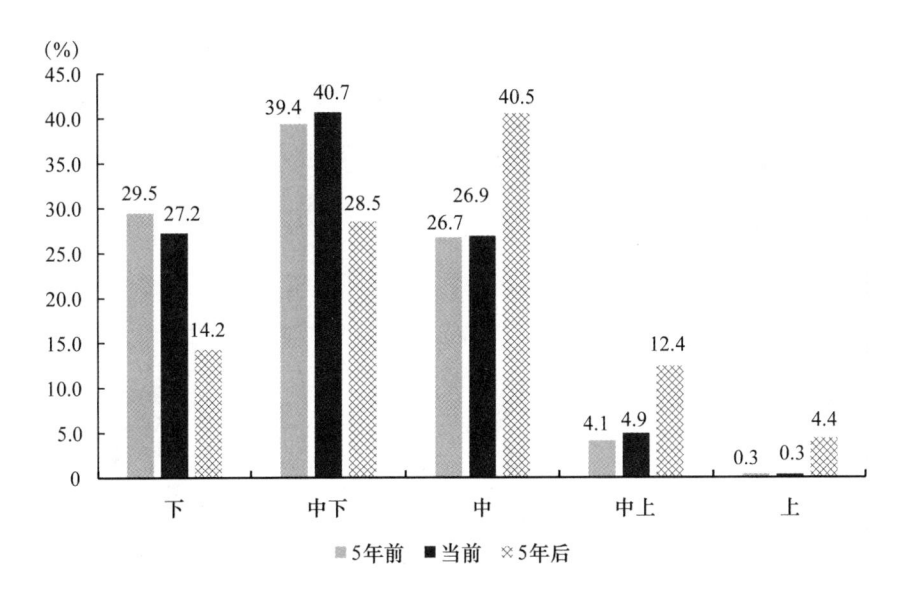

图 3.10 2019 年广州非正规就业受雇者 5 年前、当前、5 年后阶层认同变化

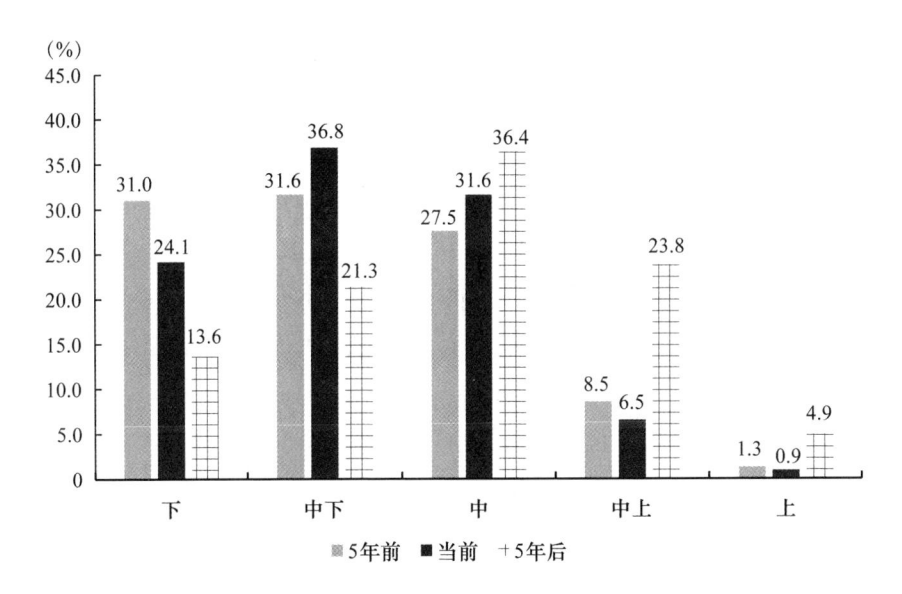

图 3.11 2019 年广州非正规就业自雇者 5 年前、当前、5 年后阶层认同变化

2. 相较于非正规就业者，正规就业者享受更多社会发展红利

正向的生活预期产生积极向上的社会心态，有利于全社会健康发展。从对未来的判断来看，85.9%的正规就业者、84.8%的非正规就业者认为未来生活越来越好。正规就业者与非正规就业者对未来预期积极乐观，呈现良好的精神风貌。（见图3.12）

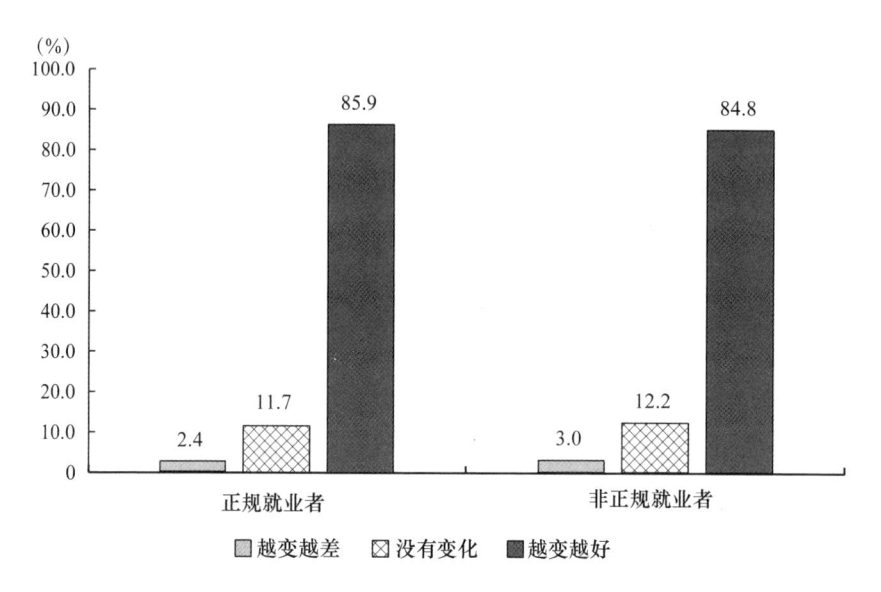

图3.12 2019年广州正规就业者与非正规就业者对未来生活的判断

习近平总书记多次强调：带领人民创造幸福生活，是我们党始终不渝的奋斗目标。居民是否能够享受经济社会发展红利决定其社会心态走向。67.3%的正规就业者、55.7%的非正规就业者认为自身从广州经济社会发展中获益。正规就业者的获得感高于非正规就业者。需要指出的是，仍分别有28.1%的正规就业者、37.1%的非正规就业者认为没有享受到广州经济社会发展的红利。未来需要进一步完善各项民生事业，让更多居民享受经济发展的好处，提高居民获得感。（见图3.13）

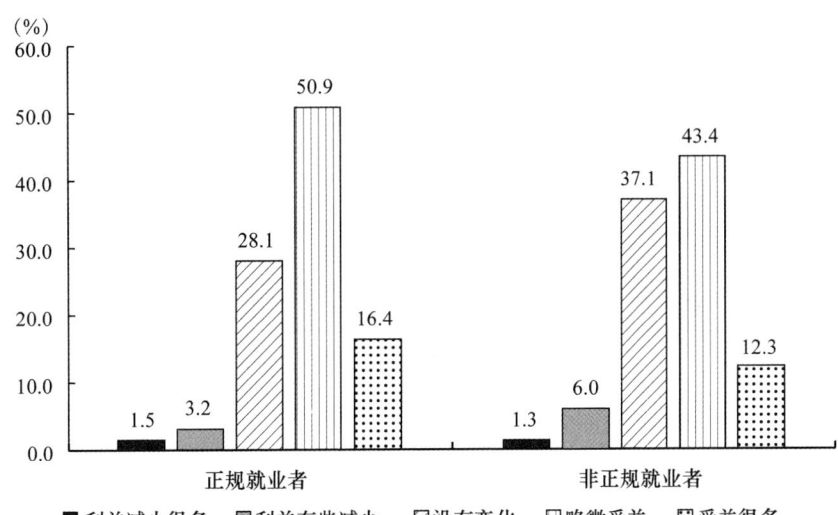

图 3.13　2019 年广州正规就业者与非正规就业者对广州经济社会发展受益感情况

3. 正规就业者与非正规就业者职业稳定性都较强，降低企业员工招聘成本，有助于企业发展

员工职业稳定性强能够有效降低企业招聘、培养员工的成本，有助于企业发展，也有利于社会稳定。从被动失业和主观失业两个维度来考察就业者的职业稳定性。从失业可能性来看，80.7%的正规就业者和74.8%的非正规就业者均认为在未来6个月内自己不会失业。从跳槽可能性来看，78.3%的正规就业者和81.9%的非正规就业者认为自己在未来6个月内不会跳槽。正规就业者与非正规就业者的职业稳定性都较高。同时，非正规就业者由于技能较低、竞争较大，被动失业的可能性高于正规就业者。而正规就业者由于技能较高、机会较多等原因，跳槽的可能性稍高于非正规就业者。（见图3.14、图3.15）

4. 非正规就业者工作满意度显著低于正规就业者，尤其是非正规就业自雇者群体，感受工作压力大

工作满意度、工作压力感是社会心态中最重要的指标，因为就业作为居民生活生存的基础，具有举足轻重的作用。工作

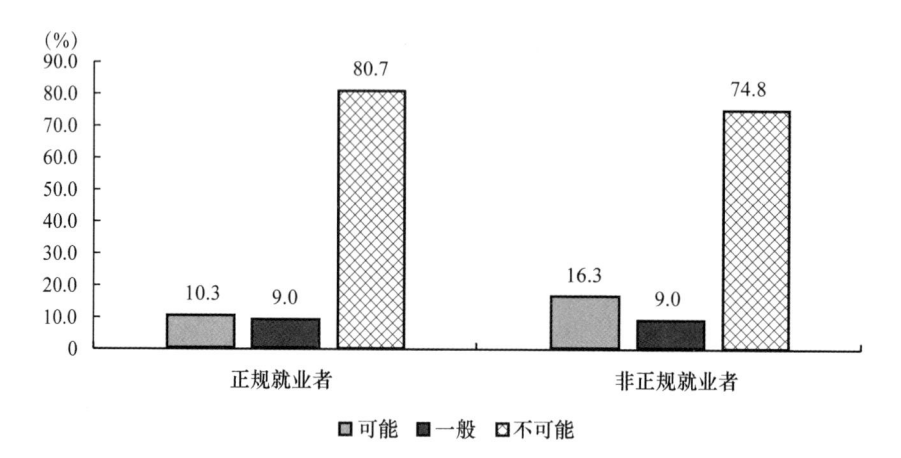

图 3.14　2019 年广州正规就业者与非正规就业者失业可能性判断

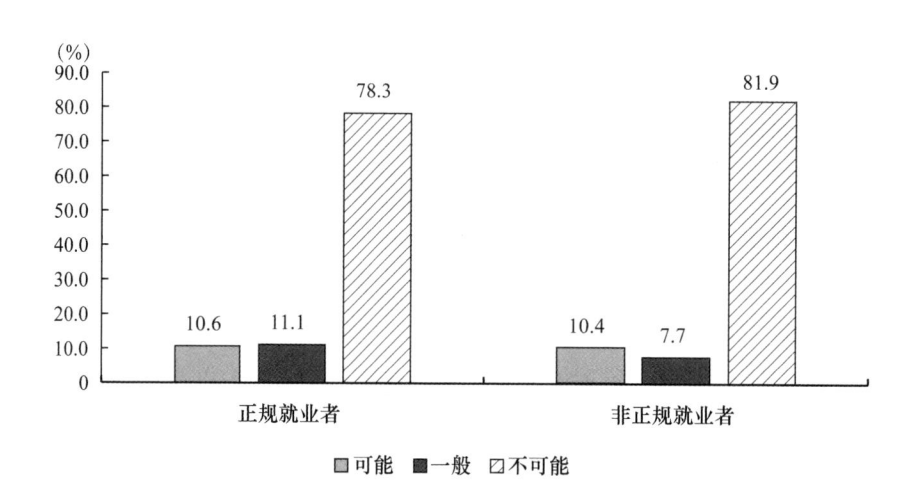

图 3.15　2019 年广州正规就业者与非正规就业者跳槽可能性判断

满意度和工作压力指标反映了居民就业心态,是社会稳定的重要指征。本部分考量不同类型就业者对工作满意度、工作压力感、收入压力感、工作能力压力感、工作时间压力感五个维度评价。测量方式是让被访者对这五个维度打分,满分 10 分,1 分表示不认同,10 分表示认同。研究结果显示,正规就业者工作满意度平均分为 7.50 分,高于非正规就业者(7.13 分);且正规就业者工作压力感平均分为 5.57 分,低于非正规就业者

(5.62分)。从收入和工作时间两个方面压力来看，正规就业者分别为5.68分、5.26分，低于或等于非正规就业者（5.83分、5.26分），而在工作能力压力感上，正规就业者得分为5.13分，高于非正规就业者（5.00分）。正规就业者由于工作稳定、社会福利较好、收入较高等原因，工作满意度高于非正规就业者。此外，正规就业者工作压力感相对于非正规就业者较小，其中，收入压力感是感受压力最大的一个维度。

进一步探索非正规就业者内部结构可知，非正规就业受雇者工作满意度得分为7.30分，非正规就业自雇者为6.98分；而非正规就业受雇者工作压力得分为5.39分，高于非正规就业自雇者（5.84分）。在收入压力、工作能力压力、工作时间压力三方面，非正规就业受雇者得分分别为5.61分、4.76分、5.02分，均低于非正规就业自雇者（6.04分、5.19分、5.47分）。由此可知，非正规就业自雇者由于需要为企业经营负全责或是自谋生计，感受到较大的工作压力，进而导致较低的工作满意度。（见表3.4）

表3.4　　　　2019年广州两类型就业者多维度社会心态平均分（满分均为10分）

	正规就业者	非正规就业者	非正规就业受雇者	非正规就业自雇者
工作满意度	7.50	7.13	7.30	6.98
工作压力感	5.57	5.62	5.39	5.84
收入压力感	5.68	5.83	5.61	6.04
工作能力压力感	5.13	5.00	4.76	5.19
工作时间压力感	5.26	5.26	5.02	5.47

四　广州居民就业形态特征与社会预期特点

基于2016年、2019年广州社会状况综合调查数据，从就业者与非就业人员、正规就业者与非正规就业者两个视角出发分析广州居民就业形态特征及社会预期特点，从前述分析中可将具体特征归纳如下。

（一）虽然广州劳动参与率呈现下降趋势，但劳动力市场稳中向好

广州人口多年一直保持净流入状态，2018年广州净流入人口41万，高于杭州、宁波、南京等城市，处于全国领先位置。虽然劳动力是净流入，但是随着广州老龄化趋势加深，广州劳动参与率走势也与全国保持一致，呈现不断下行态势，这也反映出劳动力老龄化的问题。相较于2016年，2019年广州劳动参与率呈现下降趋势，从78.0%下降至74.5%。本书采用非就业人员占比来看失业情况，非就业人员占比呈现下降趋势，从2016年的21.0%下降至2019年的15.1%，说明广州劳动力市场较为景气，劳动力市场稳中向好，为广州经济社会发展夯实了人力基础。

（二）广州劳动力市场呈现正规化趋势，仍需关注非正规就业群体

通常而言，劳动力市场正规化能够更好保障劳动者权益。调查结果显示，广州非正规就业者占比从2016年的56.6%下降至2019年的37.6%，非正规就业者占比的减少反映出广州劳动力市场呈现正规化趋势。值得注意的是，尽管非正规就业者占比减少，但是，由于非正规就业进入门槛较低，是低学历、低技能人员就业的集中地，通常与低收入、低社会保障、高风险等职业特点相联系。目前，我国《劳动法》对非正规就业者的劳动权益保护的力度与覆盖面都不足，因此，仍需进一步关注非正规就业者的各项权益保护问题。

（三）非正规就业自雇者群体规模增大，与时代发展相吻合

随着国家积极实施"大众创业、万众创新"政策，及数字经济逐渐成为经济发展新引擎，涌现出了一批以创业、自由职业等形式存在的新就业群体，可归纳为非正规就业自雇者群体。调查结果显示，非正规就业自雇者从2016年的30.9%上升至2019年的51.2%，提升了20.3个百分点。且相较于非正规就业受雇者，非正规就业自雇者收入显著较高，属于高质量就业。这说明随着大数据时代的来临，数字经济快速发展，在国家、省、市政策扶持下，自由职业者、创业者等比重不断加大，有利于支撑未来新的发展引擎，顺应时代发展潮流。

（四）广州劳动力市场稳定性较强，有利于夯实企业人才基础

员工离职率较低能够有效稳定人员结构，降低企业招聘、培育人才成本，利好企业发展，进而有利于经济社会发展。结果显示，80.7%的正规就业者和74.8%的非正规就业者认为未来6个月内自己不会失业。同时，78.3%的正规就业者和81.9%的非正规就业者认为自己在未来6个月内不会跳槽。这些数据反映出广州劳动力市场稳定性较强，无论是主动离职还是被动失业的可能性都不高，为城市发展提供充足稳定的劳动力。

（五）已婚女性成为儿童抚育的主力，负向影响育龄女性生育率

随着中国进入老龄化社会，鼓励生育是应对老龄化趋势最重要的举措之一。广州作为一线城市，其生活压力较大，双职工家庭养育儿童的时间成本、经济成本等都较高。多数双职工家庭难以花钱雇用保姆看顾儿童，因此，夫妻一方放弃事业回归家庭成为首选。而女性职场竞争力相较而言处于弱势，且更符合传统"男主外、女主内"的习惯，从经济社会因素考量，女性回归家庭成为第一选择。调查结果显示：非就业人员中以已婚女性为主,她们未参与就业的主因是照顾小孩。为了抚育小孩回归家庭,影响了女性自身事业发展,也会给生育小孩的家庭带来经济压力,负向影响育龄女性生育意愿。

(六)不同类型劳动者对未来发展充满信心,多给予非正规就业受雇者帮扶

自我对未来积极向上的生活预期能够形成健康、和谐的社会氛围,有助于社会可持续发展。无论是就业者与非就业者、正规就业者与非正规就业者、非正规就业自雇者与非正规就业受雇者均对未来美好生活充满向往,对广州经济社会发展受益感较强,尤其是非正规自雇者的信心是最足的,而非正规就业受雇者则相对信心较弱。总的来说,当前不同类型就业者社会心态较为积极乐观。需要指出的是,随着各类网络诈骗事件频发,社会信任感较低,亟待构建信任度高的和谐社会。

(七)非正规就业者工作满意度较低,尤其非正规就业自雇者,收入压力尤其大

就业作为居民生活生存的基础,是最大民生。因此,工作满意度、工作压力感则成为社会心态测量的重要维度。正规就业者工作满意度得分为7.50分,而非正规就业者为7.13分。这是由于正规就业者工作稳定、拥有较好的社会福利、收入较高等原因形成的。从工作压力来看,正规就业者得分为5.57分,低于非正规就业者(5.62分),其中,收入压力是最大的压力,尤其是对非正规就业自雇者而言,因为非正规就业自雇者需要独立负责企业经营或自谋生计,不稳定现金流将会使收入压力增加。

五 对策建议

针对广州居民就业形态及居民社会心态中存在的短板、弱

项，本书提出如下对策建议。

（一）持续保障劳动力市场正规化，保障非正规就业人员劳动权益

一是制定及动态更新针对新涌现的就业新形态的法律、法规及规章。大数据时代下，涌现了大量的创业者、自由职业者、灵活就业者等新就业形态，应及时制定与经济发展相匹配的、保障劳动力市场健康运转的法律、法规及规章，更好保护劳动者权益，提高劳动者的就业安全感。二是扩大非正规就业人员社会保障覆盖面。非正规就业者由于多数未签订劳动合同，未能享受《劳动法》的保障，且多数社会保障薄弱、收入较低，通过建立非正规就业人员档案，及时跟踪服务非正规就业人员，提供各项政策咨询和支持。三是强化劳动力市场监管。完善就业失业动态监测体系，准确预测劳动力市场变化，提供准确、及时的预警信息。

（二）提高劳动力市场灵活性，鼓励自雇者群体发展，激活市场经济

一是健全创新创业服务体系。构建创新创业人才库，建立创业辅导制度，为创业者提供创业辅导，提高创业成功率。二是通过建立公益性、商业性创业基金的方式，强化创业基金监管，为不同阶段创业者提供资金支持。三是完善自由职业者、灵活就业者的就业保障，完善有针对性的社会保险制度，提高劳动力市场灵活性，更好支持经济社会发展所需。

（三）多措并举制定儿童抚育政策，形成良好生育氛围

一是探索多形式财政支持，减轻育儿成本。结合广州经济社会发展和财政实力，采用直接发放经济补贴的形式，如减免税收、发放教育津贴、建立儿童教育基金等，减轻家庭育儿成本，起到鼓励生育的目的。二是完善社会保育体系，减轻职业女性负担。健全职业女性在孕期、哺乳期、育儿期的劳动保护法律法规，通过立法的形式适当延长产假，建立弹性哺乳假。此外，建立多样化的社会保育体系，如加大托幼机构和早期教育机构建设，解决家庭抚育难题。

（四）持续优化营商环境，提高劳动者收入，打造全球企业最佳发展地

2017年以来，广州持续优化营商环境，从优化营商环境政策1.0、2.0到当前的3.0版本，在创新市场监管、改革市场准入、降低交易成本等方面不断发力。应坚持以企业为中心，对标世界银行营商环境评价体系，从解决企业需求难题、补短板、建规则等方面，推进政务服务流程再造，使得政务环境高效便捷，市场环境竞争有序，法治环境公平公正，激发不同类型企业活力，稳步提高劳动者收入，提升劳动者获得感，吸引更多高端人才来穗，打造全球企业最佳发展地。

第四章　广州居民住房状况与购房意愿

2008年，北、上、广、深4个一线城市的房价基本上处于同一起跑线，均价1万元左右。到了2017年，北、上、深房价全部突破5万元时，广州房价在3万元左右徘徊，截至2019年，各主要城市房价排行中，深圳取代北京，排名第一，平均单价为65516元；广州排名第六，平均单价为35726元。10年时间，深圳房价上涨6.5倍，广州上涨3.5倍，广州是一线城市中房价和涨幅最低的一个。

回顾各城市10年间房价走势，在2016年之前，房价上涨幅度较为平缓，之后就大幅度上升。2016年成为房价上涨趋势的拐点，年底的中央经济工作会议首次提出，促进房地产市场平稳健康发展。要坚持"房子是用来住的、不是用来炒的"的定位，综合运用金融、土地、财税、投资、立法等手段，加快研究建立符合国情、适应市场规律的基础性制度和长效机制。要在宏观上管住货币，落实人地挂钩政策。要加快住房租赁市场立法，加强住房市场监管和整顿。之后的3年，中央经济工作会议都对住房政策做出了指示：2017年提出"加快建立多主体供应、多渠道保障、租购并举的住房制度。完善促进房地产市场平稳健康发展的长效机制，保持房地产市场调控政策连续性和稳定性"；2018年提出"要构建房地产市场健康发展长效机制"；2019年提出"要加大城市困难群众住房保障工作，加强城市更新和存量住房改造提升，大力发展租赁住房。要坚持房子是用来住的、不是用来炒的定位，促进房地产市场平稳健康发展"。

基于上述国家层面的政策，2017年3月17日，广州市人民政府办公厅颁布了《关于进一步完善我市房地产市场平稳健康发展政策的通知》（穗府办函〔2017〕50号），从完善住房限购政策、完善差别化住房信贷政策、严厉打击"首付贷"违规行为和加大市场监管力度4个方面进一步完善商品住房限购和差别化信贷政策，促进房地产市场平稳健康发展；紧接着30日，广州市人民政府办公厅又重拳出击，颁布了《关于进一步加强房地产市场调控的通知》（穗府办函〔2017〕65号），从加强住房限购政策、加强差别化住房信贷政策、加强商服类房地产项目管理和加强房地产市场监管4个方面进一步加强对房地产市场调控；2018年12月19日，广州市住建委发布《关于完善商服类房地产项目销售管理的意见》，对穗府办函〔2017〕65号文中第三条第（三）项，对"房地产开发企业销售商服类物业，销售对象应当是法人单位"规定的"商服类物业"进行了明确界定，堵住了个人名义购买商服类物业的漏洞。正是在各种组合拳的重击之下，广州市的房价得以平稳健康发展，截至2021年3月，房价在四大一线城市中位居末位，更低于厦门，在全国288个城市房价排行榜中，处于第6位。[①]

2020年以来，广州楼市走出一波快速上涨行情。据广州中原研究发展部数据统计，2020年广州累计成交新房100905宗，同比增长27%，创下近4年历史新高；二手房共成交127882套（含自助网签、中介网签），比2019年同期上涨19%。

进入2021年，广州楼市热度不减。据统计，2021年1月，广州新建商品住宅价格环比上涨1%，二手房价格环比上涨1.4%，均在70城中排名第二；2月，广州新建商品住宅价格环

---

① 中房数据研究院：《2021年3月中国288城市住房价格统计报告》，2021年4月6日，http://www.zfsj.org/shownew.asp?id=3107。

比上涨0.9%，二手房价格环比上涨1.0%，均在70城中排名第三。3月份，广州一手、二手住宅整体持续反弹，成交活跃，涨幅居一线城市之首。3月份，4个一线城市新建商品住宅销售价格环比上涨0.4%，其中，北京、上海、广州和深圳分别上涨0.2%、0.3%、1.0%和0.1%。二手住宅销售价格环比上涨1.0%，涨幅比上月回落0.1个百分点。其中，北京、上海、广州和深圳分别上涨1.4%、1.1%、1.4%和0.4%。

广州市加大了房地产市场的调控政策力度。2021年4月3日，广州实施《广州市人民政府办公厅关于进一步促进房地产市场平稳健康发展的意见》，从地价、楼价和调控措施三个方面对房地产市场的稳定和发展做了具体规定，重点是稳定地价、稳定房价和稳定预期。在4月8日住建部对广州等5个城市进行约谈的背景下，4月21日，广州市政府发布《广州市人民政府办公厅关于完善我市房地产市场平稳健康发展政策的通知》，对房地产市场采取进一步调控措施。

为何广州市房价热度不减，房地产市场调控政策能否有针对性、有实效性地发挥作用，需要对广州居民的住房需求进行调查研究，了解广州居民对房地产市场的预期。

本报告基于GZSS（广州社会状况综合调查）2019年的数据，分别从广州市民的自有住房数量及面积、贷款及产权情况、住房条件及满意度以及未来购房意愿等方面进行描述和分析。

一 市民住房状况

（一）居住区域及社区类型分布
1. 居住区域

把广州市11个行政区分为老城区（包括越秀区、海珠区、荔湾区和天河区）、近郊区（包括白云区、黄埔区、番禺区和南沙区）、远郊区（包括花都区、增城区和从化区），按此划分，三个居住区域的市民分布如表4.1所示。

表4.1　　　　　　　　　市民居住区域分布

居住区域类型	频数	百分比（%）
城区	1220	40.13
近郊区	1275	41.94
远郊区	545	17.93
合计	3040	100

2. 居住社区类型

2012年9月，《广州市创建城市"幸福社区"试点工作方案》中按照便于服务管理、便于社区资源开发、便于居民自治的原则，结合地域性、认同性、利益性等社区构成要素，对原有街道、居委会的辖区进行调整，结合广州城市社区特征，将社区划分为地缘型、单位型、单元型、综合型、转制型五种类型，在上述五种类型社区的基础上，结合具体情况，GZSS 2019增加了一个"混合型社区"。调查结果显示，居住在大型楼盘为主体的相对独立的"单元型社区"中的市民比例最高，为37.30%，其次是"混合型社区"（16.84%）和"转制型社区"（16.09%），居住在"综合型社区"的市民最少，比例仅仅为6.09%，如表4.2所示。

（二）自有住房数量

据中国人民银行调查统计司城镇居民家庭资产负债调查课题组发布的《2019年中国城镇居民家庭资产负债情况调查》，我国城镇居民家庭的自有住房拥有率达到96.0%。[1] GZSS 2019

---

[1] 中国人民银行调查统计司城镇居民家庭资产负债调查课题组于2019年10月中下旬在全国30个省（自治区、直辖市）对3万余户城镇居民家庭开展了资产负债情况调查。从当前掌握的资料看，这是国内关于城镇居民资产负债情况最为完整、翔实的调查之一。参见《2019年中国城镇居民家庭资产负债情况调查》，2021年12月1日，http://finance.sina.com.cn/china/2020-04-24/doc-iircuyvh9570653.shtml。

的调查显示，在3040位被访的广州城市居民中，有2924位居民回答了有关自有住房的问题。统计结果表明，除少部分（16.69%）的家庭目前没有自己的住房外；绝大多数家庭拥有自有住房（即被访者家庭拥有的住房，住房所在地含广州市、省内其他城市、其他省会城市、农村及其他地区），自有住房拥有率为83.31%（2436户家庭）。其中，拥有1套住房的比例为61.56%；拥有2套住房的比例为17.92%；拥有3套及以上住房的比例为3.82%（见表4.3）。

表4.2　　　　　　　　市民居住社区类型分布

居住社区类型	频数	百分比（%）
地缘型：按街区巷道、道路、河流等自然地域划分的社区，并按聚居人口类型划分的社区	362	11.91
单元型：按住宅群落划分，大型楼盘为主体的相对独立的住宅小区	1134	37.30
单位型：以机关、企事业单位家属聚居区、宿舍区为主体的社区	358	11.78
综合型：汇集居住、旅游、商务、文化、体育等不同功能特点的社区	185	6.09
转制型：原属农村社区，经"村改居"后划分出来的社区，原村集体经济组织仍正常运作，参与社区服务管理的社区（城中村）	489	16.09
混合型：上述居住社区类型之外的社区	512	16.84
合计	3040	100

表4.3　　　　　　　　家庭拥有自有住房数量情况

自有住房套数	频数	百分比（%）
0	488	16.69
1	1800	61.56
2	524	17.92
3	82	2.80
4	24	0.82
5	4	0.14
6	1	0.03
7	1	0.03
合计	2924	100

在2436位拥有自有住房的市民中,有2381位市民回答了在广州市范围内的自有住房这个问题,统计显示,有1944位市民在广州市内拥有自有住房,自有住房拥有率为81.65%。其中,拥有1套住房的比例为64.72%;拥有2套住房的比例为14.36%;拥有3套及以上住房的比例为2.56%,如表4.4所示。

表4.4 家庭在广州拥有自有住房数量情况

自有住房套数	频数	百分比(%)
0	437	18.35
1	1541	64.72
2	342	14.36
3	50	2.10
4	11	0.46
合计	2381	100

广州城市市民家庭自有住房拥有率为83.31%(所有地方)或81.65%(广州市内),这个指标都明显低于全国水平(96.0%),也低于GZSS 2015的数据(88.8%,所有地方),反映出房价的上升阻碍了部分市民购买住房(数据宝追踪的《2019年320个城市房价排行榜》[1]显示,深圳的房价取代北京,排名第一,平均单价为65516元;北京排名第二,平均单价为63052元;上海排名第三,平均单价为54467元;广州排名第六,平均单价为35726元),另外,也反映了有更多的外来人口流入广州。[2]

---

[1] 参见《2019年各城市房价排行出炉!》,2021年12月1日,https://www.sohu.com/a/366440493_120271428。

[2] 参见《2019年流入人口top10城市榜,深圳不再是热门的奋斗之都》(流入人口最多的10个城市分别是:①上海②东莞③成都④北京⑤广州⑥深圳⑦苏州⑧武汉⑨杭州⑩惠州),2021年12月1日,https://baijiahao.baidu.com/s?id=1672812387890610448

进一步来看，从3个居住区域对市民在广州市内拥有的自有住房情况进行分析，结果显示，远郊区的住房自有率（93.53%）显著高于城区（78.07%）和近郊区（79.15%），这主要是因为远郊区的市民主要是从农业人口转过来的，他们之前是可以有宅基地自建房；相对而言，住在城区和近郊区的家庭住房自有率较低（分别为78.07%和79.16%），但二者的差别不大，这主要是这两个区域的外来人口较多，他们为了工作方便，更多地选择了就近（城区和近郊区）租房而居。此外，家庭拥有2套及以上自有住房的情况，城区的比例为15%，近郊区的比例为17.41，远郊区的比例最高，为19.42%，如表4.5所示。

表4.5　　　　　城区、郊区居民家庭自有住房数量比较　　　（单位：套，%）

居住区域类型	自有住房数量					合计
	0	1	2	3	4	
城区	193	555	116	16	0	880
	21.93	63.07	13.18	1.82	0.00	100
近郊区	213	631	149	21	8	1022
	20.84	61.74	14.58	2.05	0.78	100
远郊区	31	355	77	13	3	479
	6.47	74.11	16.08	2.71	0.63	100
合计	437	1541	342	50	11	2381
	18.35	64.72	14.36	2.10	0.46	100

注：Pearson chi^2（8）=64.4217，P=0.000。

（三）自有住房面积

1. 总面积

GZSS 2019的数据显示，城市居民家庭在广州市内的自有住房总面积均值为121.89平方米。从居住区域类型来看，近郊区的平均值最高，为136.34平方米，高出全市平均水平14.45平方米；城区的最低，为103.87平方米，低于全市平均水平18.02平方米，如表4.6所示。

表4.6　　　　　城区、郊区居民家庭自有住房总面积比较　　　（单位：平方米）

居住区域类型	观测值	均值	标准差
城区	684	103.87	72.94
近郊区	796	136.34	117.84
远郊区	451	123.72	72.40
合计	1931	121.89	95.01

通过方差分析发现，$F=22.06$，$P=0.0000$，说明3个居住区域之间的家庭自有住房总面积差异非常显著，近郊区显著高于城区32.47平方米；远郊区显著高于城区19.85平方米；而近郊区高于远郊区12.62平方米，但差异在95%置信水平下不显著，如表4.7所示。

表4.7　　　　　城区、郊区居民家庭自有住房总面积方差分析

差异源	离差平方和	自由度	均方	F	P
组间	389734.26	2	194867.13	22.06	0.0000
组内	17033280.40	1928	8834.69		
总计	17423014.70	1930	9027.47		

从居住社区类型来看，转制型社区家庭自有住房总面积的平均值最高，为197.41平方米，高出全市平均水平（121.89平方米）75.52平方米；其次是单元型社区（126.54平方米）和地缘型社区（122.31平方米），这两种类型社区的家庭自有住房总面积都高出全市平均水平，但差异不大；综合型社区的家庭自有住房总面积最低，为85.59平方米，低于全市平均水平36.3平方米，更是低于转制型社区111.82平方米，如表4.8所示。

表4.8　　　　　不同社区居民家庭自有住房总面积比较　　　（单位：平方米）

居住社区类型	观测值	均值	标准差
地缘型：按街区巷道、道路、河流等自然地域划分的社区，并按聚居人口类型划分的社区	235	122.31	86.40
单元型：按住宅群落划分，大型楼盘为主体的相对独立的住宅小区	871	126.54	78.46

续表

居住社区类型	观测值	均值	标准差
单位型：以机关、企事业单位家属聚居区、宿舍区为主体的社区	215	107.57	100.77
综合型：汇集居住、旅游、商务、文化、体育等不同功能特点的社区	100	85.59	51.05
转制型：原属农村社区，经"村改居"后划分出来的社区，原村集体经济组织仍正常运作，参与社区服务管理的社区（城中村）	134	197.41	200.75
混合型：上述居住社区类型之外的社区	376	101.77	61.50
合计	1931	121.89	95.01

2. 人均面积

调查数据显示，城市居民家庭在广州市内的自有住房人均面积均值为34.26平方米，低于2018年城镇居民人均住房建筑面积（39平方米）4.74平方米，[①] 在四大一线城市中排名第二（上海37平方米，广州34.2平方米，北京33.1平方米，深圳21.8平方米，均低于全国平均水平）。[②] 从居住区域类型来看，近郊区的平均值最高，为36.48平方米，高出全市平均水平2.22平方米；城区的最低，为31.75平方米，低于全市平均水平2.51平方米，如表4.9所示。

表4.9　　　城区、郊区居民家庭自有住房人均面积比较　　（单位：平方米）

居住区域类型	观测值	均值	标准差
城区	684	31.75	25.32
近郊区	796	36.48	31.87
远郊区	451	34.14	26.71
合计	1931	34.26	28.57

---

① 国家统计局2019年7月31日发布的报告显示，2018年，城镇居民人均住房建筑面积39平方米，比1978年增加32.3平方米；农村居民人均住房建筑面积47.3平方米，比1978年增加39.2平方米。参见《统计局2018年城镇居民人均住房建筑面积39平方米》，2021年12月1日，https://finance.ifeng.com/c/7okv4Sw36EH。

② 参见《中国各大城市人均住宅面积出炉，有人欢喜有人忧》，2021年12月1日，https://new.qq.com/omn/20201120/20201120A071L000.html。

通过方差分析发现，F = 5.08，P = 0.0063，说明 3 个居住区域之间的家庭自有住房人均面积差异非常显著，近郊区显著高于城区 4.73 平方米；远郊区高于城区 2.39 平方米，近郊区高于远郊区 2.35 平方米，但后面两个区域之间的差异不显著，如表 4.10 所示。

表4.10　　城区、郊区居民家庭自有住房总面积方差分析

差异源	离差平方和	自由度	均方	F	P
组间	8250.55	2	4125.28	5.08	0.0063
组内	1566784.93	1928	812.65		
总计	1575035.48	1930	816.08		

从居住社区类型来看，转制型社区家庭自有住房人均面积的平均值最高，为 48.10 平方米，高出全市平均水平（34.26 平方米）13.84 平方米；其次是单元型社区（35.76 平方米）和地缘型社区（34.16 平方米），这两种类型社区的家庭自有住房人均面积与全市平均水平差异不大，其中，地缘型社区的人均面积略低于全市水平 0.1 平方米，而单元型社区的人均面积则高于全市水平 1.5 平方米；综合型社区的家庭自有住房人均面积最低，为 26.43 平方米，低于全市平均水平 7.83 平方米，更是低于转制型社区 21.67 平方米，如表 4.11 所示。

表4.11　　　　不同社区居民家庭自有住房人均面积比较　　　（单位：平方米）

居住社区类型	观测值	均值	标准差
地缘型：按街区巷道、道路、河流等自然地域划分的社区，并按聚居人口类型划分的社区	235	34.16	29.63
单元型：按住宅群落划分，大型楼盘为主体的相对独立的住宅小区	871	35.76	26.26
单位型：以机关、企事业单位家属聚居区、宿舍区为主体的社区	215	33.13	32.96
综合型：汇集居住、旅游、商务、文化、体育等不同功能特点的社区	100	26.43	16.89

续表

居住社区类型	观测值	均值	标准差
转制型：原属农村社区，经"村改居"后划分出来的社区，原村集体经济组织仍正常运作，参与社区服务管理的社区（城中村）	134	48.10	47.77
混合型：上述居住社区类型之外的社区	376	28.62	20.62
合计	1931	34.26	58.57

（四）自有住房的贷款及产权状况

数据显示，在所有拥有产权的住房中，只有36.39%的家庭目前还需要每月偿还银行贷款；在产权登记方面，超过一半（57.62%）的产权是登记在被访者名下，有28.95%是登记在配偶名下，即登记在自己或配偶名下的住房所占的比例最高（86.57%）；其次属于父母（包括配偶父母）的住房，所占的比例为18.34%，如表4.12、表4.13所示。

表4.12　　　　　自有产权住房的贷款情况

有无房贷	频数	百分比（%）
有	754	36.39
没有	1292	62.36
其他	26	1.25
合计	2072	100

表4.13　　　　　自有产权住房的产权状况

产权状况	频数	响应百分比（%）	个案百分比（%）
自己所有	1455	48.32	57.62
配偶所有	731	24.28	28.95
子女所有	176	5.85	6.97
子女配偶所有	28	0.93	1.11
父母所有	390	12.95	15.45
配偶父母所有	73	2.42	2.89
其他	158	5.25	6.26
合计	3011	100	119.25

(五) 现居住房状况

1. 住房所在地

住房所在地,是指调查进行的时候,被访者实际居住的地方(也即抽样调查时的访问地址),根据调研的需要,把广州市11个行政区,分为老城区、近郊区、远郊区,具体分布如表4.14所示。

表4.14 被访者居住地分布情况

行政区	频数	百分比(%)	城、郊区域	频数	百分比(%)
越秀区	307	10.10	城区	1220	40.13
海珠区	304	10.00			
荔湾区	304	10.00			
天河区	305	10.03			
白云区	366	12.04	近郊区	1275	41.94
黄埔区	305	10.03			
番禺区	362	11.91			
南沙区	242	7.96			
花都区	182	5.99	远郊区	545	17.93
增城区	183	6.02			
从化区	180	5.92			
合计	3040	100		3040	100

2. 住房性质

调查显示,市民现住房以自有住房为主,比例为68.80%,其次是租房(27.03%)。在租房的市民中,大多数是向私人房东(包括私人二房东)租房,比例为79.85%,其次是向政府租房(公共租赁房),比例为9.89%,如表4.15、表4.16所示。

表4.15　　　　　　　　城市居民目前居住住房性质

住房性质	频数	百分比（%）
自有住房	2082	68.80
租房	818	27.03
其他	126	4.16
合计	3026	100

表4.16　　　　　　　　　城市居民租房性质

住房出租方	频数	百分比（%）
政府	80	9.89
单位	56	6.92
私人房东	599	74.04
私人二房东	47	5.81
其他	27	3.34
合计	809	100

进一步来看，从3个居住区域的市民目前居住住房性质进行比较，结果显示，住在"自有住房"的市民中，远郊区市民所占的比例最高（85.32%），明显高于城区市民（63.11%）22.21个百分点；住在"租房"的市民中，城区市民所占的比例最高（32.09%），明显高于远郊区市民（11.74%），如表4.17所示。

表4.17　　　　城区、郊区居民家庭目前居住住房性质比较

居住区域	住房性质			合计
	自有住房	租房	其他	
城区	763	388	58	1209
	63.11	32.09	4.80	100
近郊区	854	366	52	1272
	67.14	28.77	4.09	100
远郊区	465	64	16	545
	85.32	11.74	2.94	100
合计	2082	818	126	3026
	68.80	27.03	4.16	100

注：Pearson chi^2 (4) = 90.9840, P = 0.000。

3. 住房条件评价

统计显示，在有效回答的 2045 个样本中，相对于整个广州市区来说，从评分来看，市民对自己的住房条件的满意度平均为 3.623（1 为很不满意，5 为很满意），总体评价处于"说不清"之上，未达"较满意"的水平。如表 4.18 所示。绝大多数市民的评价是"较满意"及以上，比例为 69.88%，各层次满意度评价的百分比，如表 4.19 所示。

表 4.18　　　　　　　市民对家庭住房条件的评分

项目	样本	平均值	标准差	最小值	最大值
住房满意度	2045	3.623	0.977	1	5

表 4.19　　　　　　　家庭住房条件满意度分布

住房满意度	频数	百分比（%）
很不满意	28	1.37
不满意	375	18.34
说不清	213	10.42
较满意	1152	56.33
很满意	277	13.55
合计	2045	100

而相对于整个广州市区的总体水平来说，市民对自己住房状况的评价较满意度低，其平均值为 3.306（1 为很差，5 为很好），总体评价处于"一般"之上，远未达"很好"的水平。如表 4.20 所示。大多数市民的评价是"一般"，比例为 51.23%；评价为"较好"及以上的比例仅为 37.14%，各层次评价的百分比，如表 4.21 所示。

表 4.20　　　　　　　市民对家庭住房状况的评分

项目	样本	平均值	标准差	最小值	最大值
住房状况评价	2038	3.306	0.801	1	5

表 4.21　　　　　　　　　家庭住房状况评价分布

住房状况评价	频数	百分比（%）
很差	32	1.57
较差	205	10.06
一般	1044	51.23
较好	621	30.47
很好	136	6.67
合计	2038	100

二　市民购房意愿

（一）房地产调控政策效果评价

GZSS 2019 数据显示，目前，广州市民对当前房地产调控政策实施效果的评价不是太好，市民对调控政策的平均分为 2.173（1 为很完全没效果，4 为非常有效果），总体评价处于"较没效果"之上，远未达"较有效果"的水平，如表 4.22 所示。从百分比来看，大多数市民（62.82%）认为"较没效果"或"完全没效果"，各层次评价的百分比，如表 4.23 所示。

表 4.22　　　　　　市民对房地产调控政策实施效果的评分

项目	样本	平均值	标准差	最小值	最大值
房地产调控政策效果	2189	2.173	0.828	1	4

表 4.23　　　　　市民对房地产调控政策实施效果的评价分布

房地产调控政策效果	频数	百分比（%）
完全没效果	515	23.53
较没效果	860	39.29
较有效果	735	33.58
非常有效果	79	3.61
合计	2189	100

从居住区域类型来看,远郊区的居民对当前房地产调控政策实施效果的评价最高,为2.32,高出全市平均水平0.15;城区的评价最低,为2.12,低于全市平均水平0.05,如表4.24所示。

表4.24　　城区、郊区居民对房地产调控政策实施效果的评价比较

居住区域类型	观测值	均值	标准差
城区	826	2.12	0.82
近郊区	940	2.16	0.84
远郊区	423	2.32	0.81
合计	2189	2.17	0.83

通过方差分析发现,F=8.72,P=0.0002,说明3个居住区域之间的市民对当前房地产调控政策实施效果的评价之差异非常显著,远郊区市民的评价显著高于城区市民的评价0.20;远郊区市民的评价显著高于近郊区市民的评价0.16;而近郊区高于城区0.04,但差异在95%置信水平下不显著,如表4.25所示。

表4.25　　城区、郊区居民对房地产调控政策实施效果评价的方差分析

	离差平方和	自由度	均方	F	P
组间	11.88	2	5.94	8.72	0.0002
组内	1488.85	2186	0.68		
总计	1500.73	2188	0.69		

(二) 房地产调控政策对自家的影响

调查显示,将近一半(43.64%)的市民认为,房地产调控政策的实施与自己无关,而认为对自己有利的市民只有13.08%,如表4.26所示。

进一步来看,从3个居住区域的市民在房地产调控政策对

自家的影响进行分析，结果显示，在评价为"不利"的选项中，城区市民所占比例最高（14.72%），明显高于远郊区市民（10.09%）；在评价为"与我无关"的选项中，也是城区市民所占比例最高（46.24%），明显高于近郊区（42.03%）和远郊区市民（41.65%），如表4.27所示。

表4.26　　市民对房地产调控政策实施对自家影响的评价分布

房地产调控政策是否有利	频数	百分比（%）
有利	396	13.08
说不清楚	907	29.96
不利	403	13.31
与我无关	1321	43.64
合计	3027	100

表4.27　　城区、郊区市民对房地产调控政策实施对自家影响的评价

居住区类型	房地产调控政策实施对自家的影响				合计
	有利	说不清楚	不利	与我无关	
城区	114	358	178	559	1209
	9.43	29.61	14.72	46.24	100
近郊区	188	380	170	535	1273
	14.77	29.85	13.35	42.03	100
远郊区	94	169	55	227	545
	17.25	31.01	10.09	41.65	100
合计	396	907	403	1321	3027
	13.08	29.96	13.31	43.64	100

注：Pearson chi^2 (6) = 31.7562, Pr = 0.000。

（三）申请公租房意愿

统计结果显示，广州市民打算申请保障性住房的比例很低，只有5.86%，另有高达94.14%的市民不打算申请或不符合条件，如表4.28所示。

表 4.28　　市民申请保障性住房的意愿

是否打算申请公共租赁房	频数	百分比（%）
打算申请	159	5.86
不打算申请或不符合条件	2555	94.14
合计	2714	100

（四）未来购房意愿

统计结果显示，广州市民目前的购房意愿很低，有 21.30% 的市民有购房的想法，但在三年内不打算购买，只有 8.40% 的市民打算在三年内购房，另有高达 70.30% 的市民没有购买住房的想法，如表 4.29 所示。

表 4.29　　市民未来购买住房的意愿

房地产调控政策是否有利	频数	百分比（%）
打算三年内购买	235	8.40
有购房的想法，但三年内不打算购买	596	21.30
没有购买住房的想法	1967	70.30
合计	2798	100

进一步交叉分析来看，从 3 个居住区域的角度来比较，各个区域市民的购房意愿的差异并不显著。结果显示，在"打算三年内购买"的选项中，城区市民家庭所占比例最低（7.77%），低于全市平均水平（8.40%）；近郊区市民家庭中 8.42% 的有购房意愿，与全市平均水平接近；远郊区市民家庭所占比例最高（9.71%），高于全市平均水平 1.31 个百分点。而"有购房想法，但三年内不打算购买"的选项中，各个区域之间的比例差不多。总体上来看，购房意愿最高的是远郊区市民家庭，比例为 31.26%；其次是近郊区市民家庭（30.19%），购房意愿最低的是城区市民家庭（28.46%），如表 4.30 所示。

表4.30　　　　城区、郊区市民购买住房意愿的比较

居住区域类型	购房意愿			合计
	打算三年内购买	有购房的想法，但三年内不打算购买	没有购买住房的想法	
城区	86	229	792	1107
	7.77	20.69	71.54	100
近郊区	99	256	821	1176
	8.42	21.77	69.81	100
远郊区	50	111	354	515
	9.71	21.55	68.74	100
合计	235	596	1967	2798
	8.40	21.30	70.30	100

注：Pearson chi^2 (4) = 2.3707, Pr = 0.668。

从 6 个居住社区类型的角度来比较，居住在各社区类型的市民家庭的购房意愿差异很明显。统计显示，在"打算三年内购买"的选项中，单元型社区市民家庭所占比例最高（11.57%），高于全市平均水平（8.40%）3.17 个百分点；最低的是转制型社区市民家庭，比例仅仅为 5.70%，低于全市平均水平 2.7%。总体上来看，购房意愿最高的是单元型社区的市民家庭，比例为 32.94%；其次是混合型社区的市民家庭（30.78%），购房意愿最低的是综合型社区的市民家庭，比例为 23.97%，如表 4.31 所示。

表4.31　　　　不同居住社区类型的市民购买住房意愿的比较

居住社区类型	购房意愿			合计
	打算三年内购买	有购房的想法，但三年内不打算购买	没有购买住房的想法	
地缘型	21	75	254	350
	600	21.43	72.57	100
单元型	118	218	684	1020
	11.57	21.37	67.06	100
单位型	19	64	247	330
	5.76	19.39	74.85	100

续表

居住社区类型	购房意愿			合计
	打算三年内购买	有购房的想法，但三年内不打算购买	没有购买住房的想法	
综合型	11	30	130	171
	6.43	17.54	76.02	100
转制型	26	104	326	456
	5.70	22.81	71.49	100
混合型	40	105	326	471
	8.49	22.29	69.21	100
合计	235	596	1967	2798
	8.40	21.30	70.30	100

注：Pearson chi^2 (10) = 28.2076，Pr = 0.002。

从市民自有住房数量的角度来比较，市民家庭的购房意愿的差异并不显著。统计显示，在"打算三年内购买"的选项中，拥有2套及以上自有住房的市民家庭所占比例最高（9.19%），高于全市平均水平（8.52%）0.67%；拥有1套自有住房的市民家庭所占比例最低（8.32%），而处于中间地位的是没有自有住房的数据家庭（8.60%），仅仅比全市平均水平高0.08%。总体上来看，自有住房的数量对市民家庭的购房意愿影响不大，比例介于28.33%—28.75%之间，如表4.32所示。

从家庭总体收支情况的角度来比较，市民家庭的购房意愿差异很明显。统计显示，在"打算三年内购买"的选项中，收大于支的市民家庭所占比例最高（13.41%），高于全市平均水平（8.52%）4.89%；最低的是收小于支的市民家庭，比例仅仅为4.23%，低于全市平均水平4.29%。总体上来看，购房意愿最高的是收大于支的市民家庭，比例为34.97%；收支相抵的市民家庭（26.99%）和收小于支的市民家庭（26.54%）的购房意愿差别不大，也说明了这两类家庭对自有住房的渴望，如表4.33所示。

表 4.32　　　　市民自有住房数量与购买住房意愿的比较

自有住房数量	购房意愿			合计
	打算三年内购买	有购房的想法，但三年内不打算购买	没有购买住房的想法	
0	35	82	290	407
	8.60	20.15	71.25	100
1套	118	284	1017	1419
	8.32	20.01	71.67	100
2套及以上	35	73	273	381
	9.19	19.16	71.65	100
合计	188	439	1580	2207
	8.52	19.89	71.59	100

注：Pearson chi^2 (4) = 0.4057，Pr = 0.982。

表 4.33　　　　收支情况对市民购买住房意愿的比较

家庭总体收支情况	购房意愿			合计
	打算三年内购买	有购房的想法，但三年内不打算购买	没有购买住房的想法	
收大于支	120	193	582	895
	13.41	21.56	65.03	100
收支相抵	77	235	844	1156
	6.66	20.33	73.01	100
收小于支	22	116	382	520
	4.23	22.31	73.46	100
合计	219	544	1808	2571
	8.52	21.16	70.32	100

注：Pearson chi^2 (4) = 47.2781，Pr = 0.000。

从家庭自有产权住房银行贷款情况的角度来比较，市民家庭的购房意愿差异很明显。统计显示，在"打算三年内购买"的选项中，有贷款的市民家庭所占比例最高（11.88%），高于全市平均水平（8.47%）3.41%；最低的是没有贷款的市民家庭，比例为6.80%，低于全市平均水平1.67%。总体上来看，购房意愿最高的是有银行贷款的市民家庭，比例为35.24%；购房意愿最低的是没有银行贷款的市民家庭，比例为25.31%，如表4.34所示。

表 4.34　　住房贷款情况对市民购买住房意愿的比较

自有产权住房银行贷款情况	购房意愿			合计
	打算三年内购买	有购房的想法,但三年内不打算购买	没有购买住房的想法	
有	89	175	485	749
	11.88	23.36	64.75	100
没有	104	283	1142	1529
	6.80	18.51	74.69	100
其他	2	7	15	24
	8.33	29.17	62.5	100
合计	195	465	1642	2302
	8.47	20.20	71.33	100

注：Pearson chi^2 (4) = 29.3771, Pr = 0.000。

三　小结和对策建议

（一）广州市民的自有住房拥有率较高

绝大多数广州市民家庭拥有自有住房。根据调查，广州市民现住房以自有住房为主，比例为68.8%，其次是租房，租房的比例为27.03%。

分市内和市外区域看，广州市范围内自有住房拥有率为81.65%，而被调查者不限广州市的所有地方住房拥有率则为83.31%。

在广州市不同区域类型内，远郊区的住房自有率（93.53%）显著高于城区（78.07%）和近郊区（79.16%），这主要是因为远郊区的市民主要是从农业人口转过来的，他们有宅基地自建房，拥有更多的房产。

在租房的市民中，大多数是向私人房东（包括私人二房东）租房，比例为79.85%。

（二）广州市人均住房面积低于全国水平

广州市人均住房面积低于全国平均水平，但在一线城市中处于第二位。调查显示，城市居民家庭在广州市范围内自有住房人均面积均值为34.26平方米。2018年全国城镇居民人均住房建筑面积为39平方米，一线城市中，上海为37平方米，广州为34.2平方米，北京为33.1平方米，深圳为21.8平方米，均低于全国平均水平。

从区位类型来看，近郊区的平均值最高，为36.48平方米，高出全市平均水平2.22平方米；城区的最低，为31.75平方米，低于全市平均水平2.51平方米。

从社区类型来看，转制型社区家庭自有住房人均面积的平均值最高，为48.1平方米；其次是单元型社区（35.76平方米）和地缘型社区（34.16平方米）；综合型社区的家庭自有住房人均面积最低，为26.43平方米，低于全市平均水平7.83平方米，更是低于转制型社区21.67平方米。

（三）广州市民的住房满意度有较大改善空间

广州市民对住房条件的满意度评价值处于中间值水平。从整个广州市区的情况来看，市民对住房条件的满意度平均为3.623（1为很不满意，5为很满意），总体评价未达"较满意"的中上水平。住房满意度仍有较大的提升空间，说明了存在潜在的住房改善需求。

（四）广州市民的住房贷款负担水平较低

调查发现，大多数市民的自有住房没有银行贷款。在所有拥有产权的住房中，只有36.39%的家庭目前还需要每月偿还银行贷款。从房贷负担的情况看，市民的自有资金相对充裕，尚没有大量利用银行贷款进行购房的现象，这与广州市房地产市场前期相对较中性的表现是相一致的。

（五）广州市民的购房意愿较低

调查发现，整体购买意愿处于较低水平。只有29.7%的市民有购房意愿，其中，21.3%的市民有购房的想法，但在3年内不打算购买；8.4%的市民打算在3年内购房。从3个居住区域的角度来看，各个区域市民的购房意愿的差异并不显著；但6个居住社区类型的角度来看，市民的购房意愿差异很明显，购房意愿最高的是单元型社区的市民家庭，比例为32.94%；其次是混合型社区的市民家庭，比例为30.78%，购房意愿最低的是综合型社区的市民家庭，比例为23.97%。从家庭自有产权住房银行贷款情况的角度来比较，购房意愿最高的是有银行贷款的市民家庭，比例为35.24%；购房意愿最低的是没有银行贷款的市民家庭，比例为25.31%。

（六）广州市民对房地产调控政策评价不高

调查表明，广州市民对当前房地产调控政策实施效果的评价不高。市民对调控政策的平均分为2.17（1为完全没效果，4为非常有效果），总体评价处于"较没效果"之上，远未达"较有效果"的水平。从居住区域类型来看，远郊区的市民对当前房地产调控政策实施效果的评价最高，为2.32，高出全市平均水平0.15；城区的评价最低，为2.12，低于全市平均水平0.05。这一评价与2019年各区域的调控力度大小是相关的，限购政策越紧的城区，评价越低。

（七）广州市民不担心自己受到房地产调控政策的影响

接近一半的市民认为房地产调控政策与自己无关。43.64%的市民认为，房地产调控政策的实施与自己无关，而认为对自己有利的市民只有13.08%。从居住区域类型来看，在评价为"不利"的选项中，城区市民所占比例最高（14.72%），明显高于远郊区市民（10.09%）；在评价为"与我无关"的选项中，城区市民所占比例最高（46.24%），明显高于近郊区（42.03%）和远郊区市民（41.65%）。这说明市民理解的房地产调控政策,其实施对象主要是外地购房者,觉得不是针对本地居民。

四 政策建议

(一)加强房地产市场调研,精准了解市民的住房需求和投资行为

从自有住房拥有率来看,广州市比全国的平均值要明显偏低,同时,市民对自己住房状况的评价较满意度低。在住房债务压力方面,市民的还贷压力也不高。而从购房意愿上来看,广州市市民购房意愿并不高。对于广州市居民的住房投资行为,目前数据仍无法说明是需求方面的原因还是供给的原因,建议加强针对性研究,为今后精准施策提供数据支持。

(二)加强房地产调控政策的精准宣传,增进市民对当前政策意图和实施效果的了解

从政策评价看,广州市民对当前房地产调控政策实施效果的评价不是太好,GZSS 2019 数据显示,市民对调控政策的平均分为 2.17,总体评价处于"较没效果"之上。政策的实施要取得交好效果,除了政策自身的原因,也需要良好的政府环境,特别是要得到市民的更多理解和支持。建议加强政策的精准宣传,让更多市民了解已有政策的效果,形成对未来政策的稳定预期,增进对政府的支持。

(三)贯彻落实《广州市住房发展"十四五"规划》,继续建设保障性住房

第七次全国人口普查结果显示,至 2020 年广州市常住人口达 1867.66 万人,比 2010 年增加了 597.58 万人。本次调查数据显示,有近三分之一的市民通过租赁方式解决住房问题,而这些租赁的人群中，租用政府公租房的不到10%。政府工作报告也提出完善住房保障体系，来满足新市民、青年人等的住房问题。如果市场购房意愿不高或实力不够，那么未来通过购买商品住房的途径来解决住房问题的比例将会下降，对保障性住房的需求则会进一步上升。对此，必须贯彻落实《广州市住房发展"十四五"规划》，完成"十四五"时期全市筹建政策性住房66万套，继续加快建立多主体供给、多渠道保障、租购并举的住房制度，努力将人均住房面积提升至36平方米。

（四）加快"三旧"改造，助力城市更新

2021年，城市更新行动被正式写进了国家"十四五"规划。伴随着《广东省旧城镇旧厂房旧村庄改造管理办法》的正式实施，广东省"三旧"改造（城市更新）工作也进入了新的阶段。建议认真、全面总结广州科学城、中新知识城、海珠创新湾等在"三旧"改造中的经验和教训，撬动社会力量和社会资本积极参与，借助旧改盘活大量闲置用地，提升城市经济活力，改善人居环境，助力城市更新。

第五章　广州居民消费特征及扩大内需对策研究

一　"双循环"新发展格局下把握城市居民消费特征的战略意义

当今世界，正经历百年未有之大变局，全球治理体系深刻重塑，国际格局加速演变，国际贸易保护主义抬头，经济全球化进入一个低潮期。尤其是2020年以来，受新冠疫情影响，世界经济低迷，全球贸易萎缩，中国经济社会发展面临新的困难和挑战。在此背景下，2020年7月21日，习近平总书记在企业家座谈会上指出："面向未来，我们要逐步形成以国内大循环为主体、国内国际双循环相互促进的新发展格局。"7月30日召开的中共中央政治局会议在部署做好下半年经济工作时提出："要持续扩大国内需求，克服疫情影响，扩大最终消费，为居民消费升级创造条件。"习近平总书记在宁夏考察时强调"要把握扩大内需这一战略基点"。习近平总书记在经济社会领域专家座谈会上的讲话指出，"我们要坚持供给侧结构性改革这个战略方向，扭住扩大内需这个战略基点，使生产、分配、流通、消费更多依托国内市场，提升供给体系对国内需求的适配性，形成需求牵引供给、供给创造需求的更高水平动态平衡"，充分彰显了扩大内需的重要性。现阶段中国已经进入经济发展新常态，中国消费对经济发展的促进作用日益凸显，2019年中国最终消费支出对国内生产总值在增长的贡献率达57.8%，已连续6年成为经济增长的第一引擎。当前为有效应对疫情对经济的冲击，加快推动经济高质量发展，我们要积极扩大居民消费，进一步发挥消费的基础作用。

本书以广州为案例地，以城市居民抽样调查问卷数据为基础，研究城市居民消费升级的特征，了解城市居民的消费热点，把握居民消费趋势，认清消费领域的痛点与难点，有利于及时准确把握居民消费需求，促进供给侧结构性改革，以有效供给满足消费需求，加快释放消费潜力，进一步扩大内需，为加快形成以国内大循环为主体、国内国际双循环相互促进的新发展格局提供参考。

二 国内城乡居民消费特征的相关研究进展

改革开放以来，中国经济社会快速发展，人民生活水平日益提升，城乡居民消费水平及消费结构特征也随之发生较大变化。关于城乡居民消费特征主题研究也受到国内学者们的持续关注，学者们深入探讨了不同时期城乡居民消费结构变动特征，相关研究成果日益丰富。尹世杰探讨了市场经济下的居民消费问题。[1] 王裕国研究了中国居民消费模式演变的阶段性特征，[2] 探讨了居民消费变迁与经济增长方式转换之间的关系。[3] 吴瑾在分析我国消费结构变化基础上，提出促进消费结构优化升级的

---

[1] 尹世杰：《市场经济下的居民消费问题》，《经济研究》1992年第2期。
[2] 王裕国：《中国居民消费模式演变的阶段性特征》，《经济学家》1996年第2期。
[3] 王裕国：《居民消费变迁与经济增长方式转换》，《财经科学》1996年第1期。

对策建议。①一些学者以吉林、②内蒙古③等省份为案例地，研究省域范围城镇居民消费结构变迁特征。姜淼、何理研究显示1981—2011年中国城镇居民的消费结构处于持续升级状态，但食品支出仍占较大比重。④中共十九大的召开，标志着中国特色社会主义进入新时代，中国社会主要矛盾转化为人民日益增长的美好生活需要和不平衡不充分的发展之间的矛盾。新时代、新格局、新任务也对居民消费特征的研究提出了新要求。石明明等研究表明1998—2017年中国城乡居民的第Ⅰ类消费升级（食品等生存性消费占比下降）和第Ⅱ类消费升级（符号性和服务性消费占比上升）均在持续不断地进行，但乡村居民的第Ⅰ类消费升级效应小于城镇居民；2013年以后，第Ⅱ类消费升级出现一定程度的放缓，居住类支出对其他消费支出形成了较大的挤出效应。⑤张福生引入基本需求消费与非基本需求消费的分析框架，定量研究我国居民消费状况。⑥罗楚亮等基于中国居民收入分配课题组（CHIP）数据，估计了2002—2018年中国城镇居民消费不平等及其演变趋势。⑦任呆等探究了1978—2015年中国城镇居民和农村居民消费结构演化进程。⑧倪红福等从美国

---

① 吴瑾：《我国居民消费结构实证分析及其优化升级对策研究》，《国际经济合作》2010年第4期。
② 段妍：《吉林省城镇居民消费结构变动分析》，《经济纵横》2012年第5期。
③ 高瑞静、李春艳：《内蒙古城镇居民消费结构变动及优化研究》，《商业研究》2013年第6期。
④ 姜淼、何理：《中国城镇居民消费结构变动研究——基于ELES模型的实证分析》，《经济与管理研究》2013年第6期。
⑤ 石明明、江舟、周小焱：《消费升级还是消费降级》，《中国工业经济》2019年第7期。
⑥ 张福生：《我国居民消费结构升级分析判定——来自CGSS数据的证据》，《商业经济研究》2020年第23期。
⑦ 罗楚亮、颜迪：《消费结构与城镇居民消费不平等：2002—2018年》，《消费经济》2020年第6期。
⑧ 任呆、宋迎昌：《中国居民消费结构变迁研究——基于城镇居民与农村居民的统计数据》，《兰州学刊》2021年第3期。

人均 1 万美元 GDP 时的消费结构及趋势来分析中国居民消费结构的升级方向和潜力。① 任保平等探讨了新经济背景下扩大新消费需求的路径与政策取向。② 张勇结合上海实际，探讨了新发展格局下上海促进消费的对策研究。③ 在学者们持续关注城乡居民消费特征的基础上，一些学者进一步探讨了城乡居民收入水平、家庭规模结构及子女数量变动、人口老龄化、房价、消费环境等因素对居民消费水平和消费结构的影响。一些学者探讨了城乡居民人均可支配收入④、收入差距⑤、收入多样性⑥、收入分配制度⑦等对城镇居民消费的影响。江剑平等研究显示劳动收入差距与居民消费率存在倒 U 型关系。⑧ 王军等探讨子女数量变动对家庭消费水平和消费结构的影响及其内在作用机制。⑨ 傅崇辉等探讨了家庭户规模结构变动对消费的影响。⑩ 龙少波等探讨

---

① 倪红福、冀承：《中国居民消费结构变迁及其趋势——基于中美投入产出表的分析》，《消费经济》2020 年第 1 期。

② 任保平、苗新宇：《新经济背景下扩大新消费需求的路径与政策取向》，《改革》2021 年第 3 期，2021 年 3 月 17 日，http://kns.cnki.net/kcms/detail/50.1012.f.20210308.1534.002.html。

③ 张勇：《"双循环"新发展格局下上海促进消费研究》，《科学发展》2021 年第 2 期。

④ 左思静、杨宜平：《重庆市城乡居民人均可支配收入和消费的分位数回归估计》，《重庆工商大学学报》（自然科学版）2021 年第 1 期。

⑤ 张翼、刘思浓、黄小满：《收入多样化对城镇居民消费的影响研究——兼析宏观压力测试法对居民物价波动承受力的测度》，《价格理论与实践》2020 年第 7 期。

⑥ 蒋姣、赵昕东：《收入差距、社会地位与家庭消费结构》，《云南财经大学学报》2021 年第 1 期。

⑦ 朱国林、范建勇、严燕：《中国的消费不振与收入分配：理论和数据》，《经济研究》2002 年第 5 期；丁任重、张素芳：《扩大内需与国民收入分配调整》，《求是》2010 年第 1 期。

⑧ 江剑平、朱雪纯、葛晨晓：《劳动收入差距对居民消费率的影响研究》，《消费经济》2020 年第 1 期。

⑨ 王军、詹韵秋：《子女数量与家庭消费行为：影响效应及作用机制》，《财贸研究》2021 年第 1 期。

⑩ 傅崇辉、傅愈、伍丽群、魏倩、焦桂花：《中国家庭户规模结构变动及其对居民消费的影响》，《人口研究》2021 年第 1 期。

了消费环境改善对居民消费潜力的影响。① 卜杉杉等研究认为区域流通效率的提升可以显著促进居民消费结构升级。② 一些学者探讨了人口年龄结构变动、人口老龄化对居民消费结构的影响。③ 潘红虹等研究表明人口老龄化会抑制居民消费率的上升，并且对城镇居民消费率的抑制效应大于农村居民。④ 随着国内房价的增长，学者们就房价变化对居民消费的影响开展了一系列研究。⑤ 研究发现房价上涨较为平稳，对消费的影响为财富效应，反之上涨过快，财富效应转为挤出效应，抑制消费增长。⑥ 王凯等研究也表明房价上涨对居民消费存在财富效应，且财富效应具有时变性，随着时间推进而逐步减弱。⑦

综上所述，在不同历史时期，学者们持续关注我国城乡居民消费特征研究，关于城乡居民消费结构影响因素的研究也不断深化，对中国制定扩大消费举措具有重要参考意义，这也为新时代开展城乡居民消费特征研究奠定了良好基础。现阶段，中国经济社会进入新常态，城乡居民消费特征呈现新特点，相

---

① 龙少波、张睿：《消费环境改善对居民消费潜力的影响研究——基于当期剩余消费潜力的视角》，《统计与信息论坛》2021年第1期。

② 卜杉杉、于广杰：《区域流通效率对居民消费结构升级的影响机理与计量分析》，《商业经济研究》2021年第5期。

③ 齐红倩、刘岩：《人口年龄结构变动与居民家庭消费升级》，《中国人口·资源与环境》2020年第12期；伊亚涛、田发：《上海老龄化对居民消费结构影响分析》，《经济研究导刊》2020年第36期；王婷、朱家明、孔锦凡：《基于ECM模型的人口老龄化对安徽省居民消费结构影响的实证分析》，《湖南文理学院学报》（自然科学版）2020年第4期。

④ 潘红虹、唐珏岚：《人口老龄化对居民消费率的影响研究》，《江西社会科学》2021年第1期。

⑤ 杜冰：《城市房价变化对居民消费行为的影响——基于城市面板数据的实证分析》，《建筑经济》2009年第8期；刘建江、周湘辉：《双重效应下房价上涨对我国居民消费影响的实证研究》，《学海》2010年第3期；徐小鹰：《房价上涨影响居民消费的作用机制分析——基于预防性储蓄效应视角》，《经济问题》2012年第10期。

⑥ 李春风、刘建江、齐祥芹：《房价上涨影响居民消费的门槛效应：倒U假说及实证》，《华东经济管理》2017年第12期。

⑦ 王凯、庞震：《我国房价上涨对居民消费的影响：财富效应还是挤出效应？》，《华东经济管理》2019年第4期。

关研究成果有待进一步丰富。在此背景下，本书基于2016年、2019年广州社会状况综合调查（GZSS）数据，以广州为案例地，采用相关性分析等对城市居民消费规模、消费结构变动特征进行分析，了解城市居民的消费热点，把握居民消费趋势，提出扩大居民消费的政策建议，有利于加快释放消费潜力，扩大内需，对加快构建新发展格局具有参考价值。

三 城市居民消费数据来源与研究方法

本书采用的数据来自于广州市社会科学院2016年和2019年入户抽样调查数据"广州社会状况综合调查"数据，2016年在广州8个区（包括越秀区、天河区、海珠区、荔湾区、黄埔区、白云区、番禺区、南沙区）抽取50个居（村）委会及1001个家庭户及个人。2019年在广州11个区（包括越秀区、天河区、海珠区、荔湾区、黄埔区、白云区、番禺区、南沙区、花都区、增城区、从化区）抽取50个居（村）委会及3040个家庭户及个人。调查均采取分段抽样方法，在全市各区定额抽取街道，再在街道定额抽取居（村）委会，再在居委会随机抽取需要调查的家庭户，最后才在户内一定规则抽取年龄在18—69岁之间的居民开展调查。本书利用SPSS 18.0统计分析软件对样本数据进行分析，主要数理统计方法有描述性统计（Descriptive Statistics）、相关性检验（Correlate Test）等。

四 "双循环"新发展格局下广州城市居民消费结构变化分析

（一）城市居民消费水平与消费结构分析

1. 城市居民家庭收入显著提升，消费规模持续扩张

收入是消费的基础和前提。2016年、2019年调查数据显

示，按照当年价计算，2018年广州家庭平均总收入达到18.36万元，比2014年增长了60.54%；广州家庭人均收入达到67320元，比2014年增长了50.94%。随着广州经济社会的发展，城市居民家庭年收入也实现了较快增长，居民的消费能力将进一步提高，消费规模扩张和消费升级趋势将更加强劲。家庭消费水平是衡量生活水平的重要方面，消费金额多少从侧面反映出家庭消费水平的高低。从家庭消费总支出的情况来看，2018年广州家庭生活消费总支出为12.75万元，比2014年增长了84.62%，占家庭年均总收入的69.44%，占比提高了9.04个百分点，可见，家庭生活消费总支出增长速度快于家庭总收入增长，其在家庭总收入中的比重也不断提升，反映广州城市家庭消费率上升。(见表5.1)

表5.1　　　　2014年、2018年广州城市居民消费水平比较

类别	2014年	2018年	2018年比2014年增长
家庭总收入（元）	114345.10	183569.59	60.54%
家庭人均年收入（元）	44600.00	67320.00	50.94%
家庭生活消费总支出（元）	69040.20	127462.37	84.62%
家庭生活消费总支出占家庭总收入比例（%）	60.38	69.44	9.06%

资料来源：《广州社会综合状况调查（2019）》《广州社会综合状况调查（2016）》。

2. 生存型消费比重下降，消费结构不断优化

按消费满足居民生活消费的层次分为生存型消费、发展型消费和享受型消费。通常将家庭饮食、衣着、水电、住房、赡养及人情往来等支出定义为家庭成员用于满足基本需求的消费，即生存型消费；将教育、通信、交通、医疗保健等开支定义为满足自身及家庭成员未来发展需要的消费，即发展型消费；将娱乐文化服务、家庭设备用品、耐用消费品支出、其他商品和服务开支定义为享受型消费。调查数据显示，2018年广州城市居民生存型消

费占家庭生活消费总支出的比例为49.0%，其中饮食、衣着、水电、房租、人情往来分别占26.77%、5.43%、4.58%、4.72%和2.85%，相较于2014年，各项生存型消费项目支出金额均实现了不同程度的增长，但在家庭生活消费总支出的比重却出现不同程度的下降，该五项消费支出比重相较于2014年下降了17.42个百分点，其中比重下降较为明显的是饮食支出，占比从2014年的37.91%下降到2018年的26.77%，下降了11.14个百分点，说明广州城市居民的恩格尔系数明显下降。

调查数据显示，2018年广州城市居民发展型、享受型消费占家庭生活消费总支出占比合计55.22%，[①] 发展型消费、享受型消费比重已超过50%，超过生存型消费比重，消费结构进一步优化。在发展型消费支出中，购房首付款及贷款、教育占比明显高于其他消费支出，占比分别达到16.54%和11.75%，可见，这两项支出在家庭消费中比重较大。文化/旅游/娱乐、家用电器/家具/家用车辆等购置、家政服务等享受型消费支出合计占比13.84%，其中家用电器/家具/家用车辆等购置占比为7.02%，文化/旅游/娱乐占比5.90%，家政服务占比不到1%。（见表5.2）

表5.2　　　　2014年、2018年广州城市居民消费结构

	2014年各项支出（元）	2014年各项支出占消费总支出比重（%）	2018年各项支出（元）	2018年各项支出占消费总支出比重（%）	2018年比2014年增长（%）
饮食支出	26173.14	37.91	34118.40	26.77	30.36
衣着支出	4888.05	7.08	6925.75	5.43	41.69
房租支出	4121.70	5.97	6014.36	4.72	45.92

---

① 注：家庭生活消费总支出及各项消费支出金额由受访者自行填写，可能存在各项消费金额之和大于消费总支出金额的情况，故生存型消费支出与发展型消费、享受型消费支出占比之和存在大于100%的情况。

续表

	2014年各项支出（元）	2014年各项支出占消费总支出比重（%）	2018年各项支出（元）	2018年各项支出占消费总支出比重（%）	2018年比2014年增长（%）
电费、水费、燃气、物业费、取暖费等支出	5053.74	7.32	5831.52	4.58	15.39
人情往来支出	2409.50	3.49	3636.66	2.85	50.93
赡养不在一起生活的亲属的支出	—	—	5926.98	4.65	—
医疗保健支出	4867.33	7.05	7260.93	5.70	49.18
通信支出	2865.17	4.15	2921.87	2.29	1.98
交通支出	4556.65	6.60	6500.19	5.10	42.65
教育支出	7967.24	11.54	14976.51	11.75	87.98
文化、娱乐、旅游支出	4259.78	6.17	7524.56	5.90	76.64
家政服务支出	—	—	1170.60	0.92	—
家用电器、家具、家用车辆等购置支出	—	—	8946.88	7.02	—
购房首付及分期偿还房贷的支出（非2018年首付不计）	—	—	21085.60	16.54	—

资料来源：《广州社会综合状况调查（2019）》《广州社会综合状况调查（2016）》。

（二）城市居民消费特征及消费热点分析

调查数据显示，一些消费项目支出增长较快，如教育、文化/娱乐/旅游、人情往来、医疗保健、衣着、租房、交通等项目支出同比增长在40%以上，尤其是教育和文化/娱乐/旅游支出四年增长超过70%，表现出强劲的消费潜力，如图5.1所示。

1. 教育支出增幅明显，学前及义务阶段教育质量关注度高

教育支出一直是城市家庭重要的消费支出项目。2014—2018年，家庭教育支出金额从7967.24元/年增长到14976.51元/年，增长87.98%，增幅在各项消费支出居于首位，其在家庭生活消费支出的占比一直保持较高水平，占比在11%以上，可见，广州城市家庭比较重视教育，尤其是子女教育，教育投

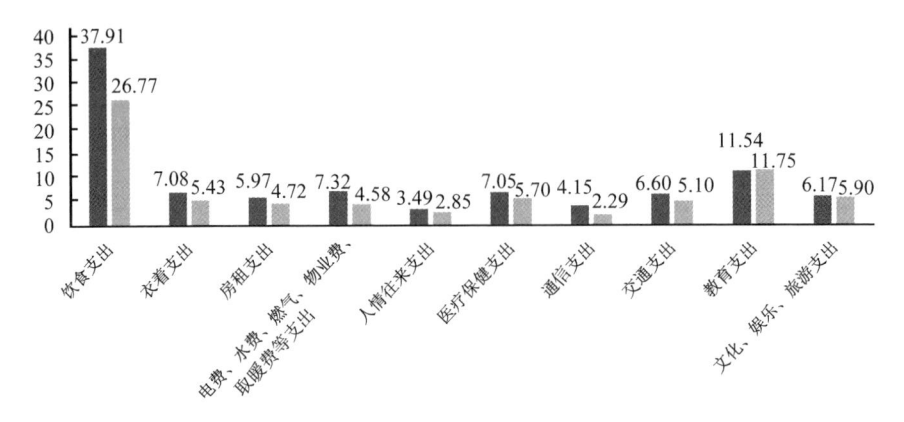

图 5.1 2014 年、2018 年广州城市居民各项消费支出占比

资料来源:《广州社会综合状况调查(2019)》《广州社会综合状况调查(2016)》。

入增幅明显。2019 年调查数据显示,超过 60% 的受访者表示目前"对孩子的教育支出负担过重"。进一步了解城市家庭对不同阶段教育质量改善的需求,对义务教育及学前教育阶段的改善需求比较强烈,41.5% 的受访者认为"义务教育"阶段、30.2% 的受访者认为"3—6 岁学前教育"阶段需要进一步改善教育质量,如图 5.2、图 5.3 所示。

2. 文化娱乐旅游支出增幅明显,已经成为居民消费热点

2014—2018 年,文化娱乐旅游消费支出金额从 4259.78 元/年增长到 7524.56 元/年,增长了 76.64%,增幅在各项消费支出中排名第二,其在家庭总消费支出的占比保持在 6% 左右。可见,随着城市家庭收入水平的提高,文化娱乐旅游项目在居民消费领域中的地位日益突出,已经成为消费热点项目。

3. 医疗保健支出比重略降,医疗健康关注度较高

2014—2018 年,城市家庭医疗保健消费支出金额从 4867.33 元/年增长到 7260.93 元/年,增长了 49.18%,增幅在各项消费支出中排名第三,其在家庭总消费支出的占比从 7.05% 下降到 5.70%,在家庭消费支出中的比重略有下降。但

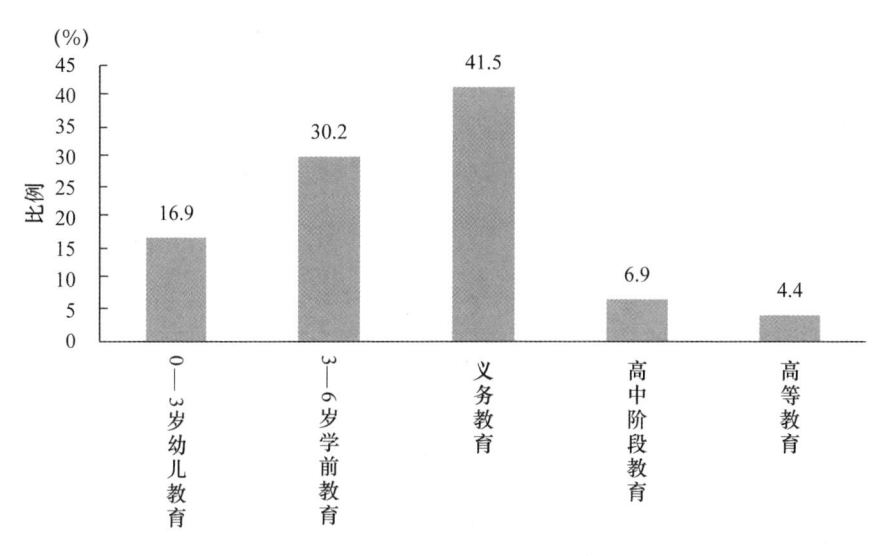

图5.2 广州目前最需要改善哪一阶段教育质量

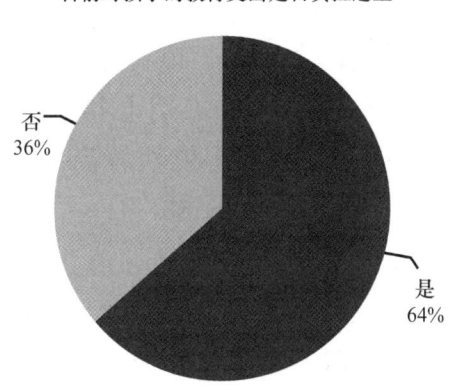

资料来源：《广州社会综合状况调查（2019）》。

图5.3 受访者对下一代教育支出负担的评价

资料来源：《广州社会综合状况调查（2019）》。

是，从2019年调查受访者认为现在比较突出的社会问题反馈情况来看，"看病难、看病贵"占比达35.6%，位居首位，可见，医疗健康是城市居民关注度最高的问题之一，城市居民健康意识不断提升，如图5.4所示。

图 5.4 受访者认为现在比较突出的社会问题

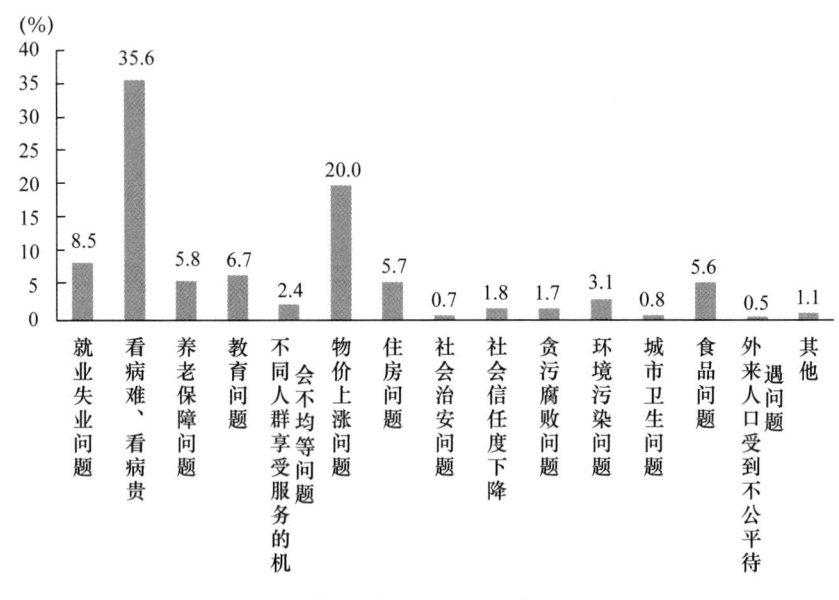

柱状图数据：
- 就业失业问题：8.5
- 看病难、看病贵：35.6
- 养老保障问题：5.8
- 教育问题：6.7
- 不同人群享受服务的机会不均等问题：2.4
- 物价上涨问题：20.0
- 住房问题：5.7
- 社会治安问题：0.7
- 社会信任度下降：1.8
- 贪污腐败问题：1.7
- 环境污染问题：3.1
- 城市卫生问题：0.8
- 食品问题：5.6
- 外来人口受到不公平待遇问题：0.5
- 其他：1.1

■ 您认为现在比较突出的社会问题

资料来源：《广州社会综合状况调查（2019）》。

4. 家庭大件商品支出占比大，市场空间仍有待挖掘

2019 年问卷调查数据显示，家用电器、家具、家用车辆等购置支出和购房首付的支出占比依然较高。家用电器、家具、家用车辆等商品购置支出为 8946.88 元，占比达到 7.02%，可见，家庭购置电器及汽车等大件商品的消费支出占家庭总消费支出的比重依然较大，是家庭消费支出中的重要组成部分，市场空间仍有待进一步挖掘。

（三）城市居民居住条件及满意度评价

1. 广州居民住房拥有率较高，住房消费支出占比较高

住房问题是中国消费领域关注的重要问题，2019 年调查数据显示，广州城市家庭住房拥有率为 83.2%（住房所在地含广州市、省内其他城市、其他省会城市、农村及其他地区），相较于 2014 年，住房拥有率下降了 5.6 个百分点，其中拥有 1 套自有住房的家庭占比达 61.6%，相较于 2014 年下降了 7.4 个百分点，拥有 2 套及以上住房的占比上升了 1.2 个百分点。从家庭在广州拥有住房情况来看，在广州拥有住房的家庭占比为 81.6%，达到较高的水平，其中拥有 1 套住房的家庭占主流，比重为 64.7%。从住房贷款比例来看，33% 的家庭自有住房有银行贷款。从购房消费支出情况来看，购房首付及分期偿还房贷的支出（非 2018 年首付不计）占比达到 16.54%，购房款及房贷是家庭消费支出的第二大项，仅次于日常饮食的支出，可见，当前购房及房贷消费支出占比较高，如图 5.5、图 5.6、图 5.7 所示。

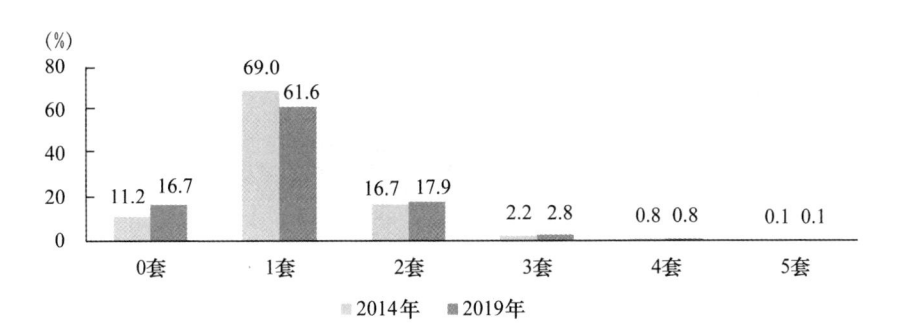

图 5.5　受访者家庭拥有自有住房情况

资料来源：《广州社会综合状况调查（2019）》《广州社会综合状况调查（2016）》。

2. 七成家庭购房满足自住需求，住房租赁市场化程度较高

2019 年调查数据显示，从居住的住房性质来看，在广州有 69% 的家庭住在自有住房中，购房满足自住需求，27% 的家庭选择租房，该比例高于广州没有住房的比例（18.4%），表明接近 10% 的家庭存在"房住分离"的情况。从租房情况来看，72.3% 的家庭向私人及私人二房东租房，向政府及单位租房比例仅为 9.3% 和 8.7%。调查数据表明，随着房地产市场化进程的不断推进，广州住房租赁市场得到有效发展，如图 5.8、图 5.9 所示。

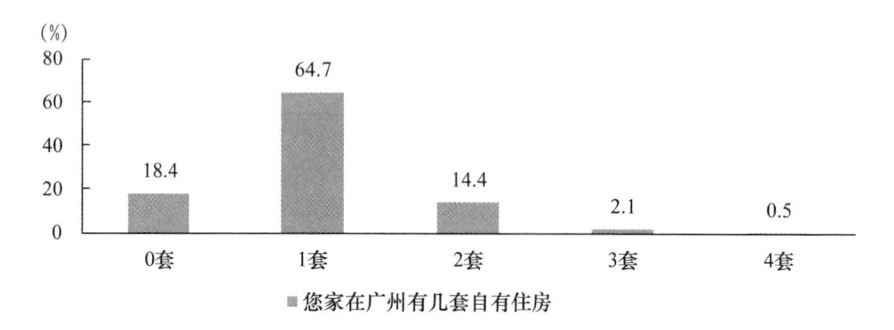

图 5.6　受访者家庭在广州拥有自有住房情况

资料来源：《广州社会综合状况调查（2019）》。

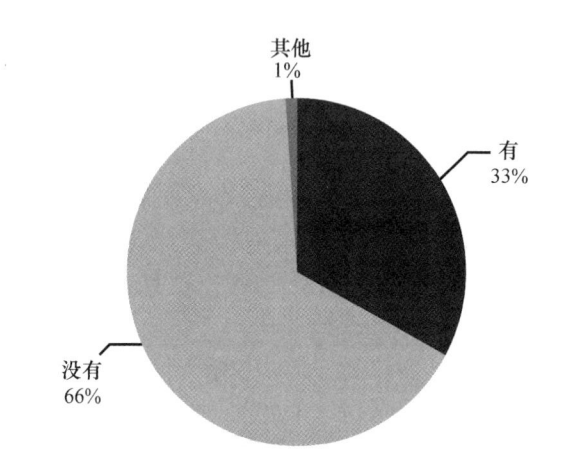

图 5.7　受访者自有产权住房是否有贷款

资料来源：《广州社会综合状况调查（2019）》。

3. 居民对自身住房条件满意度较高，对自身住房水平评价较高

2019 年问卷调查数据显示，从城市居民对自身住房条件的满意度来看，大部分居民对自身住房条件表示满意，对自身住房条件满意的家庭（含较满意、很满意）占比 69.8%，对自身住房条件不满意的家庭（含很不满意、不满意）占比 19.7%。评价自身住房在广州市区的水平的情况来看，有 88.4% 的受访者表示"一般""较好""很好"，仅有 11.7% 的受访者表示"很差""较差"，如图 5.10、图 5.11 所示。

其他 4%
租房 27%
自有住房 69%

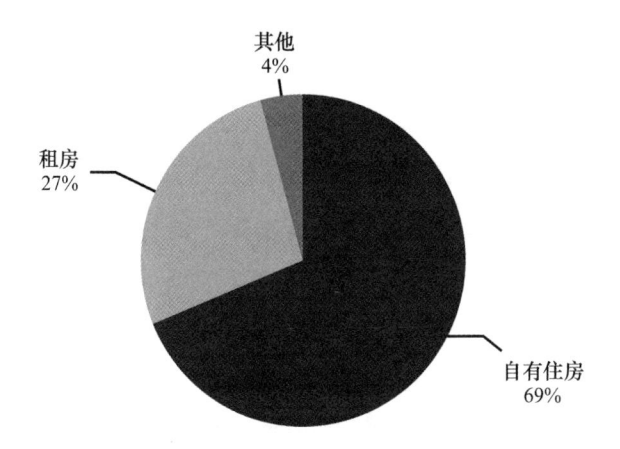

图5.8 受访者目前所居住的住房性质

资料来源:《广州社会综合状况调查(2019)》。

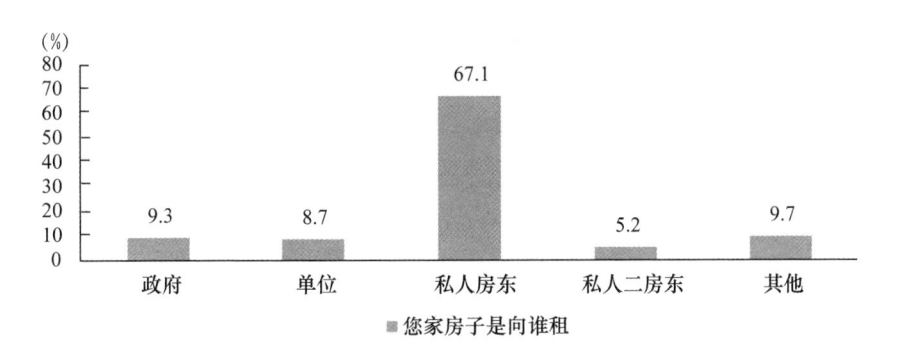

政府 9.3 单位 8.7 私人房东 67.1 私人二房东 5.2 其他 9.7

■ 您家房子是向谁租

图5.9 受访者租房业主的性质

资料来源:《广州社会综合状况调查(2019)》。

4. 居民短期购房意愿较低,改善型住房需求潜力大

2019年问卷调查数据显示,从未来购房计划来看,"没有购买住房的想法"的占比达到70.3%,"打算近三年内购买"的比重仅占8.4%,"有购房想法,但三年内不打算购房"的占比为21.3%。2019年开展问卷调查期间,受访者购房意愿总体不太强烈,尤其是短期内购房意愿较为低迷。从是否打算申请广州社会保障性住房情况来看,绝大多数人没有打算申请或者不符合条件申请,该比例接近95%,仅有4.0%的受访者表示打算申请公租房,1.9%的受访者表示打算申请廉租房,如图

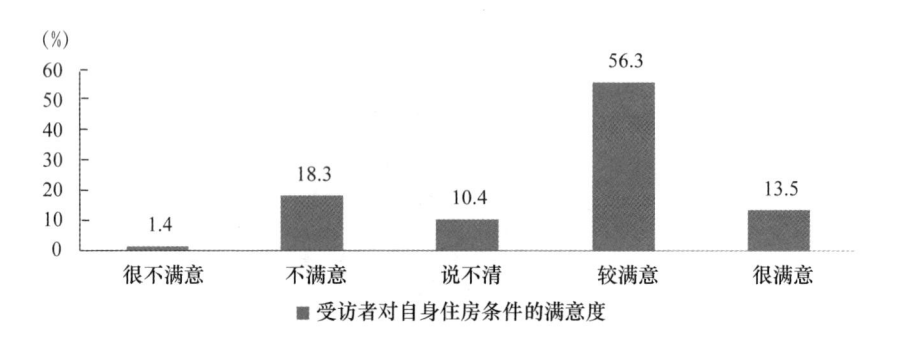

图 5.10　受访者对自身住房条件的满意度

资料来源：《广州社会综合状况调查（2019）》。

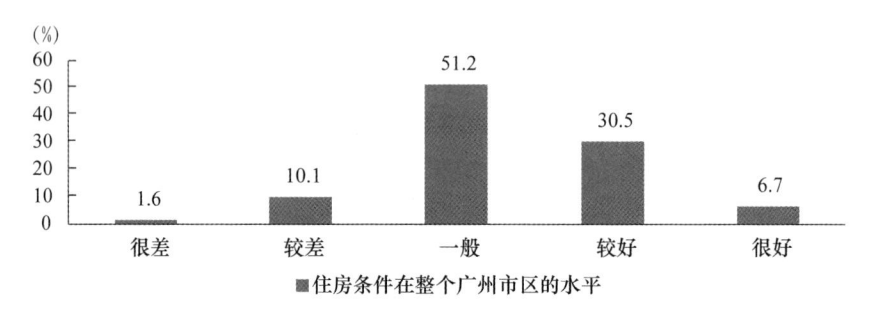

图 5.11　受访者对自身住房条件在广州市区水平的评价

资料来源：《广州社会综合状况调查（2019）》。

5.12、图 5.13 所示。

2019 年问卷调查数据显示，从家庭搬迁的原因来看，"改善住房条件"占比最大，占 36.6%，可见，改善需求成为家庭搬迁或者置换住房的首要因素，其次因为工作变动，占比为 25.4%，因为组建家庭或者为了孩子读书占比分别达到 10.0% 和 8.7%，因为原有住房被拆迁或房东不愿意续租等被动因素占比 12.7%，这也从侧面反映，基于人生的不同阶段，比如结婚、孩子教育、事业发展、改善生活条件等因素，导致住房需求发生新变动，产生新的购房或者租房需求，如图 5.14 所示。

（四）城市居民家庭储蓄与消费潜力分析

1. 城市家庭储蓄率有所下降，收不抵支家庭占比有所扩大

第五章　广州居民消费特征及扩大内需对策研究　99

打算一年内购买 1.5%　　打算两年内购买 2.3%
打算三年内购买 4.6%

有购房的想法，
但三年内不打算
购买 21.3%

没有购买住房的
想法 70.3%

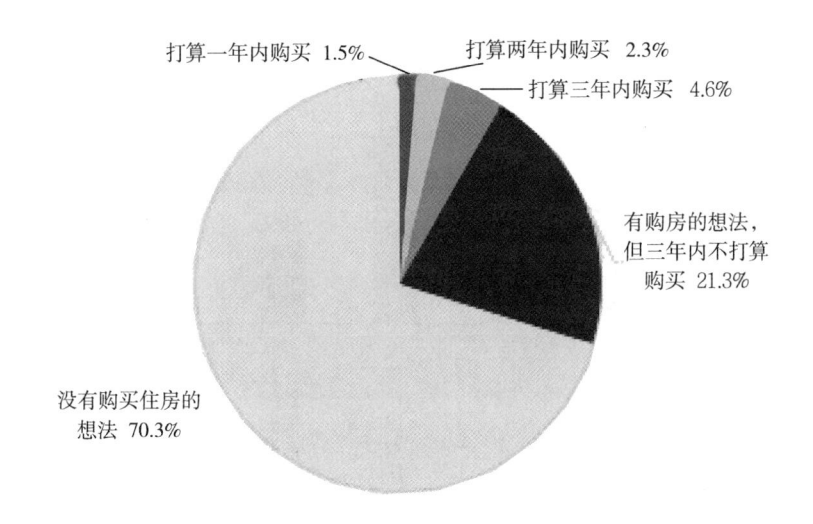

图 5.12　受访者家庭在广州购买住房的打算

资料来源：《广州社会综合状况调查（2019）》。

打算申请公租房 4.0%
打算申请廉租房 1.9%

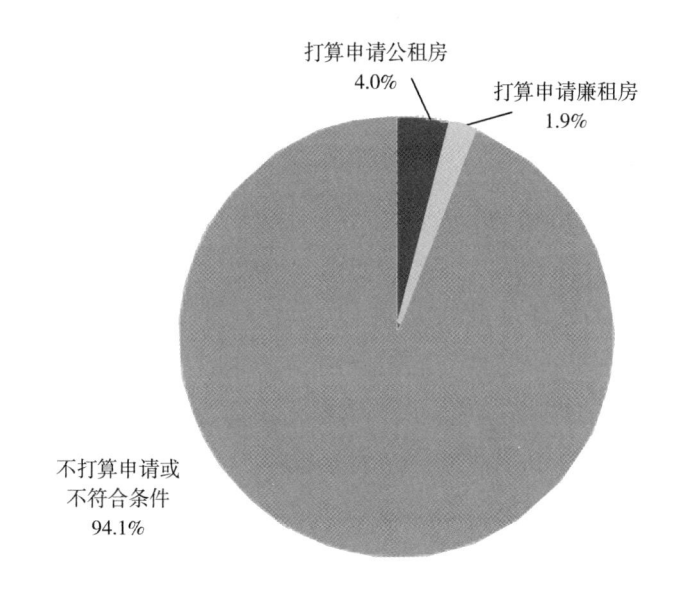

不打算申请或
不符合条件
94.1%

图 5.13　受访者家庭未来三年打算申请广州的社会保障性住房

资料来源：《广州社会综合状况调查（2019）》。

家庭收入与家庭消费支出之比也是反映家庭消费状况的一个重要指标。家庭消费支出占家庭收入的比例小，表明家庭经济状况较为宽裕，并将拥有较多的资金积累可用于储蓄或投资，同

图表数据(图5.14 受访者搬迁的主要原因):
- 组建家庭/婚姻关系发生变化: 10.0%
- 找到新工作或者换工作: 25.4%
- 为了孩子读书,学区好: 8.7%
- 改善住房条件: 36.6%
- 原有住房被拆迁或房东不愿意续租: 12.7%
- 健康原因: 0.5%
- 其他: 5.2%

图 5.14 受访者搬迁的主要原因

资料来源:《广州社会综合状况调查(2019)》。

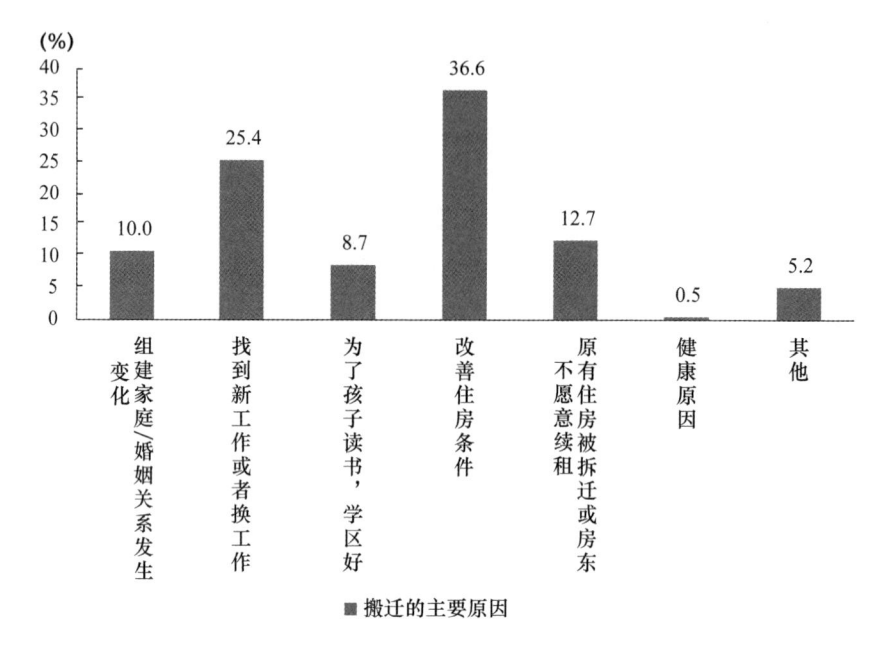

时也意味着这类家庭有能力进行昂贵物品的消费(如购房或购车等)或长远计划投资消费。一些学者研究表明家庭金融资产占总资产比重通过流动性约束效应以及实际收入效应显著地促进家庭消费。[1] 家庭对金融风险资产的持有在控制了家庭收入、负债及其他家庭、人口特征等因素后,对家庭非耐用品的消费支出具有显著的正向影响。[2] 2018年广州城市居民的家庭生活性消费支出占家庭总收入的比重为69.0%,比2014年提高了9.0个百分点,这说明居民的储蓄率有所下降。从家庭收支情况调查的数据也可以看出,其中"收大于支"的家庭占比从2014年的39.2%下降到34.7%,"收支相抵"的家庭占比从2014年

---

[1] 易行健、王静雪、陈俊、杨碧云:《金融资产对家庭消费的影响——基于资产结构视角的实证检验》,《消费经济》2020年第5期。

[2] 马逸菲:《家庭金融风险资产投资对家庭消费的影响——基于CHFS的分析》,《金融经济》2019年第2期。

的 43.3% 上升到 45.4%，"收小于支"的占比从 2014 年的 17.5% 增长到 19.9%。四年来，广州城市居民家庭的收支情况发生了调整，收支相抵或收小于支的占比在扩大，收大于支的占比在下降，侧面反映出广州城市家庭储蓄率有所下降，如图 5.15 所示。

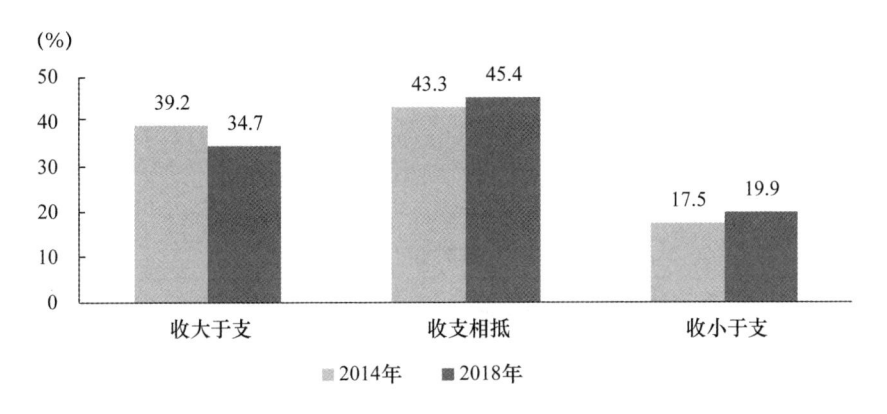

图 5.15 广州受访者家庭收支情况

资料来源：《广州社会综合状况调查（2019）》。

2. 城市家庭金融投资意识较弱，家庭资产组合多元化不足

2019 年问卷调查数据显示，从购买的金融产品来看，72.9% 的受访者表示没有购买任何金融产品，购买金融产品的家庭占比较低，这侧面反映城市居民家庭投资意识还不太强，投资多样性不足。在购买金融产品的家庭中，选择购买股票、基金的比例相对较高，达到 9.4% 和 8.1%，商业保险仅为 5.8%，债券及其他仅为 1.9% 和 2.0%。一般认为，房地产不仅具有居住属性，也具有金融属性，也被视为投资品。假设将城市家庭拥有 1 套住房视为满足自住需求，将拥有 2 套及以上住房视为投资房地产行为，目前广州城市家庭投资房地产占比为 21.6%，比例高于购买股票、基金、商业保险等金融产品，可见，城市家庭更加倾向于房产等较为稳健的投资方式，家庭资产配置结构还较为单一，如图 5.16 所示。

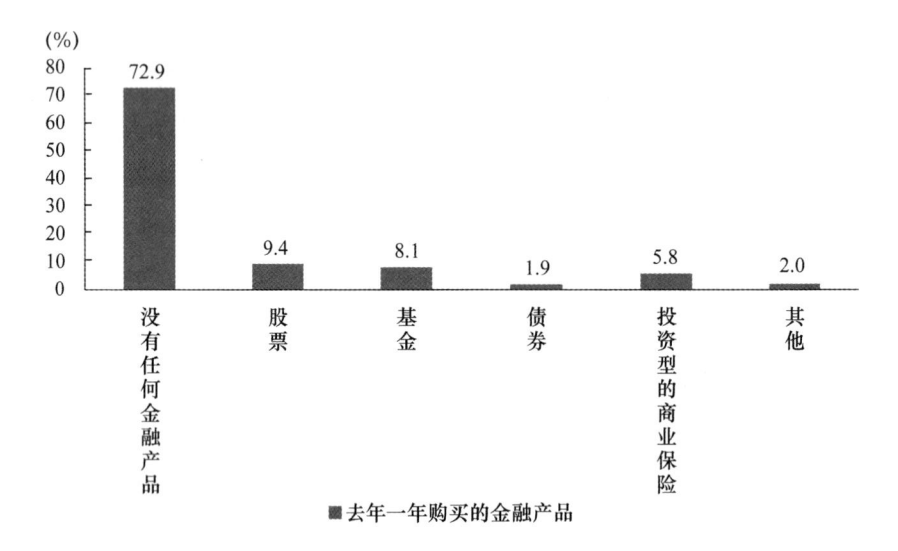

图 5.16　受访者家庭购买金融产品类型

资料来源：《广州社会综合状况调查（2019）》。

五　"双循环"新发展格局下广州城市居民不同群体消费特征分析

通过分析不同收入水平家庭、不同代际群体等不同群体的消费特征，将更有利于把握城市居民消费发展趋势。因此，根据家庭总收入将调查对象划分为五组，分别为低收入组、中低收入组、中收入组、中高收入组、高收入组。① 按照不同出生年

---

①　本次调查利用"请您告诉我，去年（2018年）您全家的总收入"一题调查对象的家庭年总收入，结果显示，广州居民年收入5%为20000元，10%为36000元，25%为70000元，50%为114000元，75%为200000元，90%为360000元，95%为500000元，因此把家庭年总收入0—36000元作为低收入组，占比10%，36001—70000元作为中低收入组，占比15%，70001—200000元作为中收入组，占比50%，200001—360000元作为中高收入组，占比15%，360000元以上作为高收入组，占比10%。

代将调查对象划分为"90后""80后""70后""60后""50后"。①

（一）家庭收入水平越高，消费购买力越强

通过家庭总收入、家庭人均收入与消费水平进行相关性分析显示，家庭人均收入与家庭消费水平不具有显著相关性，家庭总收入水平跟家庭消费水平表现出显著的相关性，Pearson 相关性 = 0.295**，家庭收入越高，消费水平处于越高层次，家庭生活消费总支出也都随之增加，也反映了家庭经济水平对消费购买力的决定性作用（见表5.3）。

表5.3　　　　家庭收入与生活消费支出的相关性分析

		家庭消费支出	家庭总收入
家庭消费支出	Pearson 相关性	1	0.295**
	显著性（双侧）		0.000
	N	2522	2522
家庭总收入	Pearson 相关性	0.295**	1
	显著性（双侧）	0.000	
	N	2522	2522

注：** 在0.01水平（双侧）上显著相关。
资料来源：《广州社会综合状况调查（2019）》。

从不同收入组家庭生活消费水平来看，低收入组、中低收入组家庭的年消费支出水平相差不大，中等收入组、中高收入组、高收入组的消费支出水平上升显著。从家庭消费支出占家庭收入比重来看，低收入组、中低收入组占比超过了100%，呈现收不抵支的现象，中收入占比接近100%，呈现收支相抵，中

---

① 本次调查利用"您的年龄是多少岁"一题调查对象的年龄，将按照不同出生年代划分为"90后"（22—31岁）、"80后"（32—41岁）、"70后"（42—51岁）、"60后"（52—61岁）、"50后"（62—71岁）。

高收入组、高收入组占比逐步下降，高收入组家庭占比仅为44%，随着家庭收入的增加，消费支出在家庭总支出中的占比逐渐降低，如图5.17所示。

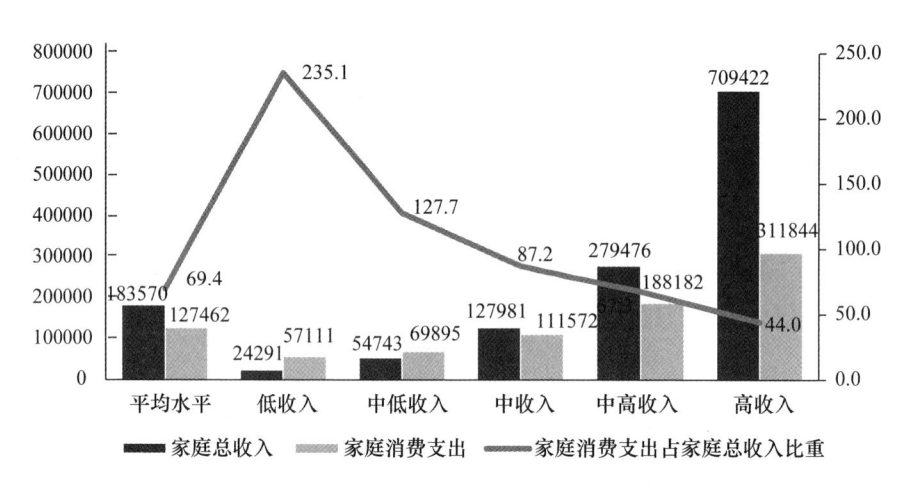

图5.17 不同收入家庭收入水平及生活消费水平

资料来源：《广州社会综合状况调查（2019）》。

（二）家庭收入水平越高，生存型消费占比越低

从不同收入家庭的消费特征可以发现，家庭收入水平越高，生存型消费占比越小。在生存型消费构成中，饮食支出的比重最高，其发展趋势是低收入家庭向高收入家庭比重逐步下降，占比从37.3%下降到16.5%，说明随着消费水平的提升，饮食消费支出占比下降明显；衣着费用支出占比呈先稍微上升后下降的趋势，而房租、电费等支出均表现出与饮食支出相似的趋势，体现了生存型消费支出的特点。根据马斯洛的需求理论，需求的满足向上溢出，即满足了较低级的基本生活需求后再向更高层次的需求溢出，因此，随着收入水平的提升和消费层次的提升，消费能力的释放首先表现为饮食、衣着等基本需求达到一定水平后又转而追求更高层次需求，如图5.18、图5.19所示。

第五章　广州居民消费特征及扩大内需对策研究

	低收入	中低收入	中收入	中高收入	高收入
◆ 生存型消费支出占比	62.6	61.7	54.1	42.7	34.8
■ 发展型消费支出占比	32.0	31.0	36.3	47.6	47.5
▲ 享受型消费支出占比	7.0	6.1	12.9	15.7	16.4

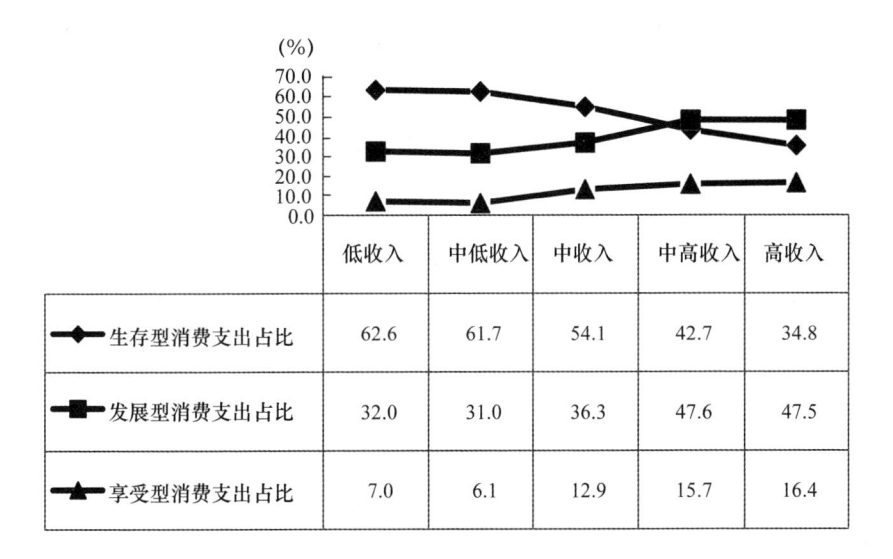

图 5.18　不同收入家庭的生存型、发展型、享受型消费支出占比①

资料来源：《广州社会综合状况调查（2019）》。

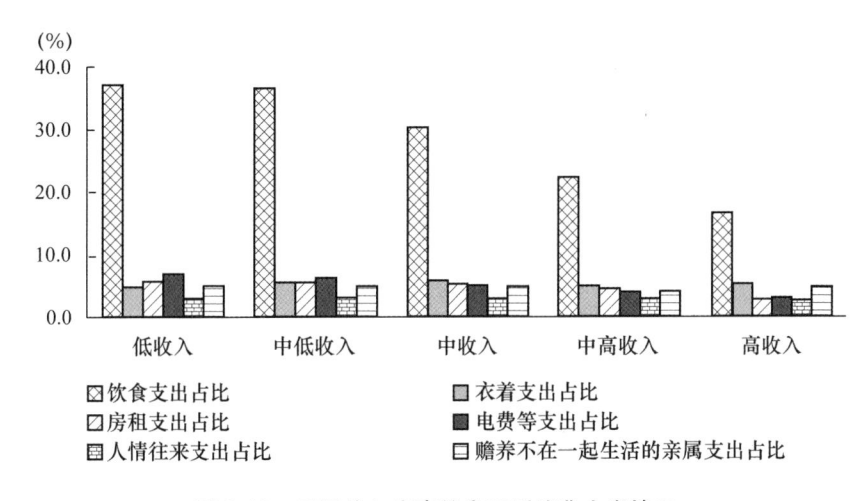

图 5.19　不同收入家庭的发展型消费支出情况

资料来源：《广州社会综合状况调查（2019）》。

---

① 注：家庭生活消费总支出及各项消费支出金额由受访者自行填写，可能存在各项消费金额之和大于消费总支出金额的情况，故生存型消费与发展型消费、享受型消费支出占比之和存在大于100%的情况。

(三)不同收入水平家庭、代际群体,发展型享受型消费特征存在差异

从不同收入家庭的消费特征可以发现,随着家庭收入水平的提高,发展型消费、享受型消费占比逐步提高(见图5.18)。不同发展型、享受型消费项目支出呈现不同特点:一是教育消费支出普遍较高。在发展型消费构成中,如图5.19所示,教育支出是各个收入家庭占比普遍较高的支出项目,不同收入家庭的教育支出占比差异较小,低收入、中低收入、中等收入、中高收入、高收入家庭教育支出占比分别为15.3%、9.4%、11.6%、11.1%和18.6%,可见,城市居民家庭对教育的投入与重视程度普遍较高。从"目前对孩子的教育支出是否负担过重"的统计数据来看,低收入家庭选择"是"的占比明显高于其他收入群体,占比达到91.7%,中低收入群体选择"是"的占比为66.7%,也高于平均水平(63.0%),中高收入群体、高收入群体选择"是"的占比分别为56.7%、57.8%,低于平均水平,可见,中低收入家庭教育负担问题更为突出。

从代际差异情况来看,"70后""50后"选择"是"的占比较大,达到74.3%和74.2%,"60后"也达到69%,"80后"略低于平均水平(63.6%),"90后"选择"是"的占比43.9%,不到50%,这与"90后"还较为年轻未婚比重较高有关,即使结婚育儿,子女还较为年幼,教育消费支出还较小。由于受中国传统重视教育观念的深刻影响及教育作为个人发展的重要渠道,子女教育普遍受到城市居民家庭的重视,虽然九年制义务教育费用逐步下降,但是城市家庭对优质教育资源需求大,课外培训、择校费等教育费用不断增长,教育仍将持续成为城市家庭中的重要支出部分,提供更加多样化或者丰富的教育产品及持续推动义务教育均等化发展,有利于释放城市家庭教育消费潜力(见表5.4、表5.5、图5.20、图5.21)。

表 5.4　不同收入家庭对孩子的教育支出是否负担过重的评价

			是	否	合计
收入分组	低收入	计数	22	2	24
		收入分组中的 %	91.7	8.3	100
	中低收入	计数	36	18	54
		收入分组中的 %	66.7	33.3	100
	中等收入	计数	193	110	303
		收入分组中的 %	63.7	36.3	100
	中高收入	计数	59	45	104
		收入分组中的 %	56.7	43.3	100
	高收入	计数	48	35	83
		收入分组中的 %	57.8	42.2	100
合计		计数	358	210	568
		收入分组中的 %	63	37	100

资料来源：《广州社会综合状况调查（2019）》。

表 5.5　不同年龄群体对孩子的教育支出是否负担过重的评价

		是	否	合计
90 后	计数	36	46	82
	代际中的 %	43.9	56.1	100
80 后	计数	218	131	349
	代际中的 %	62.5	37.5	100
70 后	计数	75	26	101
	代际中的 %	74.3	25.7	100
60 后	计数	29	13	42
	代际中的 %	69	31	100
50 后	计数	49	17	66
	代际中的 %	74.2	25.8	100
共计	计数	407	233	640
	代际中的 %	63.6	36.4	100

资料来源：《广州社会综合状况调查（2019）》。

二是文化娱乐旅游消费日益普遍。从文化娱乐旅游支出占比来看，低收入、中低收入、中等收入、中高收入、高收入家庭文化娱乐旅游消费支出占比分别为 4.53%、3.50%、5.56%、5.86%、6.49%，这与 2014 年中低收入家庭文化娱乐旅游支出占比明显低于中高收入家庭不同，可见，文化娱乐旅游支出的消费观念逐步形成主流风尚，文化娱乐旅游产品日益丰富多样，不同收入群体文化娱乐旅游消费日益普遍。

三是不同群体家庭大件商品消费支出存在差异。值得注意的是，家用电器、家具、家用车辆等购置支出占比，购房首付及分期偿还房贷的支出占比的差异性较大。低收入、中低收入家庭在家用电器、家具、家用车辆等购置支出占比仅为 2.35%、2.03%，中高收入、高收入该项支出占比达到 8.71%、8.58%，可见，随着收入水平的提高，更有条件购置家用电器、私家车等家庭大件商品。

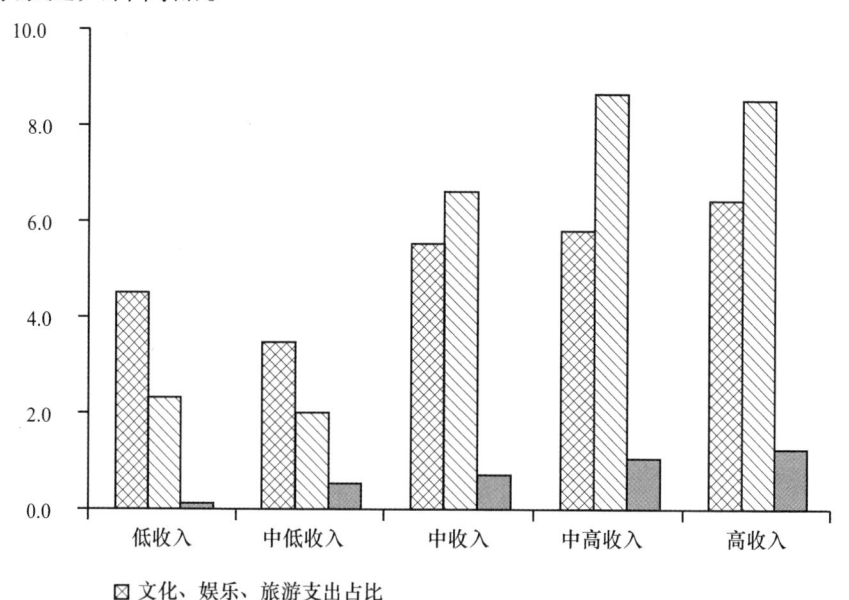

图 5.20 不同收入家庭的享受型消费支出情况

资料来源：《广州社会综合状况调查（2019）》。

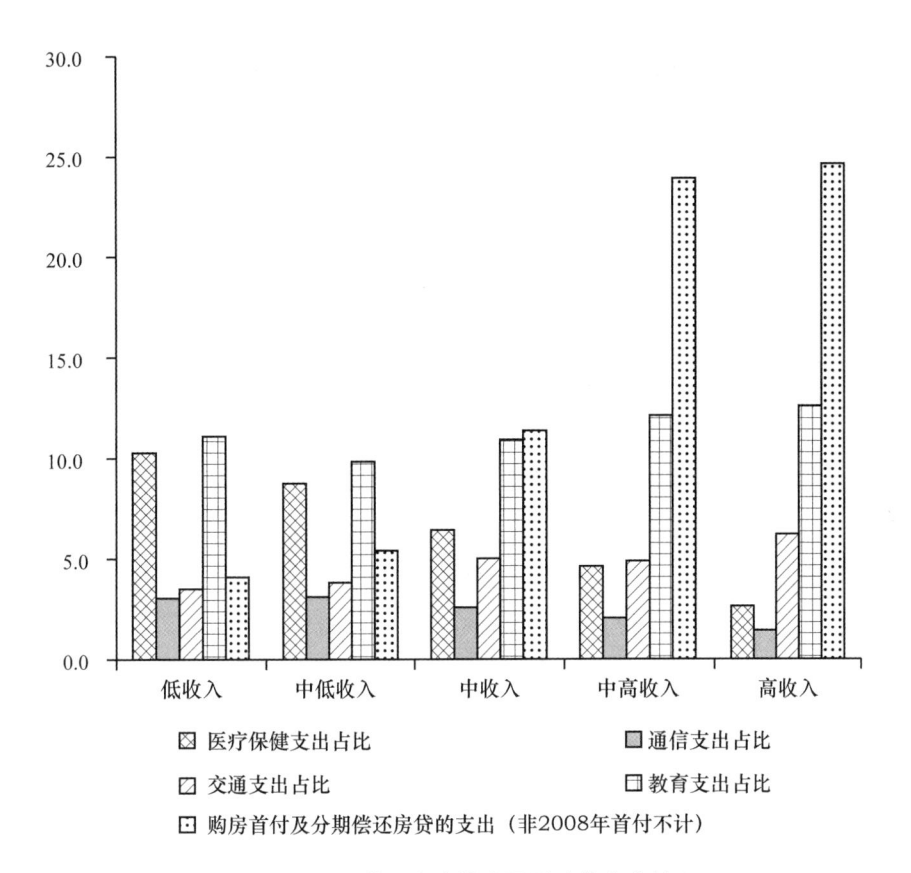

图 5.21 不同收入家庭的发展型消费支出情况

资料来源:《广州社会综合状况调查(2019)》。

(四)城市家庭住房拥有率较高,结构性购房需求依然存在

经过几年发展,政府房地产调控政策及房地产市场供需关系发生了调整,广州房地产市场呈现新的特点,主要表现如下:一是城市家庭刚性购房需求有所减弱,改善性购房需求依然存在。住房是中国城市居民家庭消费中的一个大支出,住房不但是一个消费品也同时是投资品。数据显示,2019年广州城市居民自有住房拥有率普遍较高,即使是低收入家庭、中低收入家庭在广州拥有一套及以上住房的比例也达到了78.1%和73.6%,高收入家庭住房拥有率更是接近90%,并且拥有多套住房比例达到30.7%,从不同年龄群体来看,即使是最为年轻的"90后"住房拥有率也达到了60.8%,"80后""70后""60后"住房拥有率超过80%,50后住房拥有率更是超过90%,可见,广州城市居民自有住房拥有率普遍较高,刚性购房需求有所减弱。从不同年龄层次选择搬迁的原因来看,"90后"因为"找到新工作或者换工作"搬迁的比重高于其他年龄段,"80后"因为"组建家庭"搬迁的比重高于其他年龄段,"70后"因为"为了孩子读书"的比重高于其他年龄段,各个年龄段因为"改善住房条件"而搬迁比重普遍较高,可见,住房改善型需求在提升。由于大城市流动人口多、处于不同生命周期家庭住房需求不同,而住房区位差异以及住房兼具消费品与投资品功能等诸多因素影响下,大城市住房消费需求依然存在。(见表5.6、表5.7、表5.8)

表5.6 家庭在广州自有住房情况与家庭收入水平的交叉分析

		0套	1套	2套	3套	4套	合计
低收入	计数	34	106	13	2	0	155
	收入分组中的%	21.9	68.4	8.4	1.3	0	100
中低收入	计数	84	199	33	2	0	318
	收入分组中的%	26.4	62.6	10.4	0.6	0	100
中等收入	计数	203	709	137	19	3	1071
	收入分组中的%	19	66.2	12.8	1.8	0.3	100
中高收入	计数	36	188	59	12	4	299
	收入分组中的%	12	62.9	19.7	4	1.3	100
高收入	计数	24	134	66	2	2	228
	收入分组中的%	10.5	58.8	28.9	0.9	0.9	100
合计	计数	381	1336	308	37	9	2071
	收入分组中的%	18.4	64.5	14.9	1.8	0.4	100

资料来源:《广州社会综合状况调查(2019)》。

表5.7　　　　家庭在广州自有住房情况与代际的交叉分析

		0套	1套	2套	3套	4套	合计
90后	计数	131	153	37	11	2	334
	代际中的%	39.2	45.8	11.1	3.3	0.6	100
80后	计数	114	398	78	8	1	599
	代际中的%	19	66.4	13	1.3	0.2	100
70后	计数	82	346	76	8	2	514
	代际中的%	16	67.3	14.8	1.6	0.4	100
60后	计数	79	304	64	9	4	460
	代际中的%	17.2	66.1	13.9	2	0.9	100
50后	计数	31	340	87	14	2	474
	代际中的%	6.5	71.7	18.4	3	0.4	100
合计	计数	437	1541	342	50	11	2381
	代际2中的%	18.4	64.7	14.4	2.1	0.5	100

资料来源：《广州社会综合状况调查（2019）》。

表5.8　　　　住房搬迁的主要因素与代际的交叉分析

		组建家庭/婚姻关系发生变化	找到新工作或者换工作	为了孩子读书，学区好	改善住房条件	原有住房被拆迁或房东不愿意续租	健康原因	其他	总计
90后	计数	17	115	16	103	29	2	24	264
	代际内的%	6.4	43.6	6.1	39	11	0.8	9.1	
80后	计数	68	177	66	209	55	3	16	474
	代际内的%	14.3	37.3	13.9	44.1	11.6	0.6	3.4	
70后	计数	51	120	71	168	53	1	25	395
	代际内的%	12.9	30.4	18	42.5	13.4	0.3	6.3	
60后	计数	50	69	22	139	74	2	23	328
	代际内的%	15.2	21	6.7	42.4	22.6	0.6	7	
50后	计数	43	52	8	147	54	2	21	290
	代际内的%	14.8	17.9	2.8	50.7	18.6	0.7	7.2	
合计	计数	229	533	183	766	265	10	109	1751

资料来源：《广州社会综合状况调查（2019）》。

二是中高收入、高收入家庭住房购买力较强,"90后""80后"将成为购房中坚力量。家庭收入水平越高,住房购买力越强,中高收入、高收入家庭购房首付及分期偿还房贷的支出占比达到23.87%和24.65%,而低收入、中低收入该项支出占比仅为4.09%、5.41%。(见表5.9)房子除了居住属性,还兼具投资属性特征,因此,中高收入家庭很大一部分消费支出用于家庭购房收入及分期偿还房贷支出。从不同群体未来购房的意愿来看,随着家庭收入水平的提升,未来购买住房的意愿也越强烈,低收入家庭有购房意愿的占比仅为20%,高收入家庭占比达到48.3%,高收入家庭的购买力较强,更有条件购买住房。从近期来看,受访期间各个收入水平家庭的购房意愿均较低,这与房地产调控政策趋紧,大家持观望态度密切相关。从代际差异来看(见表5.10),"90后""80后"购买住房意愿更强,已经成为房地产市场的中坚力量,"90后""80后"表示有购房

表5.9 　　　　　未来购房的意愿与家庭收入水平的交叉分析

		打算一年内购买	打算两年内购买	打算三年内购买	有购房的想法,但三年内不打算购买	没有购买住房的想法	合计
低收入	计数	0	1	1	38	160	200
	收入分组中的%	0	0.5	0.5	19	80	100
中低收入	计数	0	5	7	72	321	405
	收入分组中的%	0	1.2	1.7	17.8	79.3	100
中等收入	计数	14	24	49	284	882	1253
	收入分组中的%	1.1	1.9	3.9	22.7	70.4	100
中高收入	计数	11	12	31	71	195	320
	收入分组中的%	3.4	3.8	9.7	22.2	60.9	100
高收入	计数	13	16	28	54	119	230
	收入分组中的%	5.7	7	12.2	23.5	51.7	100
合计	计数	38	58	116	519	1677	2408
	收入分组中的%	1.6	2.4	4.8	21.6	69.6	100

资料来源:《广州社会综合状况调查(2019)》。

表5.10　　　　　未来购房的意愿与代际的交叉分析

		打算一年内购买	打算两年内购买	打算三年内购买	有购房的想法，但三年内不打算购买	没有购买住房的想法	合计
90后	计数	6	18	33	135	261	453
	代际中的%	1.3	4	7.3	29.8	57.6	100
80后	计数	21	29	57	181	406	694
	代际中的%	3	4.2	8.2	26.1	58.5	100
70后	计数	7	11	20	120	418	576
	代际中的%	1.2	1.9	3.5	20.8	72.6	100
60后	计数	3	2	9	93	437	544
	代际中的%	0.6	0.4	1.7	17.1	80.3	100
50后	计数	5	4	10	67	445	531
	代际中的%	0.9	0.8	1.9	12.6	83.8	100
	计数	42	64	129	596	1967	2798
	代际中的%	1.5	2.3	4.6	21.3	70.3	100

资料来源：《广州社会综合状况调查（2019）》。

意愿的比重分别达到42.4%、41.5%，其中，"90后"近三年有购房意愿的占比12.6%，"80后"近三年有购房意愿的占比15.4%。未来，房地产开发产品的供给应更多考虑"80后""90后"的购买偏好和需求满足。

（五）中高收入家庭、中青年家庭资产配置更多元，金融投资市场潜力大

从不同收入水平家庭来看，随着家庭收入水平的提高，居民购买金融产品的比重也随之提升，低收入家庭群体购买金融产品占比仅为7.1%，高收入家庭购买金融产品占比约50%，可见随着收入水平的提升，城市家庭可用于投资资金增多，投资方式也更加多元化。从不同年龄群体来看，不同代际家庭购买金融产品占比也存在差异，以"80后""70后""90后"购买金融产品占比在22.2%—28.8%，"60后""50后"购买金融产品比重仅在14.9%—12.8%，可见，中青年家庭购买金融产品意愿更强，家庭资产配置更加多元化。这也侧面反映，随着城市居民家庭收入

水平的提升及年轻群体金融理财意识的提升,家庭资产管理及个人金融产品市场前景广阔。(见表5.11、表5.12)

表5.11　城市居民购买金融产品与家庭收入水平的交叉分析

		没有任何金融产品	购买股票	购买基金	购买债券	购买投资型的商业保险	购买其他金融产品	总计
低收入	计数	196	8	9	1	4	0	211
	收入分组内的%	92.9	3.8	4.3	0.5	1.9	0	
中低收入	计数	383	21	10	1	19	6	429
	收入分组内的%	89.3	4.9	2.3	0.2	4.4	1.4	
中等收入	计数	1070	124	106	24	75	23	1341
	收入分组内的%	79.8	9.2	7.9	1.8	5.6	1.7	
中高收入	计数	223	56	57	14	30	15	343
	收入分组内的%	65	16.3	16.6	4.1	8.7	4.4	
高收入	计数	126	65	56	16	43	8	248
	收入分组内的%	50.8	26.2	22.6	6.5	17.3	3.2	
合计	计数	1998	274	238	56	171	52	2572

资料来源:《广州社会综合状况调查(2019)》。

表5.12　城市居民购买金融产品与代际差异的交叉分析

		没有任何金融产品	购买股票	购买基金	购买债券	购买投资型的商业保险	购买其他金融产品	总计
90后	计数	390	47	54	9	28	11	501
	代际内的%	77.8	9.4	10.8	1.8	5.6	2.2	
80后	计数	542	102	87	24	66	22	761
	代际内的%	71.2	13.4	11.4	3.2	8.7	2.9	
70后	计数	470	78	68	17	51	10	624
	代际内的%	75.3	12.5	10.9	2.7	8.2	1.6	
60后	计数	503	40	30	4	22	7	577
	代际内的%	87.2	6.9	5.2	0.7	3.8	1.2	
50后	计数	478	39	25	9	23	15	562
	代际内的%	85.1	6.9	4.4	1.6	4.1	2.7	
合计	计数	2383	306	264	63	190	65	3025

资料来源:《广州社会综合状况调查(2019)》。

六 "双循环"新发展格局下广州扩大内需的政策启示

广州顺应城市居民消费需求演变特征,推进供给侧结构性改革,提升商品消费品质化供给水平,提升服务消费多样化供给水平,优化住房、汽车、家居家电等大宗消费品供给水平,抓住居民消费需求释放和数字经济时代契机,鼓励新技术创新应用,支撑消费领域供给方式创新,更好地服务于广大人民对美好生活的向往,培育消费新热点,壮大消费规模,提升供给有效性和辐射力,不断提升广州国际商贸中心和国际消费中心城市能级,在推动形成以国内大循环为主体、国内国际双循环相互促进的新发展格局中走在前列。

(一)稳步提升中低收入水平、扩大中等收入群体,为扩大居民消费规模夯实基础

从需求端来看,要让居民有能力有信心消费。当前及未来一段时间,要千方百计稳定就业,促进居民收入稳定增长,尤其是要千方百计提高低收入、中低收入家庭收入水平,不断扩大中等收入群体,为扩大居民消费夯实基础。广州要集中做好"六稳"工作、落实"六保"任务,稳定就业增长,稳定物价水平,深化收入分配制度改革,多渠道增加居民收入,稳定和扩大社会消费总体规模。根据财政能力逐步扩大公共服务投入力度,做好医疗、教育、养老等重点民生社会保障工作,尤其是提升学前教育、义务教育阶段教育质量,提高基本医疗保障水平,逐步解决居民"看病难、看病贵""教育负担过重"等社会热点问题,增强居民消费预期,释放居民消费潜力,稳定和扩大社会消费总体规模。

（二）挖掘新的消费热点、增长点，促进消费增长动能转换

随着城市居民收入水平的提升，居民对发展型、享受型消费需求日益旺盛，教育、文化娱乐旅游等消费项目支出增幅明显。广州应顺应消费升级发展趋势，满足服务型消费需求，扩大旅游、文化、体育、健康、养老、教育培训等服务产品供给，引进大型文化旅游体验型项目，促进商文旅融合发展，创新消费模式和拓展消费领域，提供符合居民消费结构升级方向的新产品及新服务，挖掘新的消费热点，促进消费增长动能转换。

（三）提升传统大宗消费品供给水平，满足居民追求品质生活需求

住房、汽车、家具、家电等家庭大宗消费品占城市居民消费支出的比重依然较大，可见，传统大宗消费品市场依然占据重要地位。广州坚持"房住不炒"的房地产调控原则，结合大城市外来人口众多，住房需求大及多层次性需求特征，引导发展廉租房、公共租赁房、公寓、商品房、高端住宅等多样化的住房产品及配套服务，引导居民树立理性的住房消费理念，规范发展住房租赁市场，满足不同消费群体的住房需求，不断优化居民的住房条件，这也有利于进一步释放城市居民消费潜力，刺激其他领域消费。随着居民收入水平的提升，追求品质生活的消费理念不断深入人心，新能源汽车、智能家居家电产品等绿色、健康、智能消费产品成为发展趋势，广州应研究制定消费引导措施，鼓励多样化、更丰富的产品供给及服务创新，促进消费向绿色、健康、安全发展，满足城市居民追求现代生活方式的需求。

（四）鼓励商业创新提升有效供给水平，增强国际消费中心城市消费引领作用

疫情防控期间，传统消费受到冲击较大，但是疫情防控也加速了新零售、在线教育、在线娱乐等诸多新型消费模式，成为消费热点和增长点。党的十九届五中全会也明确提出，鼓励消费新模式新业态发展。广州应坚持创新发展理念，不断提升国际消费中心城市的消费引领作用，深化供给侧结构性改革，在政策设计、用地规划、配套服务、创新资金扶持、审批制度改革、市场监督体系建设等方面改革创新，降低制度性交易成本，优化营商环境，加快5G、交通运输网络等相关配套基础设施建设，鼓励大数据、云计算、VR技术、无人机、区块链、物联网以及其他新兴技术在商贸流通、教育培训、文化娱乐、消费金融、供应链管理等领域创新应用，鼓励商业模式创新和商贸类企业转型发展，优化供应链管理，促进新技术变革提升供给水平，促进生产与需求有效对接，提高居民消费便利化程度，激发城市居民消费新需求，并带动引领更大范围消费。

（五）提升投资及消费金融产品供给水平，增强居民消费增长韧性

目前，广州城市居民家庭金融风险资产的持有比例较低，居民家庭资产配置多元性不足问题较为普遍，也侧面反映，国内金融投资市场发展潜力巨大。未来优化城市家庭资产配置和资产管理需要从需求侧和供给侧两端发力，从需求侧来看，需要引导城市家庭主动解决自身认知不足、投资理财意识不强、专业知识不足等问题，提高金融素养，增加保险等灾难储备，抵抗不确定因素引起的收入下降及消费降级；供给侧需要各金融机构适当调整投资门槛，推出适合不同收入、不同年龄群体的金融产品，规范发展消费金融，满足不同家庭选择多样化的金融产品。依托粤港澳大湾区庞大的消费群体，广州作为粤港澳大湾区核心城市，应加强穗港澳合作，创新区域金融服务体系，大力发展资产管理、消费金融、商业保险、基金管理等金融业务，积极引进国内外金融服务机构，以更丰富的金融产品和服务更好服务于扩大国内市场需求，增强国内居民消费增长韧性。

（六）畅通国内国际产业链、供应链、需求链循环，提升国际商贸中心服务能级

当前，中国不同地区经济发展、人民收入水平依然存在差异，全国范围内衣着、食品、家具家电、汽车等实物型消费的市场规模依然庞大，尤其是全国二、三线城市及广大农村地区，实物型消费市场潜力还有待挖掘，国内消费市场潜力巨大。在互联网普及率不断提升、线上消费日益盛行的背景下，广州要充分发挥商贸流通业和物流运输业发达的基础优势，进一步提升国际商贸中心的服务能级，把握居民消费新热点，做大做强电子商务、跨境电商、大宗商品交易中心、线上批发等商业新业态新模式，大力发展平台经济、数字经济，鼓励商贸流通企业加强国际国内合作，提升广州国际商贸中心辐射能级，扩大市场辐射范围和市场规模，畅通国内国际产业链、供应链、需求链循环，更好地服务于粤港澳大湾区、服务于全国广大城乡地区，在"双循环"新发展格局中走在前列。

第六章 广州儿童养育现状分析

一 问题的提出

作为拥有庞大人口的省会城市,广州的未成年人口结构日渐多元化和复杂化。一方面,近年来劳动力乡城流动的举家迁移为广州带来了大批随父母外出务工的随迁流动儿童;另一方面,城市原有家庭在快速发展的社会中日益重视子女的教育机会,竭力为孩子争取优质教育资源,强调童年机遇对未来社会经济地位可能发生的影响。与此同时,又有大批以外来务工人员为主的父母由于多种原因与子女分离,形成了一个特别的留守儿童群体:他们虽不在广州生活,却因父母身在广州而与这个城市有着密切关联。这些生活环境各异的儿童是否成长在不同的养育方式之中?他们的父母或承担主要照顾责任的长辈对他们是否抱有不同的期待?他们所在的家庭又是否具有不同的亲子互动模式?这些都是本章所要探索的问题。

二 广州儿童养育的基本情况

(一)广州家庭养育的结构特征

1. 广州家庭养育孩子的数量以1—2个为主,超过九成的孩子随父母居住,七成孩子拥有广州户口

"广州社会状况综合调查"的儿童养育部分,访问对象限定

为家中有 0—6 岁儿童的受访者，因此筛选出符合条件的样本 749 份。① 其中，家中有 1 个 0—6 岁孩子的家庭有 326 个，占有 0—6 岁儿童家庭的比例为 43.5%；有 2 个 0—6 岁孩子的有 386 个，占比为 51.5%，有 3 个或以上 0—6 岁孩子的有 37 个，占比为 4.9%（见图 6.1）。

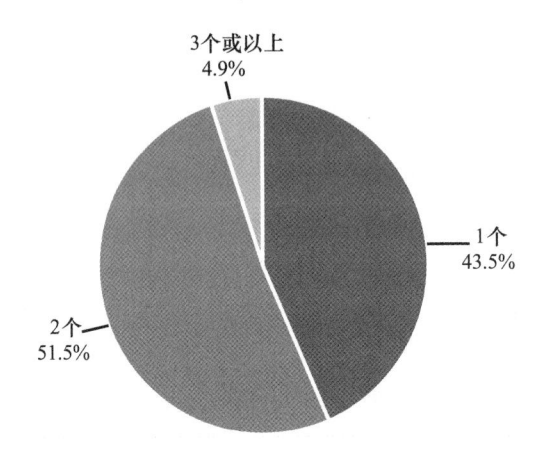

图 6.1　家庭 0—6 岁儿童数量构成（N=749）

本次调查询问了孩子的居住地，在 740 个有效样本中，儿童居住在广州的家庭有 700 个，占总体的比例为 94.6%（如图 6.2 所示）。表示广州绝大多数家庭的孩子都随父母居住。

本次调查也询问了孩子的户籍情况。在 738 个有效样本中，517 个家庭的儿童具有广州户籍，占比为 70.1%；96 个家庭的儿童具有广东省其他地方户籍，占比为 13.0%；125 个家庭的儿童具有外省户籍，占比为 16.9%（如图 6.3 所示）。说明广州过半数家庭的儿童拥有广州户籍。

---

① 因调查问卷的儿童养育部分对被访者具有一定的限定条件，本书所用的有效样本为 749 份。不同分析问题因数据缺失或调查对象拒绝回答而出现有效样本量差异，图表中均有标示。

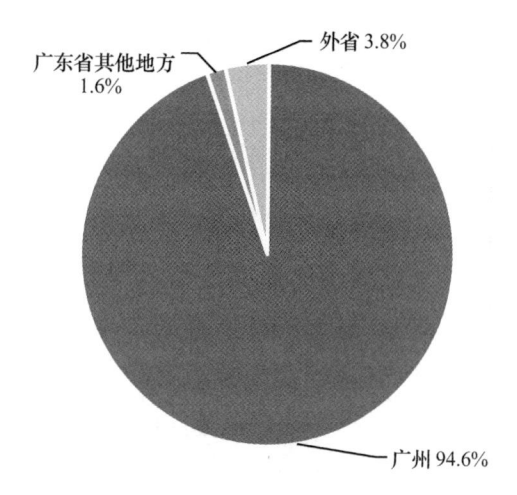

图 6.2　儿童居住地分布情况（N=740）

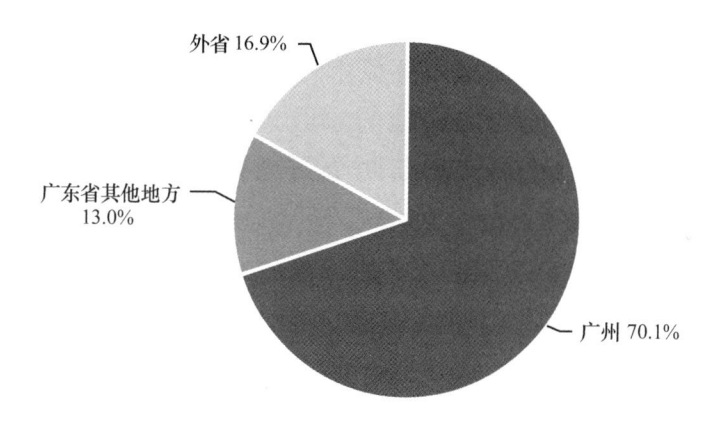

图 6.3　儿童户籍分布情况（N=738）

2. 在有 0—6 岁儿童的家庭中，近三成家庭的儿童是"流动儿童"，"留守儿童"占比较低

我们将现居地为广州，但是户籍不在广州的儿童样本称为"流动儿童"；将现居地不在广州，即不在父母身边生活的儿童称为"留守儿童"。本次调查结果，在 737 个有效样本中，有"流动儿童"的家庭共有 198 个，占比为 26.9%；有"留守儿童"的家庭共有 39 个，占比为 5.3%，如图 6.4 所示。

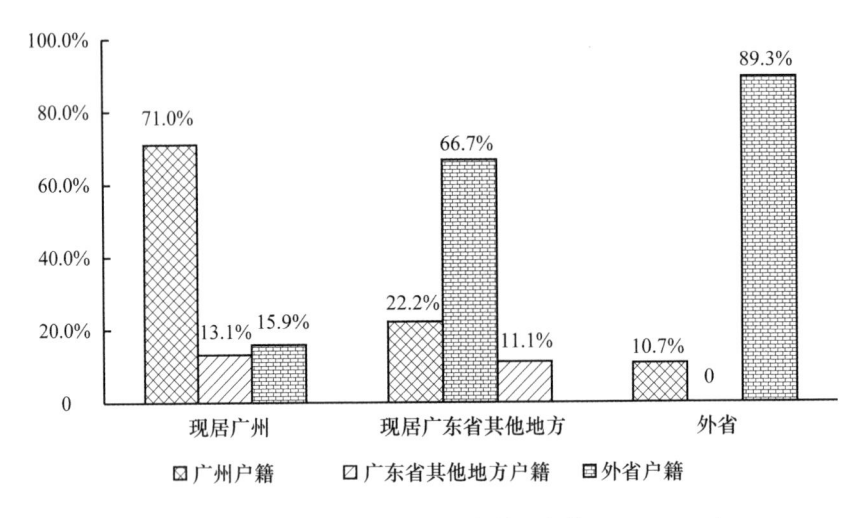

图6.4 基于居住地的广州儿童户籍分布情况（N=737）

3. 经济因素是造成父母和孩子分居的主要原因

对于父母和孩子分居两地的家庭，我们询问了受访家长分居的原因，其中占比较大的前两个原因有"工作太忙，无法照顾孩子"以及"收入低，负担不起"，分别有47.4%、44.7%的受访者选择；第三位是"工作不稳定，没法接出来"的原因占比34.2%。由此我们可以看出，造成留守儿童出现的原因主要是经济因素。此外，"孩子不想来"完全不成为父母和孩子分离的理由，占比为0，说明如果客观条件允许，父母和孩子还是十分乐意在一起生活的，如图6.5所示。

（二）广州儿童的家庭背景

1. 广州父母的职业分布广泛

关于儿童的家庭背景分析主要从受访家长的职业类别和受教育程度两个方面展开。本次调查结果，21.9%的儿童来自服务业一般员工的家庭，占比最高；其次是18.2%和16.7%的儿童分别来自中层管理者和单位负责人或是高层管理者的家庭；13.4%的儿童来自专业技术人员家庭；还有5.9%的儿童家长为制造业工人（见图6.6）。基本反映了广州的产业结构和居民的

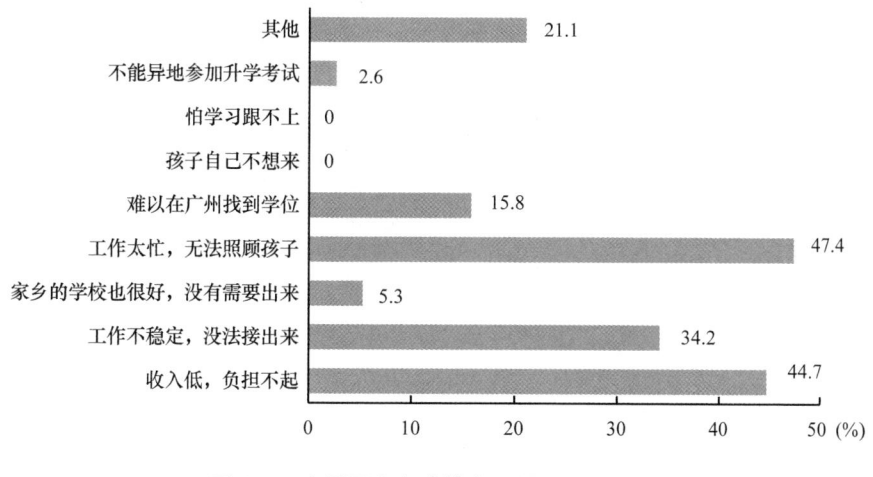

其他 21.1
不能异地参加升学考试 2.6
怕学习跟不上 0
孩子自己不想来 0
难以在广州找到学位 15.8
工作太忙，无法照顾孩子 47.4
家乡的学校也很好，没有需要出来 5.3
工作不稳定，没法接出来 34.2
收入低，负担不起 44.7

图 6.5 孩子不在身边的主要原因（N=38）

阶层分布。

2. 超过六成本地儿童的家长接受过大学教育，流动儿童和留守儿童的家长受教育程度以"初中及以下"为主

本地儿童（广州户籍现居）、流动儿童（非广州户籍现居）和留守儿童（不在广州）的受访家长在受教育程度上[①]有着较为显著的差异。在广州户籍儿童中，超过六成（62.0%）的家长接受过大学教育，占比最大。而流动儿童和留守儿童中受访的家长受教育程度以初中及以下最多，分别有将近四成（38.9%）以及近半数（48.7%）的占比。此外，受教育程度为高中/中专/职高技校的受访家长在各儿童类型中占比相近，均为20%—30%。流动儿童和留守儿童家长接受大学教育的也超过了两成，分别为28.7%和24.3%，如图6.7所示。

---

① 由于问卷整体的受访对象的年龄限定为18—70岁，因此满足儿童养育部分条件限制的问卷填答者不一定是儿童的父母，因此在进行儿童家庭背景分析时，我们选取了问卷中"您还打算要几个孩子？[只询问50岁以下（即1969年以后出生）有子女的调查对象]"作为样本筛选条件，选取出符合条件的有效样本，共578个。

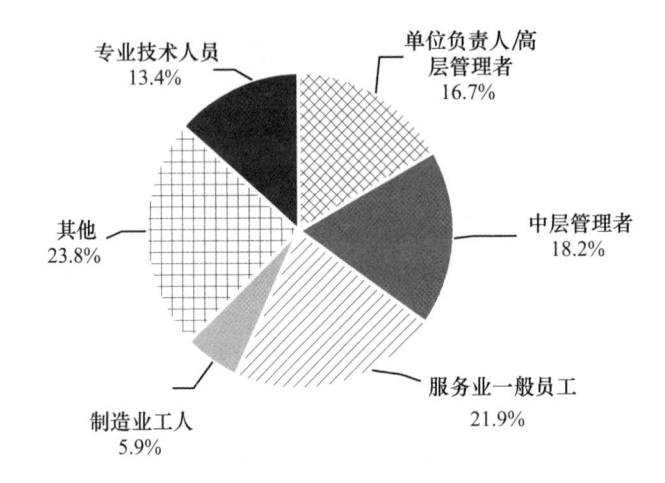

图 6.6 受访家长职业类型分布（N=424）

专业技术人员 13.4%
单位负责人/高层管理者 16.7%
中层管理者 18.2%
服务业一般员工 21.9%
制造业工人 5.9%
其他 23.8%

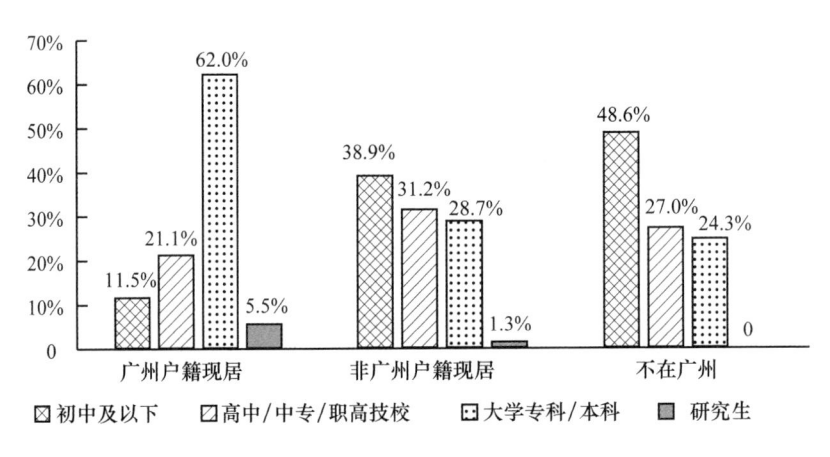

图 6.7 广州儿童受访家长受教育程度分布（N=578）

广州户籍现居：初中及以下 11.5%、高中/中专/职高技校 21.1%、大学专科/本科 62.0%、研究生 5.5%
非广州户籍现居：初中及以下 38.9%、高中/中专/职高技校 31.2%、大学专科/本科 28.7%、研究生 1.3%
不在广州：初中及以下 48.6%、高中/中专/职高技校 27.0%、大学专科/本科 24.3%、研究生 0

（三）婴幼儿抚养教育和照顾安排

1. 在广州家庭里，母亲和祖辈是 0—3 岁婴幼儿养育的主力军

本次调查询问了孩子在 3 岁以前的主要照顾者情况。本次调查结果反映，在父母双方和（外）祖父母中，母亲和祖辈是婴幼儿养育的主力军。在所有受访家庭中，有 63.6% 的母亲和 52.4% 的祖辈作为主要参与者承担了孩子 3 岁及以前的抚育照顾工作，而父亲则参与较少，参与比例仅为 26.3%（见图

6.8）。此外，亲戚和雇佣照料比例十分低，可以看出绝大部分广州家庭主要依靠自身力量满足婴幼儿抚育需求，而祖辈是家庭的重要支持资源。

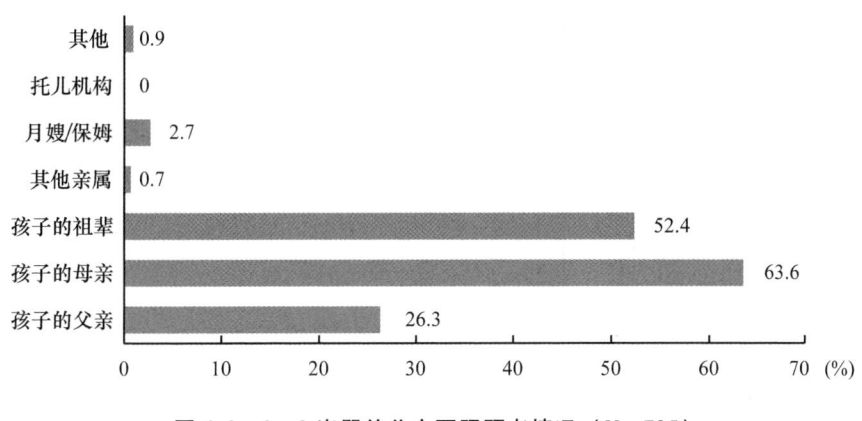

```
其他        0.9
托儿机构    0
月嫂/保姆   2.7
其他亲属    0.7
孩子的祖辈  52.4
孩子的母亲  63.6
孩子的父亲  26.3
```

图6.8　0—3岁婴幼儿主要照顾者情况（N=735）

从不同类型的儿童来看，拥有广州户籍且现居在广州的儿童在婴幼儿时期，祖辈的隔代抚养现象较为普遍，其（外）祖父母参与儿童0—3岁时期照顾的比例接近六成（58.2%）。相比而言，流动儿童的母亲参与儿童3岁前抚育比例最高，超过七成（72.0%）。与此相比，广州户籍现居儿童样本中，母亲参与儿童3岁前照顾比例相对最低，为60.3%，与祖辈参与照顾的比例相接近；而父亲参与照顾的比例在各类儿童群体中都占比很低，这反映出父亲在儿童养育中的参与不足的现象。相比之下广州本地儿童和留守儿童，流动儿童在3岁前对祖辈抚育的依赖程度最低，为37.1%。同时，我们可以注意到，尽管留守儿童可能与父母分离，但他们在3岁前的最主要照顾力量还是母亲，如图6.9所示。

我们将广州家庭对于3岁前的抚育照顾分为五种类型：母亲独自照顾、祖辈照顾、父母共同照顾、父母和祖辈共同照顾以及其他。其中，母亲独自照顾占比例最高，将近1/3的

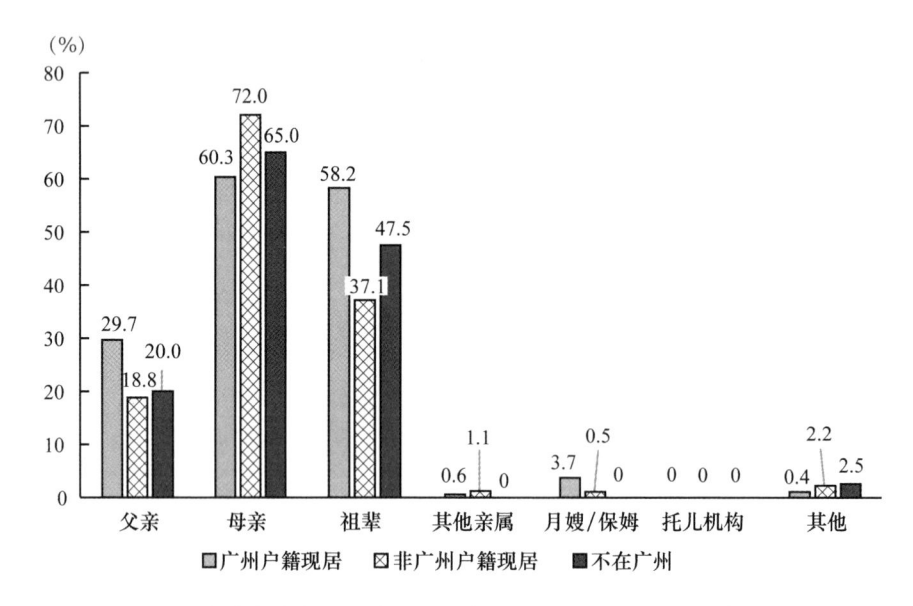

图 6.9　不同儿童的家庭成员及雇佣照料参与 0—3 岁婴幼儿抚育情况（N=735）

	父亲	母亲	祖辈	其他亲属	月嫂/保姆	托儿机构	其他
广州户籍现居	29.7	60.3	58.2	0.6	3.7	0	0.4
非广州户籍现居	18.8	72.0	37.1	1.1	0.5	0	2.2
不在广州	20.0	65.0	47.5	0	0	0	2.5

家庭在孩子 3 岁以前依靠母亲独自承担抚育责任。除独自完成抚育任务外，还有 11.3% 和 13.1% 的家庭分别采用父母共同照顾和父母和祖辈共同照顾的模式。而超过三成（31.6%）的家庭父母完全不参与，仅依靠祖辈完成抚育工作（见图 6.10）。总的来说，广州家庭儿童 0—3 岁的抚育模式存在明显的性别分工，父亲参与儿童婴幼儿时期的照顾比例严重不足。

2. 广州本地儿童所在家庭中母亲独自照顾的比例相对最低，父母协同祖辈照护婴幼儿的现象较多

为详细了解不同特征家庭的婴幼儿抚育模式，我们调查了基于儿童户籍和居住地、受访家长受教育程度和受访家长子女 3 岁前照顾安排情况。广州本地儿童所在家庭中母亲独自照顾的比例相对最低，而流动儿童中相应比例最高。据此，我们可以做出合理猜测，即在广州生活的相当一部分女性流动人口，可能因为需要承担起年幼子女的照顾工作而无法外出就业。而祖

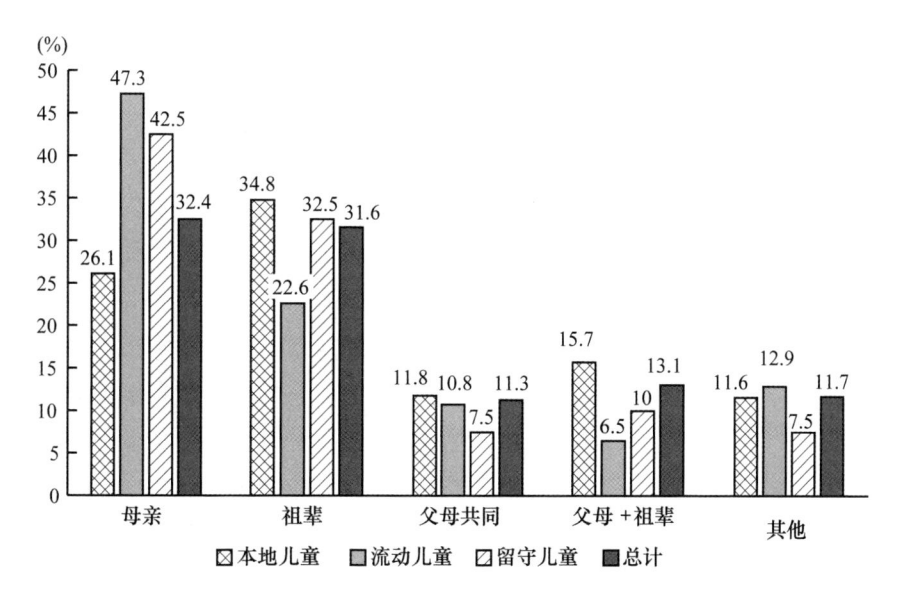

图 6.10　不同类型儿童所在家庭 0—3 岁婴幼儿抚育模式（N=735）

辈承担抚育的模式在留守儿童中的比例最高。此外，父母共同照料比例整体较低，父母协同祖辈开展婴幼儿期的现象相对较多出现在广州本地儿童所在家庭中。

3. 受教育程度越高的父母，照护婴幼儿的时间越少

受访家长的受教育程度越低，母亲独自一人照顾 3 岁以前子女的比例就越高。例如，在受访家长教育程度为初高中及以下的家庭中，将近半数（48.8%）的家庭由母亲独自承担儿童婴幼儿时期的照料责任，而相应比例在受访家长拥有研究生学历的家庭中仅占 17.4%。另外，受访家长受教育程度越高，祖辈单独承担儿童婴幼儿时期的照料责任的比例就越高。例如，在受访者家长教育程度为初高中及以下的家庭中，只有 16.3% 的家庭仅由祖辈照顾 3 岁以前子女，而相应比例在受访家长拥有研究生学历的家庭中高达 34.8%。而父母共同参与子女 3 岁前抚育的比例也基本随着受访者受教育程度变高而逐渐降低，这与仅有祖辈照料儿童婴幼儿时期的比例变化相对应。综上，

父母的受教育程度主要影响父母对婴幼儿时期的照护参与度。我们据此可以作出合理推测，即受教育程度较高的父母更多投入到自身的事业当中，相对应分配给家庭的时间较少，如图6.11所示。

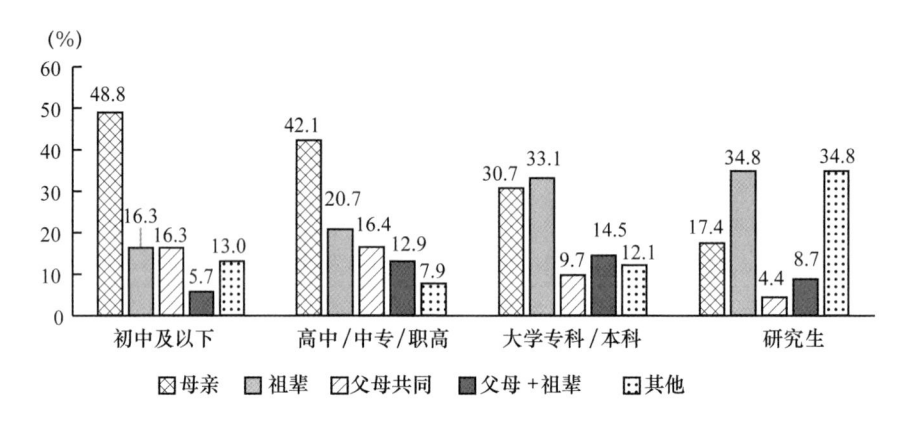

图6.11 受访家长受教育程度与0—3岁婴幼儿抚育模式（N=576）

4."80后"父母得到祖辈帮助最多，父母共同参与婴幼儿抚育的比例代际间逐渐提高

不同代际家长年龄的0—3岁婴幼儿抚育安排情况方面，本次调查，无论是"70后""80后"还是"90后"家长，母亲独自承担婴幼儿照料责任的比例均为最高，为35%—40%。此外，仅由祖辈进行隔代抚养的比例代际差距较大，最低为"70后"群体，仅有18.8%；最高为"80后"群体（29.3%），其次为"90后"群体（24.7%）这可能与1982年国家开始实行计划生育的基本国策相关，即"80后""90后"父母群体多为独生子女，因此受到祖辈的帮助较多。可喜的是，父母共同参与0—3岁婴幼儿抚育这种较为健康合理模式的比例代际间逐渐提高，如图6.12所示。

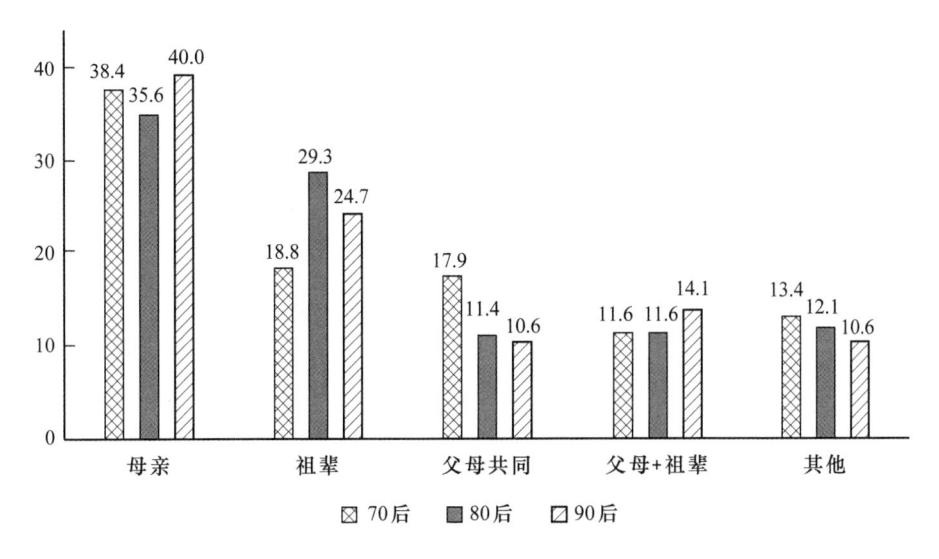

图6.12 基于受访家长年龄的0—3岁婴幼儿抚育类型分布情况（N=576）

三 亲子互动和教养模式

家庭作为儿童社会化的重要场所，起作用既通过父母对子女有意识地传导，也通过子女对父母无意识地效仿。因此儿童成长过程中，家长在教育和亲子关系方面的投入显得尤为重要。

（一）亲子互动

1. 在本地儿童和流动儿童的家庭里，亲子互动频率更高

本次调查还询问了受访家庭在日常生活中与其儿童的亲子互动情况，对象限定为孩子在3周岁以上的家长。根据题目涉及的日常活动，将其分为文化活动、课业辅导、家庭生活、沟通交流四个类型。图6.13显示了受访家庭在这四个方面的亲子互动情况。[①] 与留守儿童相比，本地儿童和流动儿童亲子互动频

---

① 本书将"讨论书籍、电视剧或电影；讨论在学校的情况；陪他一起吃晚饭；一起聊天；一起去图书馆、书店、公园等；辅导学业功课；逛街、散步"这七项亲子活动分为文化活动、沟通交流、家庭生活和课业辅导这四类，依据其各项活动发生的频率"几乎不、一或两月一次、一或两周一次、几乎每天"分别赋值1、2、3、4，取平均值得出最终的数值。因此，图6.13中得分越高，则代表该类亲子活动的频率越高。

率都更高，这主要是由于留守儿童与父母聚少离多，此次调查数据显示，在有留守儿童的家庭中，有将近2/3的家长和孩子3个月及以上才能见一次面。此外，本地儿童在文化活动、沟通交流、课业辅导这三个方面都略高于流动儿童。具体而言，广州本地儿童的家长在沟通交流方面表现更好，更可能与孩子讨论在学校的情况以及一起聊天；在文化活动方面，本地儿童的家长更可能陪同孩子前去图书馆、书店和公园等文化场所，但在文化产品（书籍、电视剧和电影）方面，本地儿童的家长参与相关讨论的频率则略低于流动儿童的家长；在辅导学业功课方面，本地儿童的家长相较于流动儿童的家长有更小的概率会完全不管孩子功课（见表6.1）。

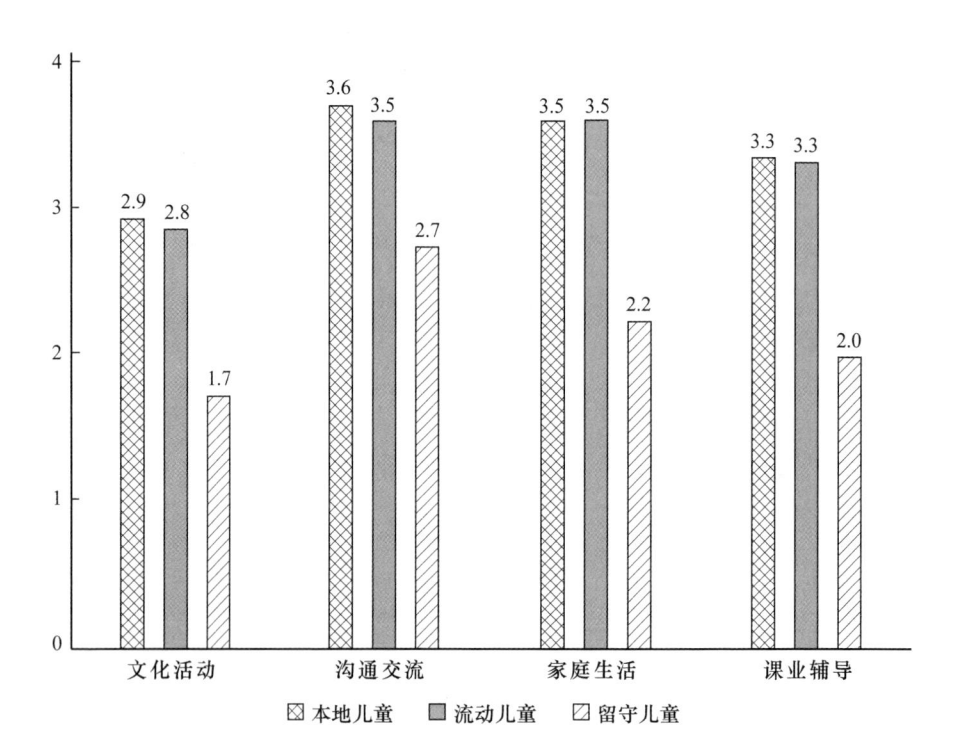

图6.13 三类儿童亲子互动频率（N=519）

表 6.1　　　　　本地儿童与流动儿童具体亲子互动情况

(N=485；N=487；N=493；N=491；N=496)　　　　(单位：%)

	本地儿童				流动儿童			
	几乎不	一月或两月一次	一周或两周一次	几乎每天	几乎不	一月或两月一次	一周或两周一次	几乎每天
讨论书籍/电视剧/电影	10.9%	16.5%	33.0%	39.7%	15.0%	8.7%	37.0%	39.4%
讨论在学校的情况	5.0%	5.3%	24.1%	65.7%	8.7%	1.6%	25.4%	64.3%
一起聊天	0.6%	1.7%	11.9%	85.9%	2.3%	2.3%	6.9%	88.5%
一起去图书馆、书店、公园	6.9%	24.7%	47.1%	21.3%	9.2%	25.4%	43.8%	21.5%
辅导学业功课	13.2%	4.7%	21.4%	60.7%	16.7%	2.3%	18.9%	62.1%

2. 受教育程度较高的家长与孩子有更高的互动频率

不同教育程度的家长，在亲子互动频率方面有明显差异。在四类亲子互动中，受教育程度较高的家长表现出更高的互动频率。

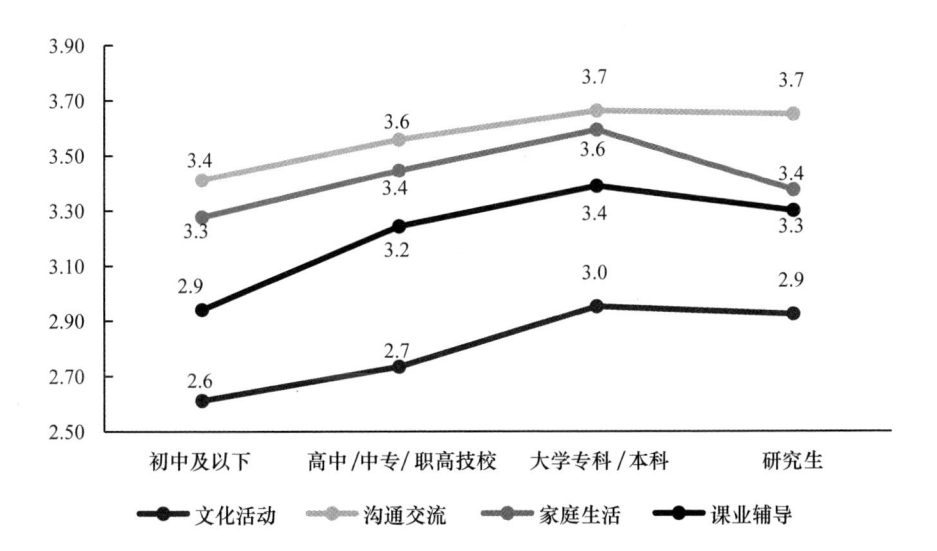

图 6.14　基于受访家长受教育程度的四类亲子互动情况 (N=419)

以文化活动为例,研究生或本/专科教育程度的家长,与亲子互动频率分别为2.9和3.0,高中或同等教育程度的家长在此项仅为2.7,初中及以下教育程度的家长在此项仅为2.6(如图6.14所示)。教育程度更高的家长比教育程度较低的家长更频繁地与孩子讨论书籍、电视剧或电影,并更频繁地去文化场所,将近1/5的初高中学历的家长几乎不与孩子讨论文化产品,而有超过四成的大学及以上学历的家长几乎每天都会与孩子展开此类讨论。高教育背景的家庭更多地通过家庭文化氛围来实现文化再生产。近两成(18%)的初中及以下学历的家长几乎不与孩子一起去图书馆、书店、公园等文化场所,而68%的大专/本科学历的家长和75%的研究生家长至少每1—2周会去一次此类文化场所,如图6.15所示。

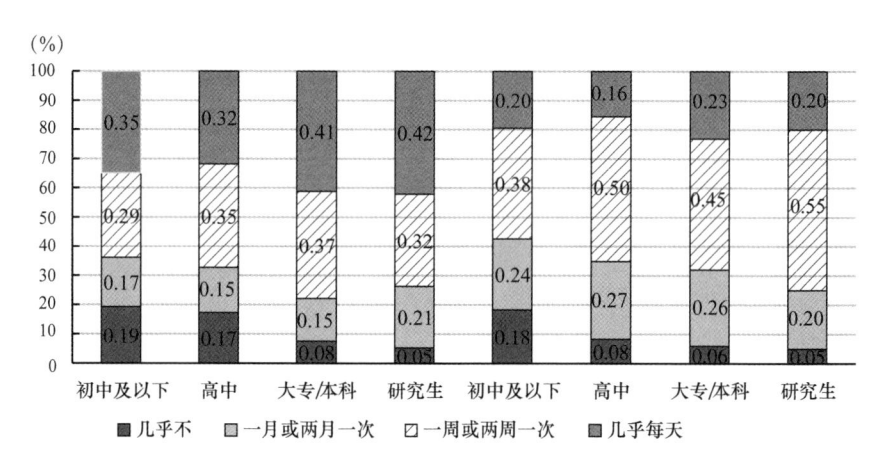

图6.15 基于受访家长受教育程度的文化活动情况（N=411；N=414）

(二) 教养模式

广州家庭在亲子关系的差异上不仅仅表现在进行亲子互动的频率上,还表现在家长对儿童的教养方式上。在此次调查中,询问了受访家长五种日常教养行为或方式的发生频率。综合而言,这五种方式可分为惩罚式教养、鼓励式教养和民主式教养。① 如图6.16所示②，本地儿童和流动儿童相较于留守儿童更可能因为犯错而受到责备，但也更可能因学习进步或其他好的行为表现而受到奖励或表扬。但在民主式教养方式中，留守儿童反而有更多的机会参与决定自己的事情，这可能跟留守儿童的父母不在身边有关。

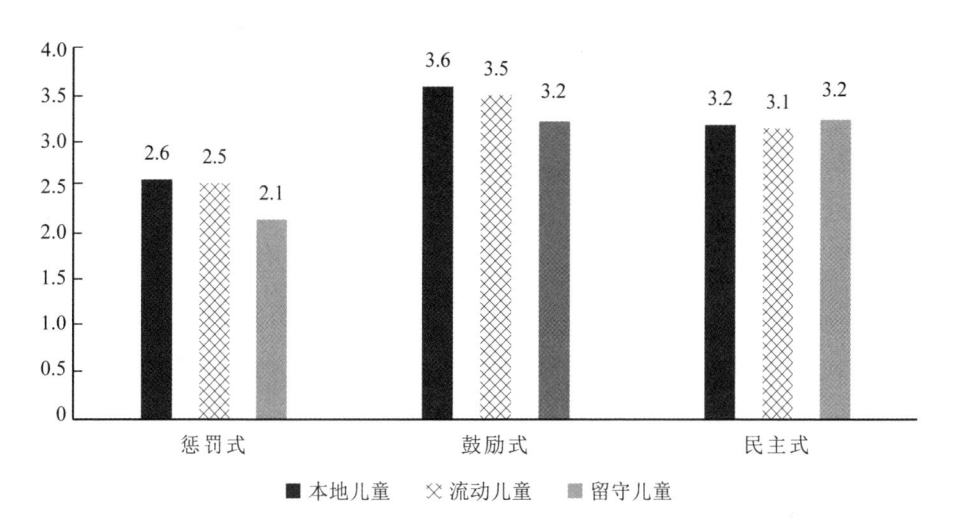

	惩罚式	鼓励式	民主式
本地儿童	2.6	3.6	3.2
流动儿童	2.5	3.5	3.1
留守儿童	2.1	3.2	3.2

图6.16 基于儿童类型的家长教养方式采用情况（N=516）

1. 受教育程度较高的家庭更倾向采用奖励或表扬、让孩子自主决策等正面教养方式

图6.17通过0—4分的量表展示了受访家长的受教育程度和其采用的教养方式的关联。在鼓励式教养方式中，大学学历的家长得分最高（3.6分），而初中及以下学历的家长得分最低即3.5分；在民主式教养方式中，研究生学历背景的家长得分最高

---

① 此处教养方式特指家长对待孩子错误或进步等的方式。原题包括：（1）当孩子表现不好或犯错时进行严厉的责骂或处罚的频率；（2）当孩子表现不好或犯错时，告诉他不要伤父母的心或做让父母丢脸的事情的频率；（3）当孩子学习成绩不错或有进步时，适当的奖励或表扬的频率；（4）当孩子生活中有好的表现时，适当的奖励或表扬的频率；（5）孩子自己的事情，他可以自己决定。

② 图6.16中数值越大，则代表该种教养方式被采用的频率越高。

为 3.4 分，而初中及以下学历的家长得分最低即 3.1 分；在惩罚式教养方式中，高中/中专/职高技校学历的家长得分最低为 2.5 分，而研究生学历的家长得分最高为 2.7 分。虽然不同学历背景的家庭对于各类教养方式的分数差异较小，但从整体上也可以看出，相对来说，受教育程度较高的家庭更频繁地采用奖励或表扬、让孩子自主决策等正面教养方式。

2. 留守儿童的家庭民主程度最高

以孩子自己的事情自己做决定为例，31%的初中及以下学历的家长经常会将自主权交予孩子，相应地高中/中专/职高技校学历的家长有37%、大学专科/本科学历的家长有37%、研究生学历的家长有40%会经常允许孩子自己决定与自己相关的事情（如图 6.18 所示）。且研究生学历的家长没有人从来没有不给孩子自主权。从户籍和居住地的角度来看，相比之下，流动儿童的家长会相对"专治"一些，而留守儿童的家长民主程度最高。

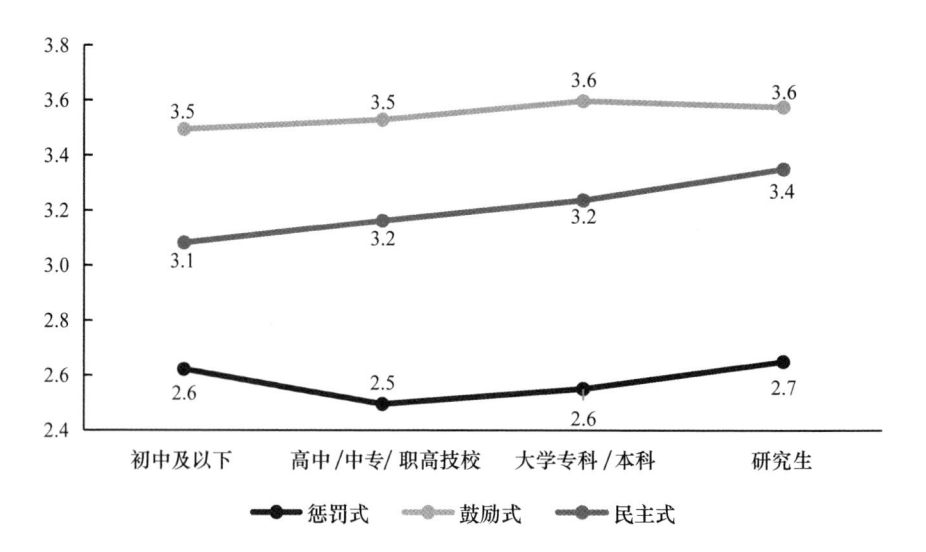

图 6.17　基于受访家长受教育程度的儿童教养方式采用情况（N = 418）

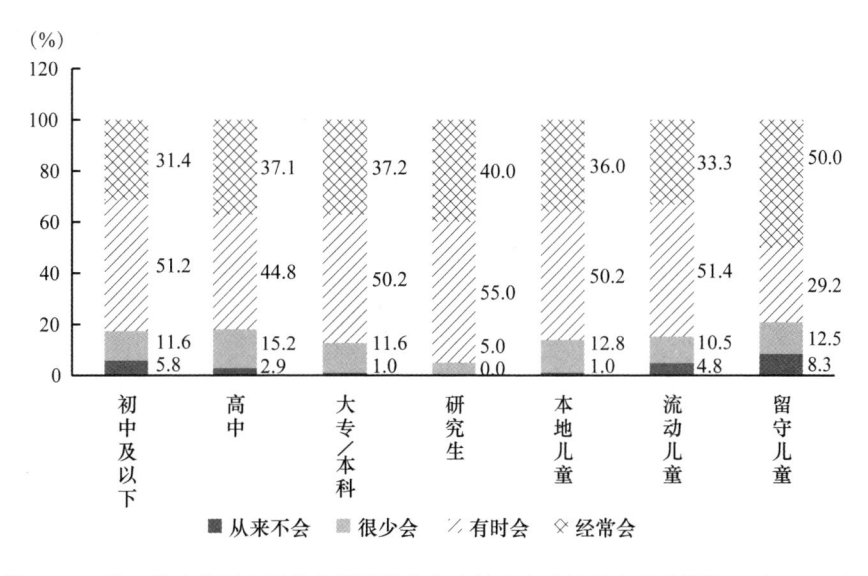

图6.18 基于儿童类型和受访家长受教育程度的民主式教养方式采用情况（N=418）

四 教育期望

（一）总体教育期望

从调查结果来看，广州家庭对子女的教育期望总体较高，仅有不到1%的家庭期望孩子最高教育程度为高中及以下，50%的家庭希望孩子能获得本科学历，20%的家庭期望孩子能接受硕士教育，27%的家庭期望孩子能接受博士教育，即接近半数的家庭期望孩子的受教育程度达到硕士甚至更高。

（二）教育期望的群体差异

1. 不同群体的家长对孩子的教育期望均较高

为探究教育期望的群体间差异，我们对此做了进一步分析。首先，不管是广州户籍现居的儿童还是流动儿童、留守儿童的家长几乎都没有人希望孩子获得较低的教育程度（高中及以下）（如图6.19所示）。但是在对待高等教育的时候产生了一定的差别：本地儿童和流动儿童的家长相较于留守儿童的家长更期望孩子拿到博士学历；而本地儿童家长（24%）希望孩子获得硕

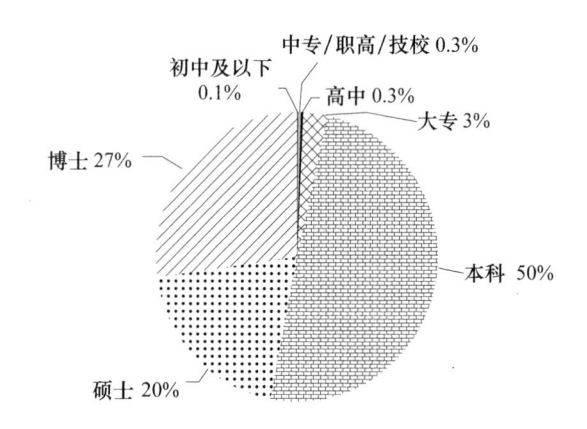

图 6.19 广州家庭教育期望（N=730）

士学历的比例是流动儿童家长（10.7%）和留守儿童家长（7.7%）的 2—3 倍，显著高于二者，如图 6.20 所示。

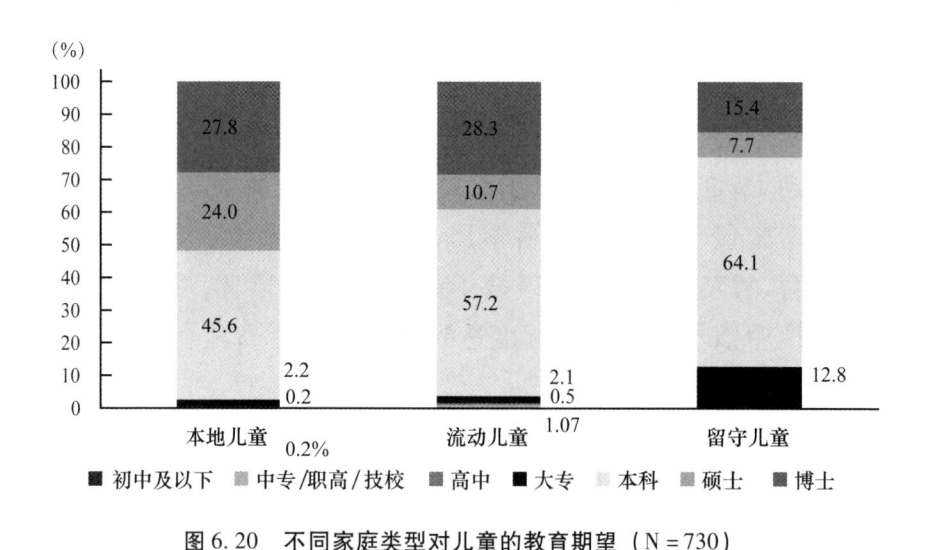

图 6.20 不同家庭类型对儿童的教育期望（N=730）

2. 受教育程度越高的家长对孩子受教育程度的期望也越高

从受访家长的受教育程度来看，研究生学历的家长对孩子受教育程度的期望显著高于其他学历的家长，分别有 39.1%、47.8%、13.0% 的家长希望自己的孩子获得博士、硕士和本科学历，即说明没有研究生学历的家长希望自己的孩子受教育程度低于本科学历。虽然不管是初中及以下、高中还是大专/本科学历的家长，都有远超90%希望自己的孩子的受教育程度能在本科及以上，但大专/本科学历的家长有超过半数（53.4%）希望自己的孩子能获得硕士及以上学历，远高于初中及以下学历（36.1%）和高中学历（35.8%）的家长（如图6.21所示）。总体而言，家长的受教育程度越高，对孩子的教育期望就越高。

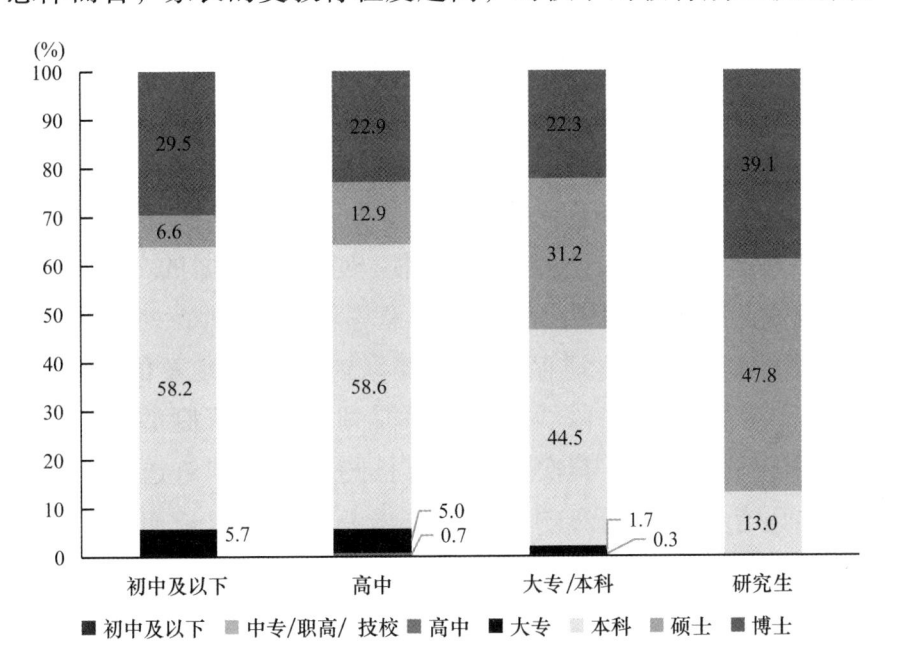

图6.21 不同受教育程度受访家长对儿童的教育期望（N=577）

3. 职业地位越高的家长对孩子的教育期望也越高

家长的教育期望还受到自身职业类别的影响。职业为单位负责人（52.2%）、中层管理者（58.5%）和专业技术人员（50.9%）的家长都有超过半数希望自己的孩子能获得硕士及以上的学历（见表6.2）。而服务业人员和制造业工人则对孩子的教育期望较低，更多地希望他们获得本科学历就足够了。总的来说，从事非体力职业的家长相较于从事体力职业的家长教期望更高。

表6.2　　　不同职业类型的家长对孩子的教育期望　　　（单位：%）

	单位负责人	中层管理者	服务业一般员工	制造业工人	其他	专业技术人员
初中及以下	0	1.3	0	0	0	0
中专/职高/技校	0	0	0	0	0	0
高中	0	0	0	0	0	0
大专	0	3.9	3.2	0	5.9	0
本科	47.9	36.4	50.5	64.0	50.5	49.1
硕士	25.4	37.7	28.0	12.0	17.8	24.6
博士	26.8	20.8	18.3	24.0	25.7	26.3

针对近年来久盛不衰的留学热，调查也询问了受访家长是否打算未来送孩子出国或出境读书。对相关数据的分析显示，上海家庭送孩子出国或出境求学的意愿与户籍/所在地、家庭文化资源及家长执业类别存在显著关联。在三类儿童的家庭中，广州现居户籍儿童的留学意向几乎是留守儿童家庭的3倍，也显著高于流动儿童。其次，受访家长的职业类别对送孩子留学的意向也有很明显的影响：从事非体力职业的家长相较于从事体力职业的家长有更强烈的送孩子出国或出境求学的倾向。此外，受访家长的教育程度也与送孩子留学的意向成正比，研究生学历背景的家长打算未来送孩子出国或出境求学的比例高达57%，远超另外三种学历程度（初中及以下14.9%；高中17.1%；大专/本科22.3%）（见表6.3）。

表6.3　　　不同家庭关于未来送孩子出国或出境求学的打算比例　　　（单位：%）

	儿童类型			受访家长职业类型						受访家长教育程度			
	本地儿童	流动儿童	留守儿童	单位负责人	中层管理者	服务业一般员工	制造业工人	其他	专业技术人员	初中及以下	高中	大专/本科	研究生
出国读书意愿	22.5	12.4	7.7	25.4	27.3	19.4	12.0	12.9	26.3	14.9	17.1	22.3	56.5

五　总结和对策建议

（一）关于广州家庭儿童养育的几点总结

本章从婴幼儿阶段抚育模式、亲子互动和管教方式、教育期望与投入这三方面详细分析了广州家庭0—6岁儿童的养育情况，我们可以得出以下几点结论。

第一，在复杂的人口结构中，广州儿童的家庭生活环境同样复杂多样，不仅存在社会阶层和家庭教育背景之间的差异，还存在由于户籍造成的区隔。除广州市户籍儿童外，尚有一批居住在广州的流动儿童和居住在广东省其他地方或者外省的与父母分离的留守儿童。不同的家庭环境以及现居地和户籍情况一方面对儿童所接受的养育方式产生影响，另一方面也使得儿童获取的教育资源存在差异。

第二，广州家庭在0—3岁婴幼儿抚育照顾方面的主力军是母亲和祖辈，父亲参与程度不足。在各种照顾安排中，母亲单独承担照顾工作的比例最高，其次是父母不参与单纯依赖（外）祖父母隔代抚养。这说明广州家庭的婴幼儿养育一方面存在明显的性别分工，另一方面也显示出较高的代际依赖性。随着全面二孩政策的实施，但生育率上涨幅度没能达到预期，广州急需更为友好的社会政策，以减轻家庭在抚养孩子中的负担。

第三，广州家庭的亲子互动和教养方式存在着一定的社会经济地位差异。受教育程度较高的家长一方面更重视文化、课业等亲子陪伴；另一方面，也更倾向于采用积极正面的鼓励式教养方式和赋予孩子自主权的民主式教养方式。广州本地儿童的家长相较于流动儿童和留守儿童的家长，一方面更重视文化活动、课业辅导和沟通交流，另一方面也更倾向于对孩子好的行为表现给予鼓励和表扬。基于此，广州应体现更高的包容性，为社会各阶层的儿童创造充分的文化体验和学习机会，促进不同社会经济地位的家庭儿童能更公平地享有公共文化资源，能更好地成长和发展。

第四，不同社会经济地位的家庭对孩子寄予不同的教育期望。不同受教育程度的家庭都普遍希望子女获得本科及以上的教育程度。在更高层次的高等教育上，受教育程度越高的家长越倾向于让自己的孩子获得越高水平的教育，也更倾向于送孩子出国留学。此外，从事非体力职业的家长的教育期望更高，送孩子出国留学的意向也更高。因此广州一方面应该进一步提高学前教育、义务教育阶段和高中阶段的教学质量，以加强广州儿童在通向高等教育过程中的竞争力。

（二）关于广州加强家庭儿童养育的两点对策建议

1. 促进家庭教育指导服务体系建设和人才队伍建设

统筹协调社会资源，协同推进覆盖城乡的家庭教育指导服务体系建设。一是建立政府主导、多主体共建共治的多元合作家庭教育指导服务体系。由政府部门主导，建立"市—区—街道—社区"为主干，群团组织、社会组织、学校、企业多个利益相关者协同参与的四级家庭教育指导服务体系，形成各类机构的具体分工、工作重点、工作标准和支持方案。二是加强人才队伍建设，提升家庭教育指导服务的专业化水平。通过吸纳高校专家、中小学校教师、心理咨询师、社工、社区志愿者等人员，建立家庭教育服务人才队伍；加强家庭教育学科建设，促进家庭教育专业人才的培养，同时建立家庭教育专业人才的职业资格认证体系，推动家庭教育人才队伍的职业化发展；联合高校、科研机构、专业团体加强家庭教育相关课题研究和成果转化应用，不断提升家庭教育人才队伍的水平。

2. 做好家庭教育指导工作，促进广州家庭创设良好育儿环境

现有研究表明，良好的家庭教育对儿童的学业表现有显著的促进作用。因此广州应进一步做好家庭教育指导工作，创设良好的育儿环境。通过开展创设文明家庭等活动，树立一批尊老爱幼、家庭和睦、科学教子的家庭典型，加强文明家庭的宣传，利用优秀典型的示范作用带动更多家庭跟着学照着做。加强国家《关于开展家庭教育指导工作的意见》的宣传，引导父母或其他监护人注重言传身教、弘扬家庭美德、树立良好家风，用科学的理念方法教育影响孩子，为未成年人健康成长营造文明和谐的家庭环境。开展公益性家庭教育指导和实践活动，帮助家长掌握科学的家庭教育方法，不断提升家庭教育的能力。畅通家校沟通渠道，促进学校教育和家庭教育相结合。加大对困境儿童家庭教育的帮扶力度，为困难家庭提供生活帮扶、创业就业支持、家庭教育指导等关爱服务。

社会心态篇

第七章 广州居民的社会心态及积极心态培育

付 舒 余封亮[*]

一 社会心态建设的社会功能

(一)积极的社会心态是化解社会风险的稳定器

社会心态是社会中多数成员或占一定比例的成员表现出的普遍的、一致的心理特点和行为模式,并构成一种氛围,成为影响每个个体成员行为的模板。[①] 社会心态具有双面性,一方面,积极的社会心态可以促进社会进步,它展示出人们对美好生活的向往,以及自尊自信、理性平和的生活态度。但另一方面,消极的社会心态会对社会稳定起到妨碍和破坏作用,负面情绪堆积有可能成为引发社会矛盾的潜在诱因。

在人类迈进风险社会以后,风险的不确定性特征向人类生活的各个领域弥散。本次面对新冠疫情的暴发,民众整体的社会心态是较为理性的,居家隔离等特殊时期的强制性措施也得到普遍的接受和快速执行。但也不可否认,疫情中也存在极少

---

[*] 付舒,博士,广州市社会科学院社会学与社会政策研究所副研究员,研究方向:社会政策、社会保障;余封亮,西安交通大学马克思主义学院在读博士,仲恺农业工程学院经贸学院助理研究员,研究方向为社区教育与治理。

[①] 王俊秀:《社会心态:转型社会的社会心理研究》,《社会学研究》2014年第1期。

数极端行为和心理表现，这背后体现出的是人类因风险来临而产生的焦虑和不安全感。比如因乘客摘口罩吃饭而发生冲突，人际间正常交往受到一定的影响；医疗防护物资短时供需失衡，哄抬物价、囤积居奇、趁火打劫等不文明现象加剧社会恐慌；对小区"门禁式管理"不理解从而引发居民肢体冲突，甚至带来"邻避效应"。可见，在非常态时期，健康的社会心态能够正向引导积极情绪，以快速缓解社会不安、社会恐慌等负面情绪的蔓延。健康的社会心态成为建立社会团结和凝聚力的基础，是化解社会风险的积极力量。

（二）积极的社会心态是增强社会合作的黏合剂

作为国民性格的集体表现，社会心态既是行为的内在驱动力，[①] 也是社会存在的现实映射，受到外部社会环境的影响与形塑。改革开放以来，伴随着社会转型的深刻变化，民众经济利益取向明显，在面对贫富差距扩大、社会阶层分化、社会公正失衡时，不公平感、不安全感、不信任感等焦虑情绪逐渐凸显。例如近期发生的贵州公交车司机坠湖事件，正是因生活不如意、承租房拆迁等问题无法妥善解决进而产生厌世情绪，遂做出危害社会的行为并最终酿成惨剧。这虽是极端个案，但我们也必须要认识到，因扭曲的社会心理所带来的社会摩擦使社会合作成本极大提升，甚至会成为社会发展不可承受之痛。

当前的社会发展仍存在社会关系调整与社会心理调试不同步的现象，通过培育健康的社会心态能够汇聚社会正能量从而提高社会合作韧性。一方面，健康的社会心态可以使公众对未来抱有信心。面对社会风险，基于多次交往的历史经验所形成稳定的预期，可以使人们用心理上的确定性来对抗未来合作的不确定性，降低消极不合作所带来的负面影响；另一方面，健康的社会心态

[①] 刘天俐、徐晨等：《近年来我国城乡居民社会心态的调查分析》，《人口与发展》2018年第1期。

可以发挥正向的"简化复杂的功能",[①] 促进建立起现代市场经济发展所需要的"市场伦理",以"诚信""勤劳""守法""敬业"等德行建立起人与人、政府和社会之间的信任关系,从而降低非生产性的决策成本、行政成本、沟通成本等。因此,对社会心态进行适度调控、引导和治理,回应当前社会心态问题和社会心态危机,是社会合作关系持续再生产的关键。

(三) 积极的社会心态是激发社会活力的催化剂

不断提高人民的生活水平,使改革发展的成果让更多百姓分享是中国共产党的初心和使命。改革开放40多年来,经济状况的大幅改善使居民生活水平和幸福感指数显著提升。但随着经济增速放缓、经济结构优化调整、经济增长新旧动能切换,国内经济进入中低速发展的新常态。加之受疫情影响,企业普遍面临项目推进延缓、运营成本上升、资金链压力增大等生存难题;与此同时,国际形势亦复杂严峻,全球贸易摩擦加剧,反全球化主义抬头,民粹主义观念在西方国家泛滥,世界经济下行风险巨大。面对国内外客观经济环境的变化与调整,人们的生活水平不免受到影响,对此表现出的不适应感、转型阵痛焦虑感、习得失助感等悲观情绪也在所难免。但如果由此表现出的不适应感、转型阵痛焦虑感等悲观情绪长期存在,将不利于国内大循环经济的恢复与提振。民众只有对经济增长适度下滑保持平常心态,坚定改革信心,才能进一步释放市场主体活力。因此,积极的社会心态必将成为拉动内需市场、加快经济复苏的重要催化剂。

二 广州城镇居民社会心态的基本特征

为把握广州城镇居民社会心态特征,广州市社会科学院课

[①] 郑也夫:《信任论》,中信出版集团2015年版,第99页。

题组于2019年6月开展广州社会综合状况调查，在全市11个区范围内，采用PPS和等间距相结合的抽样法，随机抽取广州100个城镇社区，每个社区抽取约30名居民，最终回收有效问卷3040份。调查样本中男性为1376人，占比45.3%，女性为1664人，占比54.7%。年龄范围是18—70岁，平均年龄为44.04岁，标准差13.985。

本书以主观社会阶层研究广州居民社会心态所呈现的基本特征。在"个人对自己在社会阶层结构中所占据位置的感知"评价中，主观社会阶层1表示处于社会的最下层，5表示处于社会的最上层。统计发现，被调查者主观社会阶层的平均值为2.29分，总体上处于中等偏下的水平。其中，认为自己处于下层的比例为21.9%，认为自己处于中等偏下的比例为33.8%，两者相加在半数左右；认为自己处于中层的比例为37.8%，认为自己是中上层或上层的比例分别为6.2%和0.3%。这一阶层分布的调查结果与中国社科院发布的2017年社会心态调查数据结构大体一致。因此，本次调查样本具有一定的代表性。

社会心态是一个囊括了幸福感、安全感、公平感、信任感和获得感的综合体验。为综合考察广州居民社会心态状况，调查问卷将社会心态概念操作化为五个二级指标和六个三级指标（见表7.1）。

表7.1　　　　　　　　社会心态调查的指标设计

一级指标	二级指标	三级指标	赋值
社会心态	幸福感	总的来说，我是一个幸福的人	很不同意—非常同意（1—4）
	安全感	您觉得当今社会的安全状况如何？	很不安全—非常安全（1—4）
	公平感	总体上说，您对社会公平状况的评价	非常不公平—非常公平（1—4）
	信任感	现实人与人之间的信任水平如何？	非常不信任—非常信任（1—10）
		我可以信任住在这个社区里面的人	很不同意—非常同意（1—4）
	获得感	广州经济社会发展是否让您从中受益？	减少很多—受益很多（1—5）

（一）社会幸福感水平较高，且随着主观社会阶层的提升，社会幸福感增加明显

党的十九大报告指出"中国共产党人的初心和使命，就是为中国人民谋幸福"。幸福感强调一种心理体验，是主体对生活客观条件和所处状态的一种事实判断，也是对生活的主观意义与满足程度的一种价值判断。[①] 本次调查询问被访问者"是否同意自己是一个幸福的人"，选项从很不同意到非常同意，分别为1—4分。结果显示，被调查者总体平均数为3.02分，标准差为0.68，大多数被访者比较同意自己是一个幸福的人的说法。对比不同主观社会阶层的主观幸福感得分发现，主观幸福感随着主观社会阶层的上升而增加明显，主观社会阶层属于上层的平均值最高，为3.63分；中上阶层的平均值得分处于第二位，为3.38分，如图7.1所示。

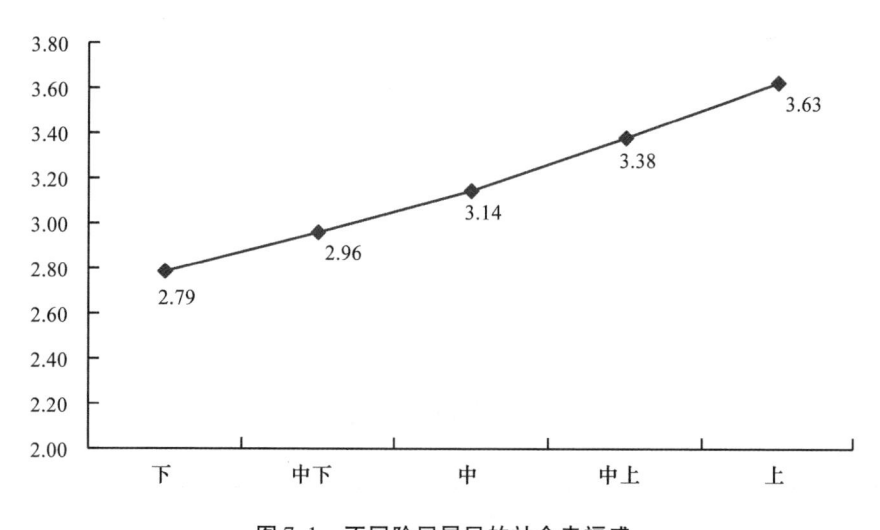

图7.1 不同阶层居民的社会幸福感

[①] 王杨：《公共服务满意度、社会信任与居民幸福感——基于 CGSS2015 数据的实证分析》，《苏州科技大学学报》（社会科学版）2019 年第 7 期。

（二）社会安全感水平较高，其中人身、财产以及工作安全水平最高，环境、食品和信息安全还有待提升

安全感是个体在其安全需要得以满足时内心产生的一种情绪体验。[①] 安全感的调查分为总体安全感和不同方面的安全感两部分。社会总体安全感从很不安全到非常安全，分别赋值1—4分。调查显示，广州民众的社会安全感总体水平较高，接近八成的受访者对社会总体安全感评价持积极态度，其得分为3.04分，标准差为0.468，处于比较安全的水平。分析不同主观社会阶层被调查者的安全感得分发现，主观社会阶层属于上层的安全感平均分最高，为3.33分；其次是中间阶层，为3.08分；安全感相对较低的两个阶层是处于中下和下层的两个群体，分值分别为3.02分和3.01分，如图7.2所示。

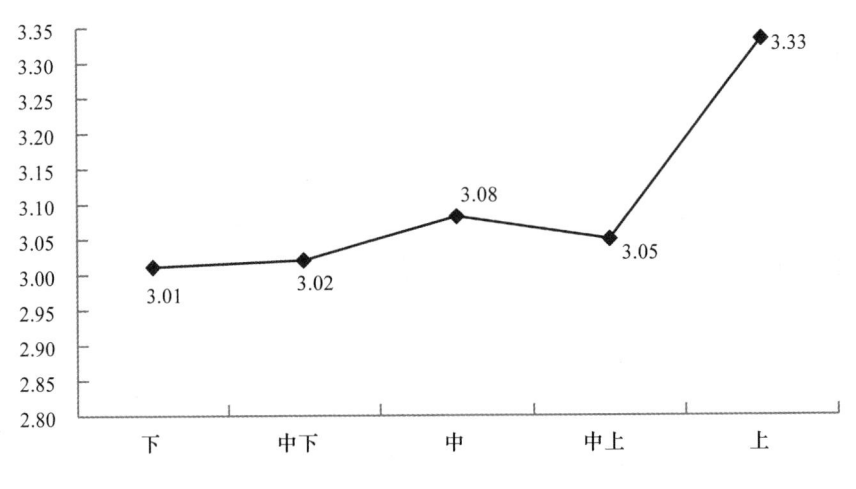

图7.2 不同社会阶层居民的社会安全感

从不同方面的安全感情况看（见图7.3），广州居民的人身安全感最高，为3.19分，其次是财产安全（3.16）、工作安全（3.07）和交通安全（3.03），均超过3分，接近比较安全的水平。

---

① 时蓉华主编：《社会心理学词典》，四川人民出版社1988年版。

第七章 广州居民的社会心态及积极心态培育

其次医疗安全（2.96）、环境安全（2.85）和食品安全（2.54）。安全感最低的是信息安全，为2.46分，低于中间值水平。

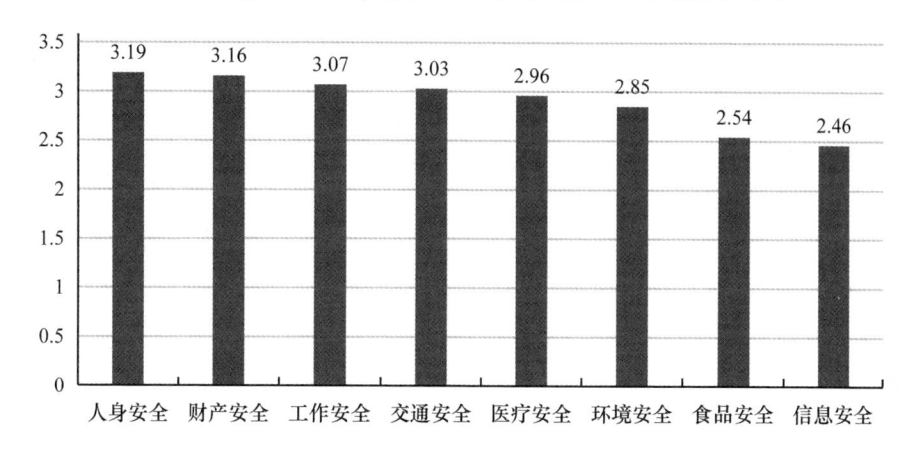

图7.3 各方面安全感的平均值

继续对不同阶层居民在生活各方面涉及的安全感分析发现，除信息安全外，其他方面安全感都表现为一种模式，即随主观社会阶层的提高，安全感也随之上升，如图7.4所示。

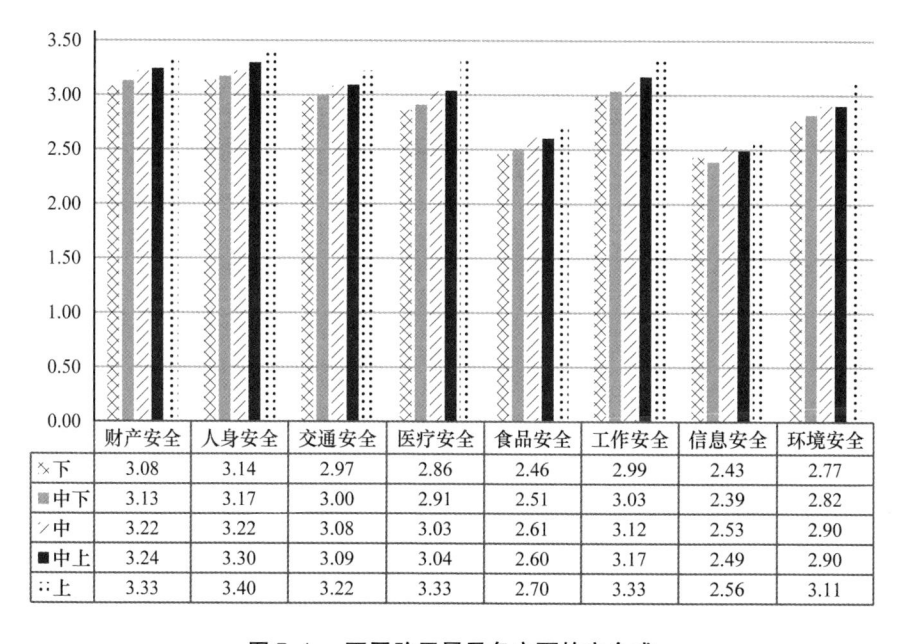

	财产安全	人身安全	交通安全	医疗安全	食品安全	工作安全	信息安全	环境安全
下	3.08	3.14	2.97	2.86	2.46	2.99	2.43	2.77
中下	3.13	3.17	3.00	2.91	2.51	3.03	2.39	2.82
中	3.22	3.22	3.08	3.03	2.61	3.12	2.53	2.90
中上	3.24	3.30	3.09	3.04	2.60	3.17	2.49	2.90
上	3.33	3.40	3.22	3.33	2.70	3.33	2.56	3.11

图7.4 不同阶层居民各方面的安全感

(三) 社会公平感接近比较公平水平，城镇居民的民生制度公平感要高于经济制度公平感

"公平感"是一个相对概念，是在不同社会群体、不同代际、不同领域的比较基础上形成。本次调查的社会公平感使用"总体上来说，您对社会公平状况的评价"来询问，选项从非常不公平到非常公平共分为四个等级，分别赋予1—4分。调查结果显示，城镇居民的社会公平感平均分为2.83分，标准差为0.508，居民社会公平感的评价接近于比较公平状态。分析不同主观社会阶层居民的社会公平感发现，下层、中下层居民的社会公平感最低，分别为2.71分和2.77分；中上阶层的社会公平感最高，为2.94分；中层和上层处于中间水平，分别为2.92分和2.78分，如图7.5所示。

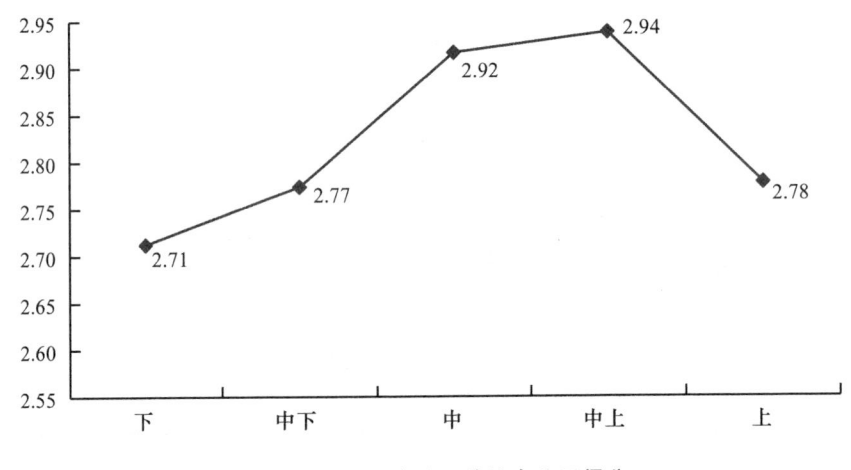

图7.5 不同社会阶层的社会公平得分

在民生制度方面，居民对"高考制度""义务教育"要比"司法与执法""公共医疗""养老等社保待遇"体现出更高的公平感。主观社会阶层处于中层和中上层的两个群体，相比于其他群体对社会公平的评价更高。特别是中上阶层群体在"高考制度""义务教育""司法与执法""公共医疗""养老等社保

待遇"方面的得分最高，分别为3.12分、3.10分、2.92分、2.90分和2.79分。但是阶层处于上层的社会群体反而对民生制度的社会公平感最低，在"高考制度""义务教育""司法与执法""养老等社保待遇"方面的得分均低于其他群体，分别为2.90分、2.56分、2.29分、2.50分（见图7.6）。

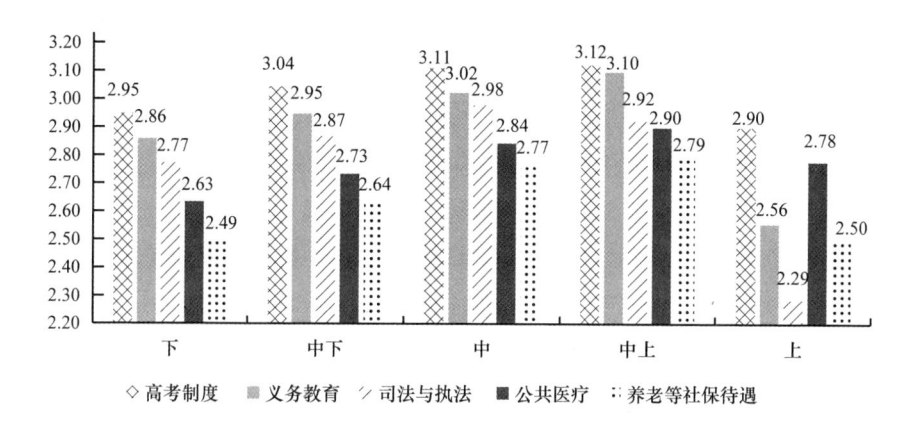

图7.6 不同阶层居民的民生制度社会公平感

在经济制度方面，同样显示出中层和中上层具有较好的社会公平感。这其中，中间阶层分别在"工作与就业机会""城乡之间权利待遇""财富及收入分配""不同行业的收入待遇"四个方面评价最高，分别为2.81分、2.66分、2.59分和2.55分。但下层群体在"工作与就业机会""城乡之间权利待遇"方面社会公平得分最低，为2.60分和2.47分，上层群体在"不同行业的收入待遇""财富及收入分配"方面社会公平评价得分最低，分别为2.13分和2.11分，如图7.7所示。

（四）社会信任感处于一般水平，社区内部的信任要高于人与人之间的一般信任

社会信任是指对陌生人或社会上大多数人的信任，它反映

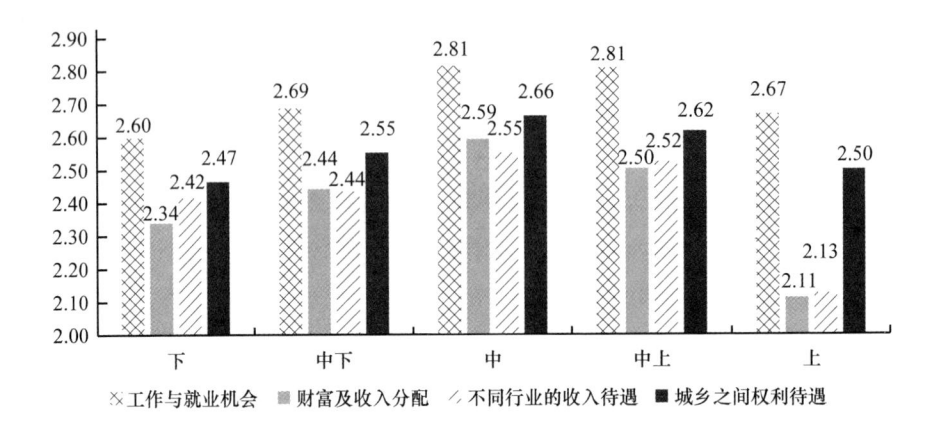

```
2.90
2.80         2.81      2.81
2.70  2.60   2.69              2.67
      2.60         2.59 2.66
2.60              2.55      2.62
2.50       2.55      2.52   2.50
2.44 2.55  2.50
2.40  2.42 2.47 2.44
2.30  2.34
2.20
2.10                           2.13
                               2.11
2.00
       下    中下    中    中上    上
  ⊠工作与就业机会  ▓财富及收入分配  ╱不同行业的收入待遇  ■城乡之间权利待遇
```

图 7.7　不同阶层居民的经济制度社会公平感

了个体对人性善的信赖。① 本次社会信任的调查分为人与人之间的信任、社区内部人与人之间的信任以及对机构的信任三个方面。人与人之间的信任采取 10 分量表，得到均值为 5.8 分，标准差为 1.845，处于略高于中间值的水平；社区内部人与人之间的信任询问是否同意"我可以信任住在这个社区里面的人"这一说法，采取 4 分量表，得到均值为 2.82 分，接近比较同意的状态。

将信任指标均转化为 4 分制后，不同主观社会阶层的居民对两项信任呈现出，社区内部信任明显要高于人与人之间的一般信任的基本特征。在人与人的一般信任中，主观社会阶层为中层的居民社会信任感最高，为 2.37 分；在社区内部，主观社会阶层为上层和中上层的居民社会信任感最高，分别为 3.30 分和 2.86 分，如图 7.8 所示。

在对机构的信任方面，不同主观社会阶层的民众对"街道"和"居委会"带有政府色彩的机构信任程度均较高，且不存在明显的差异。但是对于"业委会"自治组织和"物管"具有市

---

① 黄健、邓燕华：《高等教育与社会信任：基于中英调查数据的研究》，《中国社会科学》2012 年第 11 期。

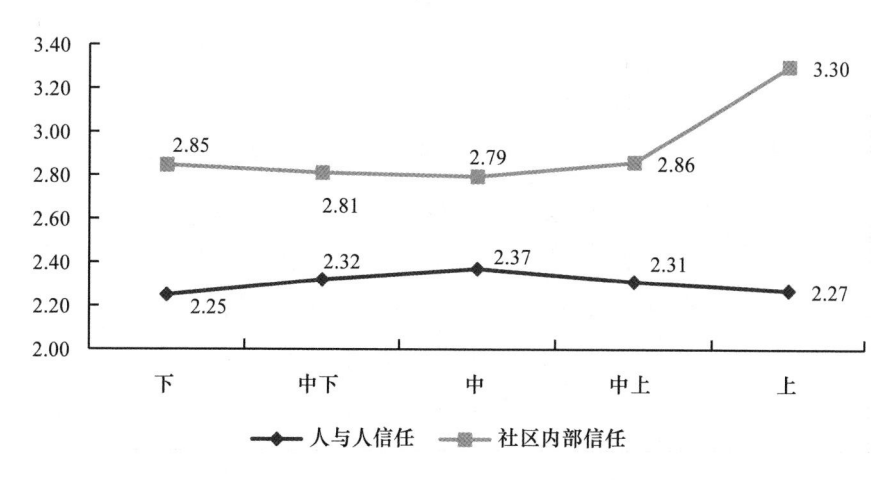

图 7.8　不同阶层居民的一般信任感和社区信任感

场化、自组织特征的机构信任程度则存在明显差异，处于下层和中下层的民众对此类组织的信任感较低，有63.3%和70.8%的下层和中下层对"业委会"表示信任，有59.3%和66.2%的下层和中下层对"物业"表示信任。但中间及以上阶层表示对该类机构的信任比例均超过七成，如图7.9所示。

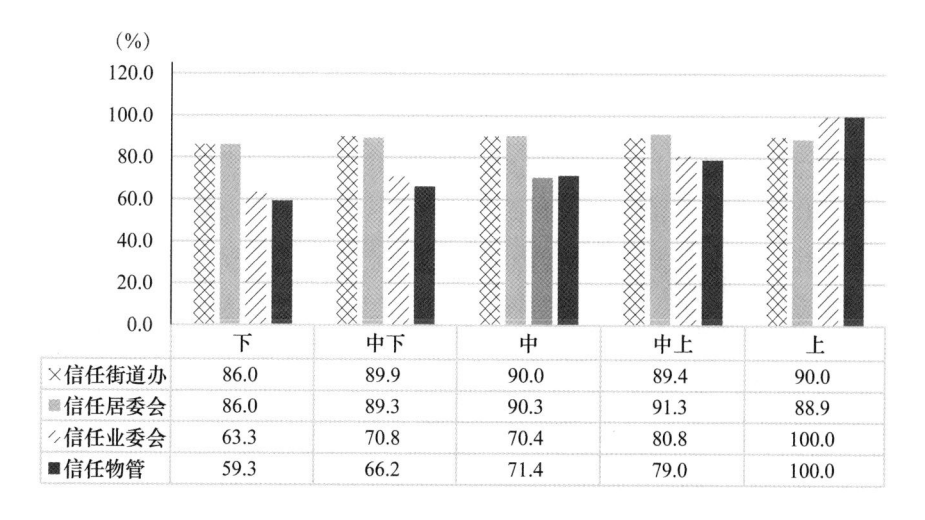

	下	中下	中	中上	上
信任街道办	86.0	89.9	90.0	89.4	90.0
信任居委会	86.0	89.3	90.3	91.3	88.9
信任业委会	63.3	70.8	70.4	80.8	100.0
信任物管	59.3	66.2	71.4	79.0	100.0

图 7.9　不同阶层居民对不同机构的信任感

（五）社会获得感接近略微受益水平，社会中间阶层的社会获得感最强

社会获得感一方面来自个体的奋斗，通过个人不断地拼搏、勤奋地努力而获得，另一方面又来自经济发展的红利惠及每一个个体。调查询问"您是否觉得广州的经济社会发展让您从中受益？"，在1—5分的评价中，社会获得感的平均得分为3.7分，标准差为0.807，接近略微受益的评价。对比不同主观社会阶层各组社会获得感得分发现，中上阶层和中层的社会获得感平均分最高，分别为3.92分和3.88分；但中下层和下层群体的社会获得感较低，其平均得分分别为3.60分和3.46分，如图7.10所示。

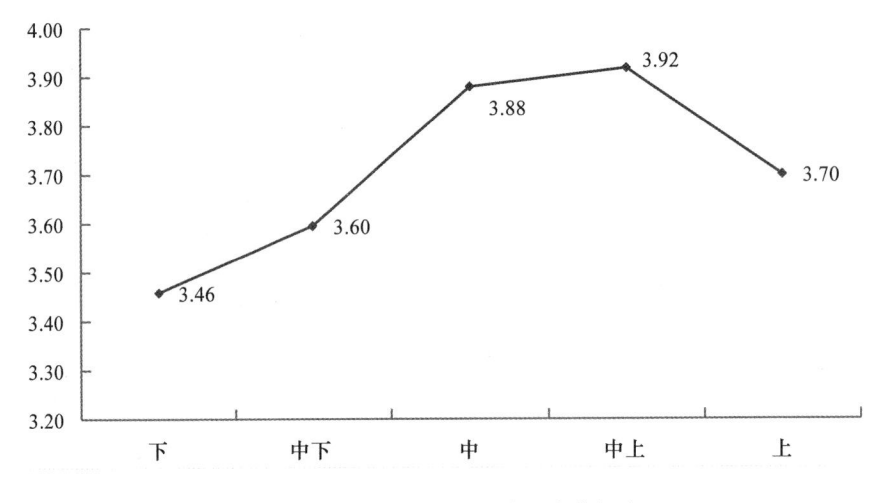

图7.10 不同阶层居民的社会获得感

特别是主观社会阶层处于下层的群体中，表示从广州的经济社会发展中获益"没有变化"的占比较高，达到48.4%，已接近半数。中间群体和中上群体表示"略微受益"的比例接近五成，分别为51.7%和50.6%，且表示"受益很多"的中间及以上群体比例均超过20%，表明广州经济社会发展的成果较大程度地惠及了社会中间及以上群体，并得到他们的认同，如图

7.11 所示。

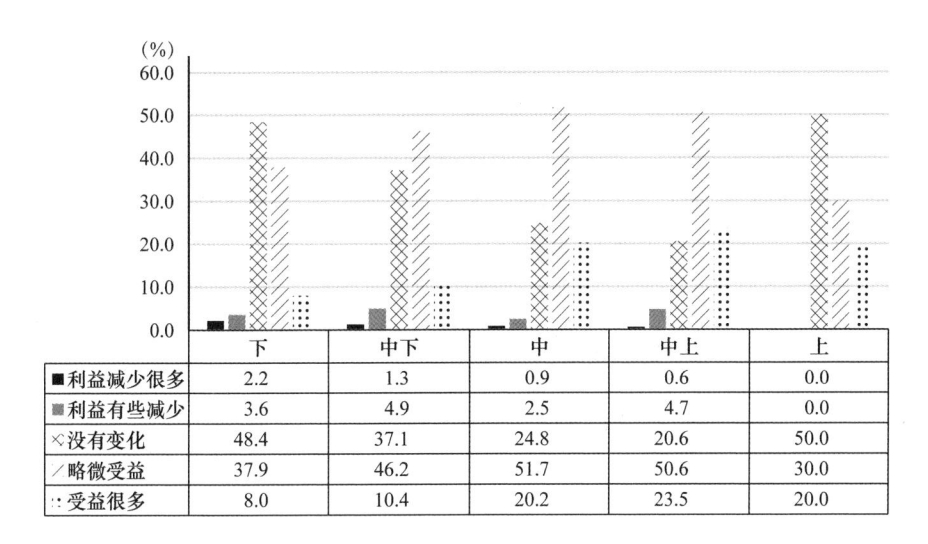

	下	中下	中	中上	上
■利益减少很多	2.2	1.3	0.9	0.6	0.0
■利益有些减少	3.6	4.9	2.5	4.7	0.0
✕没有变化	48.4	37.1	24.8	20.6	50.0
╱略微受益	37.9	46.2	51.7	50.6	30.0
⋮受益很多	8.0	10.4	20.2	23.5	20.0

图 7.11　不同阶层居民的社会获得感占比情况

社会心态是一个囊括了幸福感、安全感、公平感、信任感和获得感的综合体验。本次调查结果在一定程度上显示出，广州城镇居民整体社会心态较为平和、积极，呈现出社会安全感＞幸福感＞获得感＞公平感＞信任感的社会心态基本排序（见图7.12）。对不同阶层社会心态的分析发现：（1）主观社会阶层处于上层的群体在幸福感、安全感和信任感三个方面总体表现最佳，社会心态最为积极；（2）中上群体和中间群体在获得感和公平感方面表现最佳，社会心态最为平和稳定；（3）下层群体和中下群体在以上五个方面的评价都是较低的，这一部分群体将是社会心态应该关注的重点群体。

三　广州居民社会心态的影响因素

为综合分析对社会心态产生影响的因素，可将幸福感、安全感、公平感、信任感和获得感五个指标进行归一化处理后，

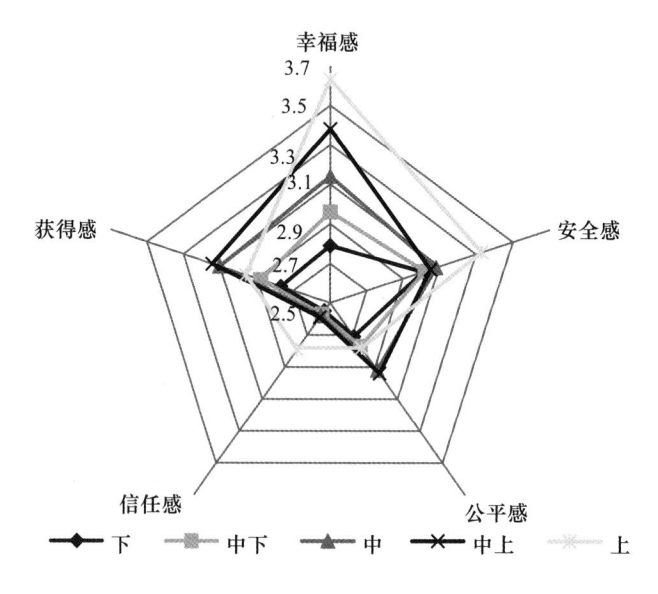

图 7.12 不同阶层居民的社会心态雷达图

按照相同权重合并生成新的社会心态指标,进一步分析影响社会心态的主要因素。具体分析结果如下。

(一) 经济状况对社会心态的影响

1. 就业状态、工作类型对中间及以上阶层的社会心态产生显著正向影响

就业是社会稳定之基,不能实现稳定就业就难以解决基本的温饱问题。从调查结果上看,"是否就业"会对社会心态产生正向影响,也就是说,有工作者比没有工作者有更积极的社会心态(Pearson 相关系数 = 0.040*)。这一相关性在中间群体中体现得更为明显(Pearson 相关系数 = 0.067*),两者关系显著。且表示"有工作"的中间阶层和中上阶层比例要高于下层群体,中间及以上阶层的就业稳定性更好。

工作类型对社会态度也产生了正向显著影响。担任中高层管理者岗位的中间阶层(33.4%)和中上阶层(52.7%)的比例要远高于下层群体（14.9%），下层群体从事个体工商户的比例（23.5%）要明显高于中间阶层（13.3%）。由此来看，无论是从就业稳定性，还是从工作岗位的性质方面，中间阶层和中上阶层都表现出更为体面的就业特征，并对社会心态产生积极的影响。

2. 工作压力对不同阶层的社会心态均带来负面影响，但下层群体的压力来自工资收入和工作时间，中层以上群体的压力来自工作能力

工作压力与社会态度间存在负向关系，这意味着工作压力越大，社会心态表现越差（Pearson 相关系数 = -0.092**）。这一相关性分别在中间群体（Pearson 相关系数 = -0.082**）和中上阶层群体（Pearson 相关系数 = -0.149**）中体现得更为明显。从总体工作压力来看，下层（5.62 分）和中下层（5.72 分）要比中层（5.46 分）和中上层（5.44 分）分数更高，他们的工作压力要更大。但是下层和中下层的工作压力主要集中在收入待遇和工作时间方面，而中层和中上层的工作压力主要集中在工作能力方面（见表 7.2）。

表 7.2　不同社会阶层居民的工作压力得分（10 分制）

	下层	中下层	中间层	中上层	上层
收入待遇	6.15	5.84	5.46	5.31	7.20
工作能力	4.97	5.07	5.08	5.43	4.20
工作时间	5.28	5.30	5.22	5.24	5.00
总体工作压力	5.62	5.72	5.46	5.44	6.00

3. 广州城镇居民生活水平进入相对富裕阶段，家庭收入"收大于支"的群体社会心态更为积极

在主观社会阶层评价中，经济收入是非常重要的参考维度之一。按照受访者的回答情况看，主观社会阶层划分与个人收入、家庭收入体现出较强的相关性。从本次调查的统计结果看，个人收入在 10 万元以下，家庭收入低于 20 万元的，个人主观社会阶

层处于中层以下；个人收入在 10 万元左右，家庭收入在 20 万元左右的，个人主观社会阶层处于中层；个人收入在 15 万元左右，家庭收入超过 30 万元的，个人主观社会阶层处于中上阶层。

家庭收支是否平衡对社会心态产生了十分显著的影响（Pearson 相关系数 = -0.147**），家庭收入小于支出的家庭社会态度表现越差。在下层（Pearson 相关系数 = -0.807**）、中上（Pearson 相关系数 = -0.156**）和上层（Pearson 相关系数 = -0.121**）群体中，两者均表现出明显的负相关关系。这一结果一方面说明下层群体一旦面临就业状况不稳定、工资收入水平较低的境况，将严重影响其社会心态；另一方面对于中上和上层群体而言，他们也难以忍受工资下降带来的心理落差，进而对社会心态产生十分负面的影响。

与此同时，家庭消费支出也呈现出一定的阶层分化特征。下层群体的家庭年消费总支出为 9.44 万元，上层为 19.83 万元，两类群体家庭消费支出差额约 10 万元。但是不同阶层家庭的饮食支出差异并不大，从最低的 2.9 万元到最高的 4.08 万元，差额仅为 1.18 万元。计算各阶层的恩格尔系数发现，如果按照恩格尔系数 40%—50% 即为达到小康的标准，广州居民的生活水平已经进入全面小康。更进一步说，广州居民的生活水平相对富裕，且中上层及其以上群体已经过上了较为富足的生活（见表 7.3）。

表 7.3　　　　不同阶层的个人及家庭收入支出情况　　　　（单位：万元）

	下层	中下层	中间层	中上层	上层
个人收入	5.76	6.90	9.59	9.76	15.90
家庭收入	12.19	16.43	19.73	21.67	31.46
家庭支出	9.44	12.74	14.22	13.61	19.83
家庭饮食支出	2.90	3.23	3.10	3.78	4.08
收支结余	2.75	3.69	5.51	8.06	11.63
恩格尔系数（%）	30.72	25.35	21.80	27.77	20.57

4. 广州平均住房拥有量约为一套,房产拥有量对社会心态产生显著的正向影响

住房是个人和家庭相对稳定的经济社会资源,与收入相比,它被认为可以更加准确地反映家庭的实际经济状况以及社会不平等程度。[①] 自住房改革政策实行以来,城市商品住房价格一路持续走高,住房成为家庭有形资产的重要组成部分。本次调查结果显示,受访对象平均拥有住房量为 1.11 套,在广州拥有的住房量为 1.02 套。在不同阶层之间,中间阶层和中上阶层的自有住房量和在广州拥有住房的数量分别为 1.22、1.09,1.30、1.24,均要高于中下层和下层群体的 1.04、0.99,0.96、0.85(见表 7.4)。

表 7.4　　　　　　　　不同阶层的住房拥有量　　　　　　　(单位:套)

	自有住房量	广州住房量
下层	0.96	0.85
中下层	1.04	0.99
中间层	1.22	1.09
中上层	1.30	1.24
上层	1.13	0.86
合计	1.11	1.02

更进一步,是否拥有住房与社会心态状况显著相关,特别是对于上层(Pearson 相关系数 = 0.124**)、中上(Pearson 相关系数 = 0.094**)和中层(Pearson 相关系数 = 0.130**)两个变量的相关性更为显著。从不同阶层的"住房满意度"看,下层表示"满意"的占比合计为 55.5%,中下层为 62.1%,中间层和中上层分别为 78% 和 92.4%。可见,中层及以上群体对自身住房的整体满意度是比较高的,而且明显高于中下层和下层群体(见表 7.5)。

---

① 邓锁:《城镇困难家庭的资产贫困与政策支持探析——基于 2013 年全国城镇困难家庭调查数据》,《社会科学》2016 年第 7 期。

表7.5　　　　　　　　不同阶层的住房满意度　　　　　　（单位：%）

	下层	中下层	中间层	中上层	上层
很不满意	5.3	0.6	0.6	0	0
不满意	28.9	23.5	12.5	4.1	0
说不清	10.3	13.8	8.9	3.4	14.3
较满意	46.1	52.1	62.5	68.3	0
很满意	9.4	10	15.5	24.1	85.7
总计	100	100	100	100	100

中下层和下层群体对住房满意度相对较低的意愿也可以从对住房的评价中得以体现。表示"住房条件较差"的下层和中下层群体分别占28.6%和12.4%，而这一比例在中间群体和中上群体中仅为5.3%和2.8%（见表7.6）。

表7.6　　　　　　　　不同阶层的住房条件评价　　　　　　（单位：%）

	下层	中下层	中间层	中上层	上层
很好	5.3	3.7	7.4	15.2	85.7
较好	18.8	24.4	34.8	60.7	14.3
一般	47.3	59.6	52.4	21.4	0
较差	21.3	11.9	5.1	2.8	0
很差	7.3	0.5	0.2	0	0
总计	100	100	100	100	100

（二）公共服务对社会心态的影响

1. 各项公共服务均较为明显地对社会心态产生积极影响

通过计算各领域公共服务对社会态度影响的相关系数发现（见图7.13），社会保障、住房保障、养老服务、就业创业对社会态度的影响最大，其Pearson相关系数分别为0.409、0.399、0.379、0.374；其次为医疗卫生（0.358）、文化服务（0.338）、政务服务（0.315）、社区环境（0.315）、公共安全（0.310）、义务教育（0.307），相关系数都在0.3以上；影响最弱的是健身休闲（0.282）和公共交通（0.254）。由此可见，公众对各项公共服务的变动均较为敏感，并直接影响社会心态状况。

2. 兜底型公共服务对中层以下群体的社会心态影响更为积极

虽然总体来看，各项公共服务均对不同阶层的社会态度产生正向影响，但值得注意的是，社会保障（Pearson 相关系数 = 0.765*）、公共安全（Pearson 相关系数 = 0.846*）、养老服务（Pearson 相关系数 = 0.744*）三项公共服务对下层群体的社会态度产生的影响更为明显。结合前述分析发现，公众对某项公共服务评价越高，该项公共服务对社会态度的影响就越低。比如公众对公共安全、义务教育。这一结果并不是说相关性越小的公共服务项目对社会心态影响越小，而是说在各项的横向比较中，这些公共服务是目前做得比较好的领域，我们要更加关注公众对公共服务评价低，但与社会心态相关性高的项目，这些项目往往是急需改善的公共服务短板。

3. 健康服务对中层以上群体的社会心态产生显著的正向影响

经济的增长、医疗水平的提升以及国家医疗保障制度的完善使人们的健康状况明显改善。人们健康发展既包括身体健康也包括精神健康，而且身体健康和精神健康之间是双向促进的。本次调查结果表明，身体健康水平将显著地影响精神健康程度，健康水平越高社会态度越积极。在考察社会态度指数与身体健康自评状况时，Pearson 相关系数为 0.188，两个变量显著相关，特别是中层（Pearson 相关系数 = 0.210**）、中上（Pearson 相关系数 = 0.144**）以及上层（Pearson 相关系数 = 0.171*）群体的身体健康状况与社会态度显著相关。

具体来看，不同阶层群体的身体健康状况也呈现一定的差异。中层和中上层群体表示身体"好"和"非常好"的比例可计为62.3%和72.7%，分别高于中下层和下层的比例57.9%和51.1%，相比于中层以下群体，中间及以上群体的自评身体健康状况要更好（见表7.7）。

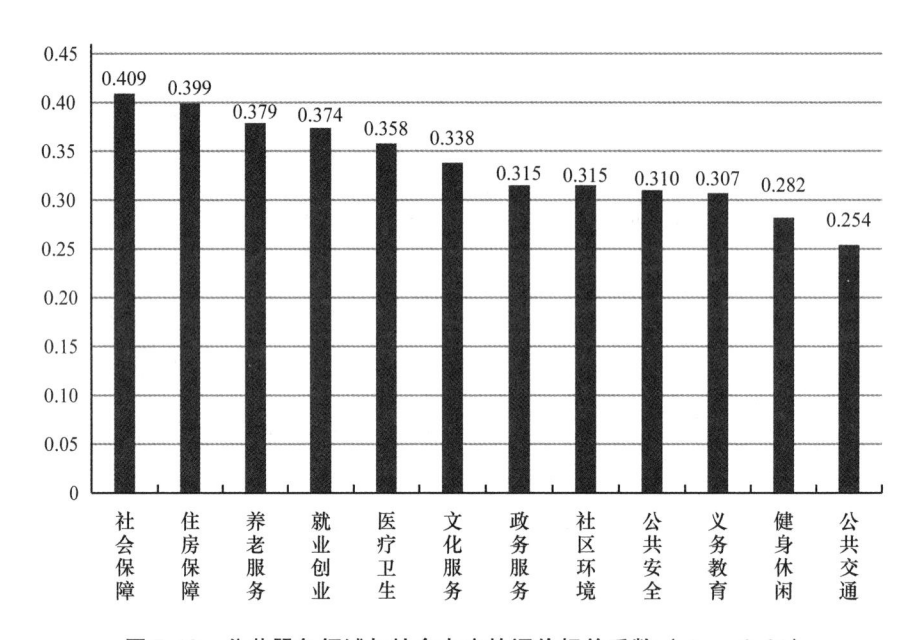

图7.13 公共服务领域与社会态度的评价相关系数（sig. = 0.01）

社会保障 0.409
住房保障 0.399
养老服务 0.379
就业创业 0.374
医疗卫生 0.358
文化服务 0.338
政务服务 0.315
社区环境 0.315
公共安全 0.310
义务教育 0.307
健身休闲 0.282
公共交通 0.254

表7.7　　　　　　　　不同阶层的自评健康状况　　　　　　（单位：%）

	下层	中下层	中间层	中上层	上层
差	0.6	0.3	0.1	0.1	0
非常差	6.1	3.3	2.5	4.5	0
一般	44.2	38.5	35.1	22.7	40.0
好	36.4	46.3	47.7	51.8	20.0
非常好	14.7	11.6	14.6	20.9	40.0
合计	100	100	100	100	100

（三）社会参与对社会心态的影响

社会参与是公民通过各种政府组织和非政府组织参与国家政治、经济、文化和社区等社会公共事务的行为。社会参与较以通过提升公民的集体归属感来提升幸福感,并对社会心态产生积极影响。调查中,有14.2%的被访者表示参加过社区议事会议,但是参加社区议事会议与社会态度之间存在负相关关系(Pearson相关系数=-0.069**),尤其在中层体现最为显著(Pearson相关系数=-0.072*)。通常来说,社区议事会是居民反映社区公共生活问题、表达利益诉求的渠道之一,因此其社会态度可能会受到负面的影响。另外,表示参加过公益活动(志愿服务)的被访者比例为10.8%。志愿活动参与和社会态度之间存在正向相关关系(Pearson相关系数=0.064**),这一点在中下层体现得最为明显(Pearson相关系数=0.189*)。

四 广州居民社会心态建设的策略

社会心态是社会文明进步的"指示器",是社会规范有序运行的重要保障。由于社会心态具有自发性、传染性和扩散性特征,且与经济发展、公共服务以及社会参与等诸多因素相关,因此,社会心态的改善不仅需要在个体层面做出努力,还需要在社会层面上营造良好的社会氛围。为培育小康社会下自尊自信、理性平和、积极向上的社会心态,本书提出以下建议。

(一)特别关注底层群体和上层群体的社会心态,防止"底层认同"和"上层下滑"的趋势出现

由于社会心态具有传染性和扩散性,必须防止"底层认同"和"上层下滑"趋势的出现。一方面,底层群体在收入、职业和受教育程度等方面处于相对弱势,其在面对社会结构变动、利益结构调整时适应性差、调整能力弱,容易成为受损者,且其心态也更为脆弱和敏感,容易积累形成极端化、情绪化的行为模式。这一群体一旦形成"底层认同"的弱势心态,社会不平等的程度将被放大,社会对抗情绪的集聚将成为社会不安定

的因素之一。对此,要建立起基层社会"安全阀"机制,扩展"网格化"治理的心理疏导功能,做到既能及早识别不良情绪,同时又能提供利益表达及情绪宣泄的快速通道,尽量将心理疏导等小问题解决在基层。

另一方面要预见可能出现的上层群体心态下滑的趋势。一般说来,主观认同为中层以上的群体从事着较为体面的工作,有着较为稳定的收入,同时也接受过良好的教育,因此各项社会心态指标表现得更为优异和稳定。但在经济新常态下,经济结构的转型升级使原有的利益格局被打破,部分在技术、能力、结构等方面难以适应社会转型的上层群体同样面临着经济水平、生活质量下降的风险。对此,我们要为中层以上群体提供通过努力可以实现更高目标的制度性保障,减少因体制性因素造成的财富和资源分配不公现象,为中间及以上阶层向上流动创造开放的动态机制。

(二)着力弥补公共服务短板,消除由于相对剥夺感存在而导致的公平感、获得感缺失问题

底层群体公平感、获得感不高,其原因之一是来自一种与他人相比较而产生的相对剥夺感。为消除相对剥夺感,要重点通过民生保障项目减少底层群体的生活压力。目前,底层群体最关注的是就业、子女教育、医疗和住房问题。因此在就业方面,要以"稳就业"为重点,首先要在千方百计保护市场主体的情况下,促进劳动者就业观念转变,鼓励重点人群,包括高校毕业生、农民工、贫困群体以及失业人群适时、灵活地采取非标准就业。[①] 其次政府发挥就业服务功能,通过职业介绍机构、招聘会、用人单位、社区、政府公益岗位、灵活就业、自

---

① 国际劳工组织 2016 年 11 月发布《世界非标准性就业:理解挑战、塑造未来》报告将非标准就业分为四种类型:临时性就业;非全日制工作;临时介绍所工作和其他多方雇佣关系;隐蔽性雇佣关系和依赖性自雇就业。

主创业等多种招聘就业渠道，努力降低短期非自愿性失业的社会影响。再次要建立"培训—就业—再培训—再就业"终身学习的职业培训体系，针对中层以下群体劳动技能不高的短板进行能够适应新业态、高端技术制造业、现代服务业发展要求的培训，以减少中低收入阶层在中长期可能面临的结构性失业风险。

在民生保障方面，需要重点考虑灵活就业人员、生计维持脆弱者、边缘贫困人口等群体，政府要在医疗卫生、入学教育、保障性住房、养老服务、最低生活保障等方面持续投入，提升底层民众的增益感。也可以考虑转变公共服务供给思路，发挥家庭在公共服务供给中的基础性作用以及主动性。研究制定家庭支持政策体系，尤其是在育幼、养老、助残等方面给予以家庭为单位的补贴、税费减免、就业支持、技术支持等专项政策支持。考虑到下层群体居住环境还存在许多不尽如人意之处，需要稳步扩大老旧小区、老旧厂区、老旧街道和"城中村"的改造范围，除了水、电、气、路、网等基础设施配套外，还要将养老托育、停车、便民市场等基本公共服务设施改造升级，提升老城市宜居程度。

（三）以"德治"和"法治"为两翼，从政府、企业、个人三个层面构建社会诚信体系

我们也需要注意到，社会信任是社会心态中的最薄弱环节，培育社会信任要采取"德治"和"法治"两翼并进原则。一方面通过"德治"传承传统的中华文化基因，树立榜样典型，鼓励和弘扬以血缘、亲情、个人品德与声望为基础夯实"熟人社会"信任关系；另一方面以"法治"实现对"陌生人社会"的信任空间扩展，以法律权威规范人与人之间的交往行为。政府、企业以及个人作为最重要的社会活动主体，政府要起到表率作用，以规范、高效、廉洁、透明为目标，全面提高政府在信息

公开、依法履责、权力监督等方面的公信力,特别是在突发公共事件面前要及时回应民众关切。同时要完善社会信用体制,对容忍度低的失信行为(企业、个人)进行有效治理,严惩背信、失信行为,增加违约者的失信成本。

(四)持续扩大中等收入群体,发挥其在政治引领、社会参与和舆论引领等多方面的先进作用

中等收入群体可支配收入稳定,过着较高品质的生活,可以作为连接下层和上层群体的缓冲带,以解决由于贫富差距过大而导致的社会分化问题。由于中等收入群体具有独立的价值观、积极的生活方式和态度、开放的消费观念,因此要引导建立起中等收入群体的文化认同、职业认同、阶层认同,从而形成社会心态凝聚的合力。此外,要发挥中等收入群体示范引领功能,对企业高级管理者、自由职业者群体、各行业专业人才等新社会阶层要加强政治引领;以社会参与为抓手,鼓励中等收入群体积极承担社会责任,让他们成为参与社会救助、志愿服务、公益活动等社会公共生活的中坚力量;要利用中等收入群体的舆论引导效应,鼓励其利用网络平台理性表达富有建设性意义的建议,引领社会主流价值观,使中等收入群体真正发挥积极社会心态的正向引领作用。

第八章　广州居民的获得感分析

2015年2月，习近平总书记在中央全面深化改革领导小组会议上明确提出改革要让群众有更多的获得感。党的十九大报告进一步强调指出，要保证全体人民在共建共享发展中有更多的获得感。获得感不管是在学术研究还是在公共治理实践都引起了广泛重视。学者指出，获得感是民众在社会改革发展过程中对其需求满足过程和结果的主观认知、情感体验和行为经验的综合反应。获得感既与幸福感、生活满意度密切相关，又存在一定的区别。学者认为，获得感是人们在共享社会发展成果的过程中产生的，与个体的需求密切相关，具有社会情境性，而幸福感和生活满意度主要反映的是个体对自身生活状况满意程度的主观评价，即获得感形成与个体对宏观社会情境的感知和评价更为紧密。[①] 另外，获得感更具有社会群体性，是群体内社会心理的整体表达。从联系上来看，获得感是幸福感和生活满意度的重要来源，获得感在一定程度上可以提升个体的幸福感和生活满意度。由此，关注和研究获得感对于把握群体心态，提升社会治理水平具有十分重要的意义。本研究对广州市居民获得感的现状、群体差异和影响因素进行分析，主要回答如下问题：一是在全面建成小康社会的背景下，广州市居民的获得感呈现何种样貌？二是广州市居民在经济社会发展过程中的获

[①] 徐延辉、李志滨：《社会质量与城市居民的获得感研究》，《南开学报》（哲学社会科学版）2021年第4期。

得体验的群体差异？三是进一步分析影响广州市居民获得感的影响因素，以为提升广州居民获得感更有针对性地提出公共政策建议。

一 广州居民获得感的总貌

既有研究多使用居民对公共服务、社会参与以及生活体验的满意度来测量获得感。① 但实质上获得感与公共生活和私人生活的满意度既密切相关，但也存在一定的区别，获得感更强调人们在共享社会经济发展的成果过程中的体验，更直接地反映了人们透过微观日常对宏观上社会经济发展变迁的评价。2019年广州社会综合状况调查，专门设置了测量广州居民在社会经济发展中的获得感的题器，"您是否觉得广州的经济社会发展让您从中受益？"，供回答的选项包括"利益减少很多""利益有些减少""没有变化""略微受益""受益很多"等，获得感的强度由弱渐强。本书将回答选项按1分至5分进行赋分（1＝利益减少很多，2＝利益有些减少，3＝没有变化，4＝略微受益，5＝受益很多）。调查结果显示：在调查范围内，广州市居民有46.9%"略微受益"，33.6%"没有变化"，14.5%"受益很多"；但也有少数居民表示从广州的经济社会发展中没有体验到受益，1.3%的居民认为"利益减少很多"，3.8%的居民选择了"利益有些减少"；获得感均值为3.7分（满分为5分）。总体而言，广州居民的获得感处于中间略微偏上的水平，仅六成的居民认为自己从广州经济社会发展中受益，仍有接近一半的广州居民表示没有受益感，如图8.1所示。

---

① 谭旭运、董洪杰、张跃等：《获得感的概念内涵、结构及其对生活满意度的影响》，《社会学研究》2020年第5期；杨金龙、张士海：《中国人民获得感的综合社会调查数据的分析》，《马克思主义研究》2019年第3期。

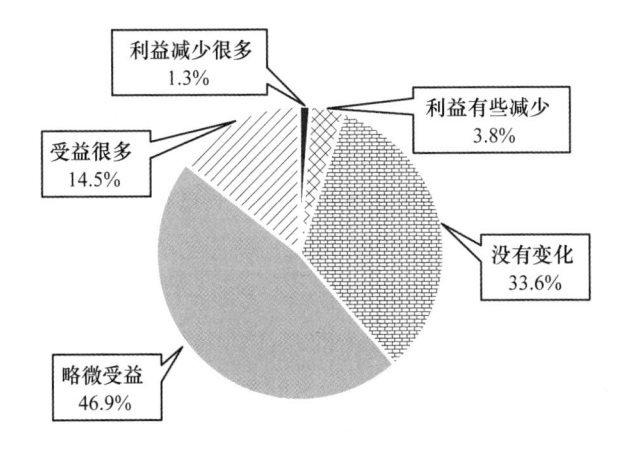

图 8.1 广州居民获得感总体分布情况

二 广州市居民获得感的分布特征

对青年群体的研究发现，性别、年龄、受教育程度、收入及户口类型不同的青年群体的获得感有明显差异。[①] 广州市居民在经济社会发展上的获得体验也有着显著的群体结构差异。

(一) 男性居民比女性居民的获得感更高

获得感既源于经济社会发展客观上助益个人发展的倾向性，也与个人心理上的主观评价紧密相关。两性在工作和生活中的关注倾向的差异和经济社会发展普惠性的群体差异，使获得感存在性别差异。广州市的调查结果显示，63.1%的男性居民表示从广州的经济社会发展中受益，其中15.7%的男性居民表示受益很多，获得感均值为3.73分；60.0%的女性居民从广州的经济社会发展获益，其中13.5%的女性居民表示受益很多，获得感均值为3.67。整体而言，广州男性居民的获得感略微高于

---

① 谭旭运、张若玉、董洪杰等：《青年人获得感现状及其影响因素》，《中国青年研究》2018年第10期。

女性，两性间的获得感有显著性差异（F=4.232，P=0.04）（见表8.1）。

表8.1　　　　　　　广州市男性与女性的获得感差异

	您是否觉得广州的经济社会发展让您从中受益？					
	利益减少很多	利益有些减少	没有变化	略微受益	受益很多	总计
女（人）	17	70	523	709	206	1525
占比（%）	1.1	4.6	34.3	46.5	13.5	100
男（人）	19	36	421	610	202	1288
占比（%）	1.5	2.8	32.7	47.4	15.7	100
合计（人）	36	106	944	1319	408	2813
占比（%）	1.3	3.8	33.6	46.9	14.5	100

（二）老年群体和中老年群体的获得感较高，青年群体获得感较低

广州市的调查显示，广州市居民的获得感在代际群体分布上呈现倒N型分布。具体而言，"50后"（61—70岁）和"70后"（41—50岁）获得感较高，均值分别为3.79和3.74，高于整体的3.70的水平。但"60后"（51—60岁）、"80后"（31—40岁）和"90后"（18—30岁）获得感较低，均值分别为3.65、3.66、3.66。且"80后"和"90后"有相对较高的比例表示在经济社会发展过程中利益受损，前者有7.2%，后者有5.3%，均高于总体水平的5.1%。这种代际上的获得感均值差异具有统计上的显著性（F=2.866，P=0.022）。

这种代际差异既有年龄的原因，也存在着时期的因素。一方面，从年龄效应来看，"80后"和"90后"正值人生的爬坡期，承担着个人和家庭的生存与发展的压力，生活机遇对于外部的社会经济发展变化更为敏感，心理上对安全和稳定的需求促使这一年龄群体对于经济社会发展带来的获得评价更容易产生消极体验。另一方面，从时期效应来看，不同时期的社会经济状况也造就个人的生活际遇，"50后"是伴随着共和国建立成长起来的一代,在改革开放前就积累下了一定的经济资本和社会资本,为改革后的个人发展奠定了基础,"70后"是随着改革开放后成长起来的一代人,正是初期改革开放红利释放的获益者。而"60后"其壮年时期与社会转型的阵痛期重合,不少人经历社会转型中产生了消极的人生体验。对于当代年轻人而言,随着社会经济形势日益复杂和多变,青年群体容易产生负面的体验(见表8.2)。

表8.2 广州市不同年龄居民间的获得感差异

	您是否觉得广州的经济社会发展让您从中受益?					
	利益减少很多	利益有些减少	没有变化	略微受益	受益很多	总计
50后(人)	3	11	137	204	78	433
占比(%)	0.7	2.5	31.6	47.1	18.0	100
60后(人)	3	19	203	236	67	528
占比(%)	0.6	3.6	38.4	44.7	12.7	100
70后(人)	5	20	173	281	81	560
占比(%)	0.9	3.6	30.9	50.2	14.5	100
80后(人)	16	34	218	330	97	695
占比(%)	2.3	4.9	31.4	47.5	14.0	100
90后(人)	9	22	209	258	84	582
占比(%)	1.5	3.8	35.9	44.3	14.4	100
合计(人)	36	106	940	1309	407	2798
占比(%)	1.3	3.8	33.6	46.9	14.5	100

(三)教育程度越高的群体获得感也越高

根据人力资本理论和市场转型理论,在自由竞争的市场环境中,因接受教育所积累的知识和技能更能充分转化为生产效率和经济效益,随着市场转型,社会也更重视知识、技能和人才,因而受教育程度较高的群体更可能把握经济社会发展带来的机遇,从而获取社会经济地位。广州市的调查数据表明,受教育程度越高的群体，从广州市的经济社会发展中受益的人数比例越大。初中及以下的群体获得感均值为3.60，高中或同等程度的群体表示受益的人数比例为3.67，专科的群体表示受益的人数比例为3.75，本科及以上的群体表示受益的人数比例为3.82。且本科及以上的群体有20.1%的比例认为受益很多，为四个群体中最高的，远大于总体水平的14.5%。不同受教育程度群体的获得感均值具有统计上的显著意义（F=10.386，P<0.000）（见表8.3）。

表8.3　广州市不同受教育程度居民间的获得感差异

	您是否觉得广州的经济社会发展让您从中受益？					
	利益减少很多	利益有些减少	没有变化	略微受益	受益很多	总计
初中及以下（人）	14	30	359	441	91	935
占比（%）	1.5	3.2	38.4	47.2	9.7	100
高中或同等程度（人）	9	28	276	312	114	739
占比（%）	1.2	3.8	37.4	42.2	15.4	100
专科（人）	8	18	134	241	69	470
占比（%）	1.7	3.8	28.5	51.3	14.7	100
本科或以上（人）	8	28	172	324	134	666
占比（%）	1.2	4.2	25.8	48.7	20.1	100
合计（人）	39	104	941	1318	408	2810
占比（%）	1.4	3.7	33.5	46.9	14.5	100

（四）具有党派身份的居民获得感高于无党派身份的居民

一方面，政治身份可以作为一种政治资本有助于促使个人将外部经济社会发展的政策红利转化为个人发展的有利条件。另一方面，中共和民主党派因身份的特殊性也更能真切体会到公共政策对经济社会发展的影响，也更容易将个人发展际遇与社会经济发展联系起来,体会到经济社会发展于个体的积极意义。广州市的调查显示[①],中共或民主党派表示从经济发展过程中受益的比例有68.1%,其中表示受益很多的有23.1%,获得感均值为3.85,高于整体均值;共青团员表示受益的比例有60%,其中表示受益很多的有14.6%,获得感均值为3.65;群众表示受益的比例有60.1%,其中表示受益很多的有12.9%,获得感均值为3.67。换言之,具有党派身份的居民获得感要高于无党派身份的居民。不同政治面貌群体的获得感均值具有统计上的显著性差异($F=9.624$,$P<0.000$)(见表8.4)。

表8.4　　　　广州市不同政治面貌居民间的获得感差异

	您是否觉得广州的经济社会发展让您从中受益?					
	利益减少很多	利益有些减少	没有变化	略微受益	受益很多	总计
中共或民主党派(人)	5	15	110	183	94	407
占比(%)	1.2	3.7	27.0	45.0	23.1	100
共青团员(人)	3	19	82	118	38	260
占比(%)	1.2	7.3	31.5	45.4	14.6	100
群众(人)	28	71	746	1001	274	2120
占比(%)	1.3	3.4	35.2	47.2	12.9	100
合计(人)	36	105	938	1302	406	2787
占比(%)	1.3	3.8	33.7	46.7	14.6	100

(五)在公共部门和三资企业就职的广州居民获得感较高,职业身份地位越高获得感也越高

调查将居民的工作状态分为了有工作、休假停工和没有工作三种状态,三个群体的获得感均值分别为3.71、3.62、3.68。但获得感均值在统计上没有明显的差异性($F=1.077$,$P=0.341$)(见表8.5)。

---

① 本次调查,民主党派党员仅有13个样本,因此将中共党员和民主党派党员合并为"具有党派背景居民"处理。

表8.5　　　　广州市不同工作状况居民的获得感差异

	您是否觉得广州的经济社会发展让您从中受益？					
	利益减少很多	利益有些减少	没有变化	略微受益	受益很多	总计
有工作（人）	21	67	511	780	243	1622
占比（%）	1.3	4.1	31.5	48.1	15.0	100
休假停工（人）	2	4	22	41	7	76
占比（%）	2.6	5.3	29.0	54.0	9.2	100
没有工作（人）	13	34	412	498	159	1116
占比（%）	1.2	3.1	36.9	44.6	14.3	100
合计（人）	36	105	945	1319	409	2814
占比（%）	1.3	3.8	33.6	46.9	14.5	100

从单位类型来看，在国家机关、军队就职的广州居民获得感最高，均值为3.90，其次是在国有事业单位就职的广州居民，获得感均值为3.86，再次为在三资企业就职的广州居民，获得感均值为3.84，然后为在社区自治到就职的广州居民，获得感均值为3.80。其中，个体工商户和没有单位的广州居民获得感最低，二者获得感均值均为3.55。总体而言，在公共部门就职的广州居民获得感较高，另外，广州市作为中国改革开放较早的城市和前沿区域，三资企业得以快速发展，在其就职的广州居民也有较高的获得感。不同单位类型的广州居民在获得感均值具有统计上的显著性差异（F=2.548，P=0.005）（见表8.6）。

表8.6　　　　广州市不同单位类型居民的获得感差异

	您是否觉得广州的经济社会发展让您从中受益？					
	利益减少很多	利益有些减少	没有变化	略微受益	受益很多	总计
国家机关、军队（人）	1	3	12	38	14	68
占比（%）	1.5	4.4	17.6	55.9	20.6	100
国有企业（人）	3	5	56	98	26	188

续表

	您是否觉得广州的经济社会发展让您从中受益？					
	利益减少很多	利益有些减少	没有变化	略微受益	受益很多	总计
占比（%）	1.6	2.7	29.8	52.1	13.8	100
国有事业单位（人）	3	7	44	80	42	176
占比（%）	1.7	4.0	25	45.5	23.9	100
集体企业（人）	1	0	11	13	6	31
占比（%）	3.2	0	35.5	41.9	19.4	100
私营企业（人）	8	22	193	325	83	631
占比（%）	1.3	3.5	30.6	51.5	13.2	100
三资企业（人）	0	2	10	24	7	43
占比（%）	0	4.7	23.3	55.8	16.3	100
个体工商户（人）	5	23	97	122	33	280
占比（%）	1.8	8.2	34.6	43.6	11.8	100
民办事业单位（人）	0	1	15	17	6	39
占比（%）	0	2.6	38.5	43.6	15.4	100
社区自治组织（人）	0	1	12	15	7	35
占比（%）	0	2.9	34.3	42.9	20.0	100
其他（人）	2	4	25	29	11	71
占比（%）	2.8	5.6	35.2	40.8	15.5	100
没有单位（人）	0	2	42	30	9	83
占比（%）	0	2.4	50.6	36.1	10.8	100
合计（人）	23	70	517	791	244	1645
占比（%）	1.4	4.3	31.4	48.1	14.8	100

不同工作类型的广州居民获得感由高到低依次为：负责人/高层的获得感均值为3.83，专业技术人员获得感均值为3.77，中层管理者获得感均值为3.73，制造业工人获得感均值为3.70，服务业一般员工获得感均值为3.67，工作类型为其他的

广州居民获得感均值为 3.64。不同工作类型的广州居民在获得感的均值上不具有统计上的显著性差异（F=2.048，P=0.069）（见表 8.7）。

表 8.7　　广州市不同工作类型居民的获得感差异

	您是否觉得广州的经济社会发展让您从中受益？					
	利益减少很多	利益有些减少	没有变化	略微受益	受益很多	总计
负责人/高层（人）	1	15	49	91	48	204
占比（%）	0.5	7.4	24.0	44.6	23.5	100
中层管理者（人）	9	11	71	108	52	251
占比（%）	3.6	4.4	28.3	43.0	20.7	100
服务业一般员工（人）	5	11	158	239	44	457
占比（%）	1.1	2.4	34.6	52.3	9.6	100
制造业工人（人）	1	3	40	73	11	128
占比（%）	0.8	2.3	31.3	57.0	8.6	100
专业技术人员（人）	1	4	70	105	33	213
占比（%）	0.5	1.9	32.9	49.3	15.5	100
其他（人）	6	27	141	188	61	423
占比（%）	1.4	6.4	33.3	44.4	14.4	100
合计（人）	23	71	529	804	249	1636
占比（%）	1.4	4.2	31.6	48.0	14.9	100

（六）收入越高的广州居民获得感越高

对于个人而言，经济收入的增长是经济社会发展让人受益的最直接体现，因而，经济收入越高的人，在经济社会发展过程中的获得体验也更为积极。根据广州市的调查，分析将广州市居民的家庭收入分为了五个等级。① 考虑家庭收入而非个人收入的原因在于，在中国，家庭仍是个人生活支持的重要来源，个人考虑自己的经济处境时也往往以家庭为着眼点。广州市调查数据显示，所在的收入等级越高的居民，获得感也越强。不同收入等级的广州居民获得感均值由高到低分别为：高收入组为3.90，中高收入组为3.82，中等收入组为3.71，中低收入组为3.62，低收入组为3.50。不同收入人群在获得感均值方面具有统计上的显著性差异（F = 10.116，P < 0.000）。具体来看，低收入人群中仅有48.7%的人从中受益，高收入人群中则有72.1%；低收入人群中有7.5%的人表示"受益很多"，高收入人群则有26.3%的人认为自己"受益很多"。此外，相比于其他收入等级，高收入人群表示从广州的经济社会发展利益受损的比例也是最高的，为5.9%。高收入群体作为既得利益的占有者，对经济社会发展于个人的影响更为敏感，表达外部经济社会发展对个人的影响时也容易产生消极评价（见表8.8）。

表8.8　广州市不同收入等级居民的获得感差异

	您是否觉得广州的经济社会发展让您从中受益？					
	利益减少很多	利益有些减少	没有变化	略微受益	受益很多	总计
低收入（人）	3	6	93	82	15	199
占比（%）	1.5	3.0	46.7	41.2	7.5	100
中低收入（人）	6	18	197	236	55	512
占比（%）	1.2	3.5	38.5	46.1	10.7	100
中等收入（人）	16	44	391	587	174	1212

---

① 本次调查利用"请您告诉我，去年（2018年）您全家的总收入"一题询问调查对象的家庭年总收入，结果显示，广州居民家庭年收入5%为30000元，10%为40000元，25%为72000元，50%为120000元，75%为200000元，90%为360000元，95%为500000元，因此把家庭年总收入0—30000元的家庭作为低收入组，30001—72000元作为中低收入组，72001—200000元作为中等收入组，200001—360000元作为中高收入组，360001元或以上作为高收入组。

续表

	您是否觉得广州的经济社会发展让您从中受益？					
	利益减少很多	利益有些减少	没有变化	略微受益	受益很多	总计
占比（%）	1.3	3.6	32.3	48.4	14.4	100
中高收入（人）	3	11	90	155	64	323
占比（%）	0.9	3.4	27.9	48.0	19.8	100
高收入（人）	5	9	53	110	63	240
占比（%）	2.1	3.8	22.1	45.8	26.3	100
合计（人）	33	88	824	1170	371	2486
占比（%）	1.3	3.5	33.1	47.1	14.9	100

（七）相较外地人，本地人的获得感更高

由于本地居民在当地有着更多的社会关系、信息渠道和社会参与，更能分享和体验到所在城市经济社会发展的成果。广州的调查结果显示[①]：本地人口中有63.8%从经济社会发展中受益，其中表示"受益很多"的比例为15.1%；省内外来人口有57.1%从经济社会发展中受益，其中表示"受益很多"的有11.3%；省外外来人口中有57.2%从经济社会发展中受益，其中表示"受益很多"的有15.4%，"受益很多"的比例是三类人中最高的。总体而言，相较于外地人，本地人有着更高的比例表示从广州的经济社会发展中受益，但也可以看到，广州的经济社会发展所产生的就业机会也给相当一部分为省外的人口带来发展机遇。从获得感均值来看，本地人的获得感均值为3.74，省内外来人口获得感均值为3.61，省外外来人口获得感均值为3.62，相较于外地人，本地人的获得感明显更高（F=7.515，P=0.001）（见表8.9）。

---

① 本次调查对居民的户口登记地进行了询问，分为"本街道、镇"，"广州其他街道、镇"，"广东省其他地区"，"外省"，把户口登记地为"本街道、镇""广州其他街道、镇"的居民作为"本地人"，"广东省其他地区""外省"作为外来人口。

表8.9　　　　　　　广州市本地和外来居民的获得感差异

	您是否觉得广州的经济社会发展让您从中受益?					
	利益减少很多	利益有些减少	没有变化	略微受益	受益很多	总计
本地人口（人）	15	57	589	887	275	1823
占比（%）	0.8	3.1	32.3	48.7	15.1	100
省内外来人口（人）	8	19	166	206	51	450
占比（%）	1.8	4.2	36.9	45.8	11.3	100
省外外来人口（人）	13	28	185	220	81	527
占比（%）	2.5	5.3	35.1	41.8	15.4	100
合计（人）	36	104	940	1313	407	407
占比（%）	1.3	3.7	33.6	46.9	14.5	100

（八）经济快速发展区域和传统老区居民更可能表示受益，但传统老区受益感不强

从获得感得分来看，南沙区、越秀区、花都区、黄埔区、天河区、番禺区获得感均值较高，高于3.70的整体水平，分别为3.79、3.77、3.75、3.74、3.72、3.72；荔湾区、增城区、海珠区、白云区、从化区获得感均值较低，低于3.70的整体水平，分别为3.69、3.68、3.66、3.62、3.51。获得感均值在区域上具有显著性差异（F=1.996，P=0.030），但老四区（荔湾区、越秀区、天河区、海珠区）居民的获得感均值为3.71，略高于非老四区（番禺区、黄埔区、花都区、南沙区、从化区、白云区）居民的均值（3.69），但两者之间没有通过显著性检验（F=0.445，P=0.505）。

然而，进一步来看，表示从经济社会发展中受益的人数比例多的区域为南沙区、荔湾区、越秀区、海珠区、天河区、黄埔区，这几个区表示受益的人数比例均超过了62%，其中南沙区最高，达到67.1%，其他区分别为65.1%、65.0%、62.7%、62.4%、62.4%，但番禺区、白云区、从化区、花都区以及增城区表示受益的居民比例较低，表示从经济社会发展中受益的人数比例分别为60.2%、57.1%、52.3%、58.4%、59.2%。可以认为,广州传统老四区(荔湾区、越秀区、天河区、海珠区)的居民更有受益感。这几个区域城市的基础设施更为完善,公共服务也更为健全,而且集中了优质的教育医疗资源,长期以来经济社会发展带来的成果共享的普惠性在这几个区域较为明显,因而居民有着更为积极的体验。但也值得注意的是,传统老四区虽然居民总体受益比例较高,但表示"受益很多"的比例较低,荔湾区和海珠区的比例分别仅为8.3%、8.2%,不到10%,越秀区和天河区"受益很多"的人数比例也只在15%左右。而南沙区和黄埔区受到广州发展规划政策的倾斜,在经济和社会建设领域,发展势头迅猛,2019年南沙区的GDP增速位居广州市所有区域首位,而黄埔区的GDP总量和增速都位居第二位。政策的利好和经济发展水平的快速提升,使当地居民明显受益,表示"受益很多"的比例也较高,南沙区为17.8%,黄埔区为18.8%。此外,番禺区和花都区得益于城镇化的推进,一部分居民从中受益较多,表示"受益很多"的比例较高,分别为18.6%和21.4%(见表8.10)。

表8.10　　广州市各区域居民的获得感差异

	您是否觉得广州的经济社会发展让您从中受益?					
	利益减少很多	利益有些减少	没有变化	略微受益	受益很多	总计
白云区(人)	8	14	125	149	47	343
占比(%)	2.3	4.1	36.4	43.4	13.7	100
从化区(人)	3	10	67	75	13	168
占比(%)	1.8	6.0	39.9	44.6	7.7	100
番禺区(人)	5	14	114	139	62	334
占比(%)	1.5	4.2	34.1	41.6	18.6	100
海珠区(人)	1	13	90	152	23	279
占比(%)	0.4	4.7	32.3	54.5	8.2	100
花都区(人)	2	5	65	64	37	173
占比(%)	1.2	2.9	37.6	37.0	21.4	100

续表

	您是否觉得广州的经济社会发展让您从中受益?					
	利益减少很多	利益有些减少	没有变化	略微受益	受益很多	总计
黄埔区（人）	4	12	90	123	53	282
占比（%）	1.4	4.3	31.9	43.6	18.8	100
荔湾区（人）	2	9	86	158	23	278
占比（%）	0.7	3.2	30.9	56.8	8.3	100
南沙区（人）	4	5	61	105	38	213
占比（%）	1.9	3.5	28.6	49.3	17.8	100
天河区（人）	4	10	94	134	45	287
占比（%）	1.4	3.5	32.8	46.7	15.7	100
越秀区（人）	2	8	90	141	45	286
占比（%）	0.7	2.8	31.5	49.3	15.7	100
增城区（人）	1	6	64	80	23	174
占比（%）	0.6	3.4	36.8	46.0	13.2	100
合计（人）	36	106	946	1320	409	2817
占比（%）	1.3	3.8	33.6	46.9	14.5	100

三 广州居民获得感的影响因素分析

在这部分，本书对影响广州市居民获得感的因素进行了探讨。因为回答的选项存在由弱渐强的逐级递进的关系，所以可以对回答选项进行赋值，"利益减少很多"＝1，"利益有些减少"＝2，"没有变化"＝3，"略微受益"＝4，"受益很多"＝5，分值越高表示获得感越强，然后使用 OLS 回归模型进行分析。

已有研究分析获得感时，有两种视角：一是主客观视角，聚焦在社会地位感知等因素，也有研究认为民众对社会公平的感知对获得感也有重要影响；二是宏微观视角，宏观层面侧重民众与政府的关系，微观层面侧重个体特征等因素。[1] 基于此，

---

[1] 谢珍萍：《中华文化情境下青年美好生活获得感的构成及影响因素研究》，《新疆社会科学》2021年第4期。

研究先选取了人口学变量，如性别、政治面貌、代际、受教育程度、户口登记地作为控制变量，然后从主客观视角，结合经济和社会维度分析影响获得感的因素。选择了家庭收入等级、相对收入、阶层流动感知、公共服务满意度、住房条件等指标作为经济维度的变量；还将社会信任、社会安全感、社会公平感以及社区归属感作为社会维度的变量。

（一）经济因素对获得感的影响

关于影响广州居民获得感经济因素的 OLS 回归，如表 8.11 所示。

表 8.11　关于影响广州居民获得感经济因素的 OLS 回归

	模型 1	模型 2	模型 3	模型 4	模型 5	模型 6
控制变量						
性别（参照组：女）						
男	0.041	0.028	0.029	0.029	0.012	0.024
政治身份（参照组：群众）						
中共党员或民主党员	0.078 +	0.076	0.072	0.065	0.099 +	0.103 +
共青团员	-0.047	-0.035	-0.072	-0.083	-0.119	-0.134 +
代际（参照组："90 后"）						
"50 后"	0.182 **	0.200 **	0.159 *	0.169 **	0.239 **	0.302 ***
"60 后"	0.054	0.050	0.042	0.043	0.045	0.058
"70 后"	0.091 +	0.092 +	0.071	0.080	0.085	0.123 +
"80 后"	-0.014	-0.042	-0.044	-0.038	0.024	0.069
学历（参照组：初中或以下）						
高中或同等程度	0.079 +	0.060	0.040	0.051	0.100 +	0.070
专科	0.186 ***	0.139 **	0.107 *	0.119 *	0.076	0.091
本科及以上	0.240 ***	0.157 ***	0.108 *	0.119 *	0.107 +	0.168 *
户口登记地（参照组：本地人口）						
省内外来人口	-0.068	-0.078 +	-0.076	-0.089 +	-0.171 +	-0.136
省外外来人口	-0.031	-0.048	-0.023	-0.028	0.077	0.114
经济因素						
家庭收入等级		0.087 ***	0.057 **	0.054 **	0.052 *	0.052 *
阶层地位自评			0.157 ***	0.147 ***	0.135 ***	0.101 ***

续表

	模型1	模型2	模型3	模型4	模型5	模型6
阶层流动感知（参照组：向下流动）						
保持不变				0.143**	0.177**	0.174**
向上流动				0.143*	0.201*	0.214*
住房条件评价					0.065**	0.037
公共服务满意度						0.099***
常量	3.525***	3.328***	3.085***	2.982***	2.749***	2.201***
调整后 R^2	0.019	0.030	0.056	0.061	0.074	0.105
F	5.596	6.885	11.407	10.640	8.615	9.828

注：+ $P<0.1$，* $P<0.05$，** $P<0.01$，*** $P<0.001$。

1. 绝对收入和相对收入都是影响获得感的重要因素，但相对收入的影响大于绝对收入

研究以受访者的家庭收入等级表示绝对收入。由于阶层地位自评往往基于社会比较，所以研究以阶层地位自评作为受访者相对收入的代理变量。根据表 8.11 的回归结果，绝对收入和相对收入对广州市居民的获得感有着显著的正向影响。从模型 2 可以看到，家庭收入每提升 1 个等级，获得感得分就增加了 0.087 分。模型 3 在模型 2 的基础上增加了阶层地位自评变量，家庭收入等级的系数减小，由原来的 0.087 变为 0.057，阶层地位自评系数显著，阶层地位自评每增加 1 个等级，获得感得分就增加 0.157 分。这说明绝对收入部分地通过相对收入影响广州居民的获得感。而且阶层地位自评的标准化系数大于家庭收入等级，前者为 0.072，后者为 0.172，这反映相对收入对广州居民获得感的影响大于绝对收入的影响。

表 8.12 可以更清晰地看到相对收入不同的广州市居民在获得体验上的分布差异。相对收入等级处于中和中上的人群表示略微受益的比例均超过了 50%，分别为 51.7% 和 50.6%，受益很多的比例也均超过了 20%，分别为 20.2% 和 23.5%。而相对收入等级处于中下和下的人群表示略微受益的比例分别仅为 46.1% 和 38.0%，认为受益很多的比例远小于高相对收入等级的居民，分

别为10.4%和7.9%。从社会比较的理论来看，实际获得的主观感受源于"比较"。经济社会的发展是个人生存和发展的外部条件，在横向比较中对自己地位做出较低评价的人，也容易做出外部归因，认为自己从经济社会发展中受益较少，甚至没有受益，而地位评价较高的人从经济社会的发展中受益更多。

表8.12　　　　广州市居民不同相对收入等级的获得感差异

相对收入等级	您是否觉得广州的经济社会发展让您从中受益？					
	利益减少很多	利益有些减少	没有变化	略微受益	受益很多	总计
下（人）	13	21	286	225	47	592
占比（%）	2.2	3.5	48.3	38.0	7.9	100
中下（人）	12	47	347	431	97	934
占比（%）	1.3	5.0	37.2	46.1	10.4	100
中（人）	9	26	262	546	214	1057
占比（%）	0.9	2.5	24.8	51.7	20.2	100
中上（人）	1	8	35	86	40	170
占比（%）	0.6	4.7	20.6	50.6	23.5	100
上（人）	0	0	5	3	2	10
占比（%）	0	0	50	30	20	100
合计（人）	35	102	935	1291	400	2763
占比（%）	1.3	3.7	33.8	46.7	14.5	100

2. 阶层流动感知对获得感产生重要影响

阶层流动感知是指居民对所处阶层位置变动的体验和感受，反映了个体对已获得的社会经济地位的认可度和满意度。研究将受访者对当前所处阶层位置的感知和过去阶层位置的评价进行比较，得到"向下流动""保持不变""向上流动"三种类型。已有研究发现，具有向上流动感知的居民获得感最高，其次为具有向下流动的居民，没有感受到阶层位置变动的居民获得感最低。[①] 本研究同样发现阶层流动感知不同的广州居民获得

---

① 谭旭运：《获得感：一种社会心理分析》，社会科学文献出版社2020年版，第129—143页。

感存在明显差异。从模型4可以看到,在控制变量的前提下,具有向上流动感和水平流动感的广州居民获得感得分比具有向下流动感的居民高0.143分,而具有向上流动感的居民和具有水平流动感的居民在获得感上没有明显差异。

3. 住房条件对获得感没有实质性影响,但公共服务体验是获得感的重要来源

模型5将广州市居民对住房条件的评价作为自变量,可以看到,住房条件评价的系数具有统计上的显著性,而且为正向效应。但是在模型6中加入公共服务满意度的变量后,住房条件失去了显著性效应,这说明住房条件没有真正影响到获得感,对获得感产生影响的是公共服务状况。

学者认为,公共服务是获得感的物质基础,是产生获得感主观评价的基石,通过分析发现,公共服务财政投入对民众的获得感有显著的提升作用。[①] 分析广州市的调查数据发现,公共服务满意度与居民从经济社会发展中的获得体验有着密切关联。根据模型6,在控制了学历背景、职业身份、收入状况等社会经济地位变量后,公共服务满意度每提高1分(满分为10分),广州市居民获得感就提高接近0.1分。而且,从标准化系数来看,在所有变量中,公共服务满意度对获得感的影响是最大的。优质均衡的公共服务提供是广州市居民具有积极获得体验的主要来源。

表8.13呈现了公共服务各维度满意度与获得感的相关关系。首先,在四项公共服务中,广州市居民满意度最高的是义务教育,其次是社会保障,然后为养老服务,最后为医疗卫生。从与获得感的相关性来看,社会保障与居民获得感的相关性最强,相关系数为0.192,医疗卫生与获得感的关联性较强,相关系数为0.158,接着是养老服务与获得感的关联强度,相关系数

---

① 廖福崇:《公共服务质量与公民获得感——基于CFPS面板数据的统计分析》,《重庆社会科学》2020年第2期。

为 0.140，义务教育与获得感的关联强度最弱，相关系数为 0.138。这提示，社会保障的改善，对于提高广州市居民获得感具有最大的效益。但从广州市居民对公共服务满意度的反馈来看，社会保障服务满意度均值仅为 6.73 分，还有不少可提升的空间。

表 8.13　　公共服务满意度与获得感的相关性

公共服务满意度	均值	与获得感的相关系数	P
义务教育	7.02	0.138	0
医疗卫生	6.49	0.158	0
社会保障	6.73	0.192	0
养老服务	6.60	0.140	0
满意度均值	6.75	0.186	0

（二）社会因素对获得感的影响

关于影响广州居民获得感社会因素的 OLS 回归，如表 8.14 所示。

表 8.14　　关于影响广州居民获得感社会因素的 OLS 回归

	模型 7	模型 8	模型 9	模型 10
控制变量				
性别（参照组：女）				
男	0.028	0.027	0.016	0.016
政治身份（参照组：群众）				
中共党员或民主党员	0.094 +	0.082	0.082	0.080
共青团员	-0.143 +	-0.123	-0.123	-0.131
代际（参照组："90 后"）				
"50 后"	0.281 **	0.285 **	0.278 **	0.275 **
"60 后"	0.037	0.049	0.050	0.029
"70 后"	0.114	0.122 +	0.125 +	0.109
"80 后"	0.057	0.082	0.088	0.072
学历（参照组：初中或以下）				
高中或同等程度	0.068	0.070	0.082	0.081
专科	0.086	0.081	0.095	0.100
本科及以上	0.173 *	0.176 *	0.188 **	0.191 **

续表

	模型7	模型8	模型9	模型10
户口登记地（参照组：本地人口）				
省内外来人口	-0.139⁺	-0.145*	-0.134⁺	-0.143⁺
省外外来人口	0.119	0.124	0.102	0.098
经济因素				
家庭收入等级	0.053*	0.048*	0.046*	0.046*
相对收入	0.100***	0.113***	0.113***	0.116***
阶层流动（参照组：向下流动）				
保持不变	0.177**	0.155*	0.148*	0.148*
向上流动	0.214*	0.184*	0.178*	0.176*
住房条件	0.031	0.030	0.026	0.018
公共服务满意度	0.089***	0.081***	0.076***	0.075***
社会因素				
社会信任度	0.031*	0.029*	0.025*	0.022⁺
社会公平感		0.033	0.019	0.020
安全感			0.130**	0.112*
社区归属感				0.088*
常量	2.113***	2.097***	1.805***	1.665***
调整后 R^2	0.110	0.106	0.112	0.118
F	9.743	8.814	8.870	8.964

注：⁺$P<0.1$，*$P<0.05$，**$P<0.01$，***$P<0.001$。

1. 社会信任影响着广州市居民的获得感，但社会公平感不是影响广州市居民的重要因素

学者认为社会信任度和社会公平感反映着社会凝聚力[1]，前者与个体对集体价值和规范的认可紧密关联，后者则关系着社会的整合性力量的形成。而这种社会凝聚会对人们在经济社会发展过程中的心理体验产生切实影响。研究发现，社会信任和社会公平对居民获得感有着促进作用。[2]

---

[1] 徐延辉、李志滨：《社会质量与城市居民的获得感研究》，《南开学报》（哲学社会科学版）2021年第4期。

[2] 徐延辉、李志滨：《社会质量与城市居民的获得感研究》，《南开学报》（哲学社会科学版）2021年第4期。

从表 8.14 的模型 7 可以看到，在控制了学历背景、职业身份、收入状况、公共服务满意度等社会经济地位变量和经济因素后，广州市居民的社会信任感仍显著地影响着获得感，社会信任每提高 1 分（满分为 10 分），广州市居民的获得感分值便提高 0.03 分。广州市居民的获得感随着社会信任度的增加而增强。然而，在模型 8 中，社会公平感对广州市居民的获得感没有显著性效应。

2. 安全感对广州居民的获得感有重要影响

表 8.14 的模型 8 表明，对于广州市居民而言，安全感与获得感密切关联。广州市居民的安全感每增加 1 分（满分为 4 分），获得感的分值就提高 0.13 分。安全感反映的是民众对社会治理秩序和公共安全的感知，经济社会也促进了社会治理水平的提升，公共安全保障程度的提高，居民的安全感也表现得较强。因此安全感越强，在社会治理和公共安全方面的获得感也更为积极。

进一步地，研究对广州市居民安全感各维度与获得感的相关性进行了分析。由表 8.15 可以看到，首先，广州市居民认为社会安全程度较高的几个方面由高到低依次是人身安全（3.19）、个人和家庭财产安全（3.16）、工作安全（3.07）、交通安全（3.03），对医疗（2.96）、生态环境（2.85）、食品（2.54）、个人信息与隐私（2.46）这几个领域的安全感较低。其次，相关性分析显示，对于广州市居民而言，安全感的各维度与获得感都有着显著的相关关系（除个人信息、隐私安全在 $P<0.05$ 的水平显著，其他均在 $P<0.001$ 上显著）。在安全感的各维度中，医疗安全感与获得感的相关性最高，相关系数为 0.150，其强度甚至高于总体安全感与获得感的关联度。这提示广州市有待通过加强医疗安全，进一步提升广州市居民的获得感。

表 8.15　　　　　　　安全感与获得感的相关性

安全感	均值	与获得感的相关系数	P
个人和家庭财产安全	3.16	0.141	0
人身安全	3.19	0.120	0
交通安全	3.03	0.135	0
医疗安全	2.96	0.150	0
食品安全	2.54	0.096	0.000
工作安全	3.07	0.122	0
个人信息、隐私安全	2.46	0.038	0.049
生态环境安全	2.85	0.112	0
总体上的社会安全状况	3.04	0.134	0

3. 社区归属感是广州居民的获得感的重要影响因素

社区归属感反映了居民在社区中的社会参与和融入,也体现了居民对社区建设水平的心理反馈。居民从社区建设可以直接地感受经济社会发展的成果共享,因此考察社区归属感与获得感的关系有着重要意义。数据分析结果显示,根据表 8.14 的模型 10,在广州,社区归属感的确对获得感有着显著的促进作用,社区归属感每提高 1 分(满分为 4 分),广州市居民的获得感分值就提高 0.11 分。

四　小结和对策建议

(一) 小结

总体来看,广州居民有 61.4% 的认为自己从广州经济社会发展中受益,仍有四成的广州居民表示没有感受到受益,获得感均值为 3.7 分(满分为 5 分),整体上处于中间略微偏上的水平。

广州市居民的获得感存在群体差异:不同性别、代际、学历、政治面貌、职业身份和单位类型、收入等级以及户口所在地的人之间获得体验差异明显；男性、"50后"和"70后"、高学历、具有党派身份、在公共部门内和三资企业工作、高职业地位以及本地人的获得感更高。

广州市居民的获得感还存在区域差异：总体而言，传统老四区——荔湾区、越秀区、海珠区和天河区，经济发展新引擎——南沙区和黄埔区，这个区域居民有着更可能从经济社会发展中受益，而且其他区域表示受益的比例人数较低。

在分析过程中，从经济和社会两个维度对可能影响获得感的因素使用OLS回归统计模型进行了分析，结果表明：（1）收入是影响获得感的重要因素，绝对收入和相对收入越高，获得感越强，但相对收入的影响力度大于绝对收入，其内在逻辑在于人们对经济地位的感知更多基于社会比较，而这种经济收入的感知成为获得感的基础。（2）对公共服务的体验也是获得感的重要来源，公共服务满意度越高，获得感也越强。其中，社会保障与获得感的关联强度最强，但广州市居民对社会保障的满意程度还有可提升的空间。（3）社会信任影响广州居民的获得感体验，广州居民对社会的信任度越强，获得感也越强。（4）社会治理水平和公共安全的保障能够提升居民的安全感，进而提高广州居民的获得感，其中医疗安全与获得感的关联度最强，但医疗安全感在安全感的各维度评价中较低。（5）社区归属感也是广州居民获得感的重要影响因素。人们日常生活一大部分是在生活的社区中度过，在社区中的感受是感知社会的最直接途径之一。社区建设是经济社会发展成果共享的缩影，社区建设会影响到人们的社区归属感，进而影响到人们的获得感。值得注意的是，与其他学者的研究不同，对广州调查数据的发现，没有看到公平感对获得感有显著性的影响。广州市调查数据显示，广州市居民有70.9%的人认为是比较公平和非常公平的，这说明大部分人对广州市的公平度评价较为积极，居民之间对公平感的感知差异不大。

(二) 提升广州居民获得感的重点和建议

1. 继续增加公共服务投入，提高公共服务质量

提高广州市居民的获得感，政府首先应该加大基本公共服务领域的投入，尤其与民生紧密相关的基本公共服务投入。坚持以人民为中心，坚持发展成果普及全体人民，推动公共服务均衡化、优质化水平的显著提高，促进公共服务的高质量供给。

在养老服务方面，建立健全居家社区机构相协调、医养康养相结合的高质量养老服务体系，继续提升长者饭堂、医养结合、"家政+养老"等服务提供的质量，切实提高广州市居民在"老有所养"上的获得感。在医疗卫生方面，加大对基层医疗卫生机构建设投入，建立健全以社区卫生服务为基础的新型卫生服务体系，努力在基层解决预防、保健、健康教育、常见病和慢性病的诊治及健康等一系列健康问题，提高广州市居民对医疗卫生服务的满意度，进一步提升广州市居民在经济社会发展中在医疗卫生服务中的获得感。在义务教育方面，教育质量和教育公平两手抓，促进教育教学资源分布的均衡化，保障入学机会的公平，持续提升学校教育教学的质量。在社会保障方面，结合互联网技术，打造"互联网+"社会保障服务平台，使社会保障服务更加便民利民，扎实推进社保制度改革，进一步健全多层次社保体系，使广州市居民能切实共享到经济社会发展的成果。

2. 持续完善社会信任体系，提高社会信任水平

信任是一种互动型的社会关系，能够形成一种社会资本，是建立和维护优良社会秩序的必要纽带。建立良好的社会信任体系，能够促进民众在经济社会的发展中有着更积极的体验。建立健全社会信任体系的途径：一是加强互联网治理，构筑规则性的法律底线，完善相关法律法规，减少互联网上的谣言传

播；二是完善政府与民众的互动沟通平台建设，促进政府与民众的互信，通过及时化、多元化的，公开与透明的官方报道推送，保障公众的知情权，及时回应公众的需求；三是激活社会力量，实现多元化的社会主体参与社会治理，具有专业性、权威性的专家学者、社会团体在专业领域内的参与和发声，能够提升公众的信任感。

3. 切实推进社会治理，维护公共安全，增强居民安全感

维护社会治安，保障公共安全，促进公众安全感的提高，也有助于提升居民的获得感。坚持以习近平新时代中国物色社会主义思想为指导，坚持以人民为中心，全方位多途径提升广州市居民的安全感，使广州市居民在社会安全中有足够的获得感。一是构建完善多元主体参与的社会治理体系，压实政府部门的主体责任，增强公众、企业等主体的社会责任感，合力推进群众关心的医疗安全、食品安全、生态环境安全以及个人信息与隐私安全等领域治理。二是创新社会治理方式，加强对互联网、大数据等技术的使用，以群众需求为导向，促进社会治理的数字化转型，实现社会治理的智能化和精准化，以数字化治理为抓手，为群众的生产生活保驾护航，持续提升居民安全感。三是提升基层治理水平，推进基层网格化治理模式建设，增强基层应急管理能力、平安建设能力、组织动员能力，发挥基层保障公众安全的新势能。

4. 日益提升社区建设水平，增强居民社区归属感

社区与人们的日常生活紧密关联，居民对所在社区的切身体验很大程度上也影响了人们对经济社会发展的感知和评价。通过推进社区建设，增强居民的社区归属感，有助于提升广州市居民的获得感。一是调动基层社区的积极性和主观能动性，挖掘社区特色，优化提升人居环境，推进老旧社区更新，打造"市级容貌示范社区"。二是加强党建引领，以社区居委会和社区党群服务站为抓手，提升居民自治水平，通过居民的自组织

和各类活动的举办，营造文明、安居、互爱、小康的社区氛围。三是提升社区规划建设水平，完善社区生活服务体系建设，总结推广示范小区经验，推进社区服务设施的标准化建设，满足居民在社区生活中对公共服务的多元需求，提高居民对社区建设的满意度。

第九章　广州居民幸福感及其影响因素

党和政府历来重视人民的幸福感问题，正如习近平总书记在第十二届全国人民代表大会第一次会议上指出的："实现全面建成小康社会，建成富强民主文明和谐的社会主义现代化国家的奋斗目标，实现中华民族伟大复兴的中国梦，就是要实现国家富强、民族振兴、人民幸福。"近十年以来，中国综合国力实现了较大增长，经济飞速发展，人们生活水平明显提升。但在经济腾飞、社会转型时期，中国的居民幸福感却未能与经济和生活水平同步提升。根据2018年联合国发布的《世界幸福报告》，中国居民幸福感排名为第86名，在全世界156个国家和地区中属于中等水平；2019年的《世界幸福报告》中，中国居民的整体幸福感水平进一步下滑，降到了第93位；2020年，中国排第94位，与2019年基本持平。这与中国取得的经济社会建设成就相差甚远，可见中国公众的幸福感水平仍未达到预期。因此，对广州居民的幸福感展开分析研究十分有必要，能为评估广州经济建设和社会政策成果能否有效提升社会幸福感提供实证依据。本章对广州居民幸福感的现状、分布特征和影响因素进行分析研究，力图解决以下问题：一是在全面建成小康社会的背景下，居民幸福感有何变化？二是广州居民幸福感是否存在群体和地区差异？三是反思广州的经济社会发展是否能提升居民的幸福感，居民幸福感受哪些因素影响，为此能提出哪些公共政策建议?

一 广州居民幸福感的总貌和趋势

(一) 总体情况

2019年广州社会综合状况调查,设置了题目"您是否同意'总体上,我是一个幸福的人'的说法"用于测量居民幸福感,受访居民的回答选项是"很同意、比较同意、不大同意、很不同意"。本书将回答选项按1—4分统一计分(1=很不同意,2=不大同意,3=比较同意,4=很同意),统计结果显示,共有83.5%的广州居民认为自己是幸福的,只有16.5%的人认为自己不幸福,幸福感均值[①]为3.02分(满分为4分)(见图9.1)。总体来看,广州居民的主观幸福感为中等偏上水平,无论从均值还是占比分布来看,大部分的广州居民是幸福的。

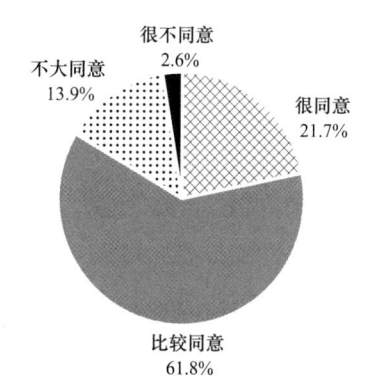

图9.1 广州居民幸福感总体分布情况

(二) 变化趋势

由于广州社会综合状况调查仅进行了两次,分别是2016年

[①] 幸福感均值=很同意占比*4+比较同意占比*3+不大同意占比*2+很不同意占比*1。

和 2019 年，无法形成时间序列数据，为观察广州居民近年来的幸福感变化趋势，本章结合其他来源数据进行分析。① 对于广州居民的幸福感变化趋势的统计分析显示，从 2013 年到 2019 年，广州居民的幸福感略呈上升趋势。2013 年和 2015 年，是广州居民幸福感的两个低谷，分别为 60.4 分和 63.2 分，得分率均没有超过七成。2014 年，广州居民幸福感达到峰值 75.0 分，在经历了 2015 年的低谷后，呈逐年上升的态势，2016 年为 71.0 分，2017 年为 72.0 分，2018 年为 74.0 分，2019 年为 75.5 分，达到了另一个高峰。从 2013 年到 2019 年，广州居民的幸福感均在 60 分以上，由于 60 分以上代表幸福（60 分占了 100 分的五分之三），这就说明了广州居民总体上是幸福的，如图 9.2 所示。

再比较两次广州社会状况综合调查结果②，回答"比较同意"的居民比例从 2016 年的 58.3% 上升到 2019 年的 61.8%，回答"很同意"的居民比例从 13.4% 上升到 21.7%。回答"不大同意"的居民比例从 26.3% 下降到 13.9%。回答"很不同意"的居民比例从 1.9% 上升到 2.6%。将回答"不大同意"和"很不同意"组合为"不幸福"，"比较同意"和"很同意"组合为"幸福"，组合后的数据显示，自感幸福的居民从 2016 年

---

① 2014 年、2015 年、2017 年、2018 年的数据来自《广州居民幸福感状况研究报告》，发表于《中国广州社会形势分析与预测》蓝皮书，通过个人发展、生活质量、政府服务、社会环境、社会公平、精神生活、生态环境 7 个维度 44 个指标，利用加权平均计算广州居民幸福感；2016 年、2019 年数据出自广州市社会科学院社会所开展的广州社会状况综合调查，利用题目"您是否同意'总体上，我是一个幸福的人'的说法"用于测量居民幸福感；由于各项调查采用的分值不一，为便于比较，观察变化趋势，本书统一转换为百分制。相关的研究表明，对于幸福感的测量，采用复合性的测量指标和单一的测量指标，结果差异并不大。

② 2016 年的广州社会状况综合调查采用 5 分量表（5——很同意，4——比较同意，3——一般，2——不大同意，1——很不同意），2019 年的调查采用 4 分量表（4——很同意，3——比较同意，2——不大同意，1——很不同意），为便于比较，随机地将 2016 年回答"一般"的居民划入"不大同意"和"比较同意"中，比例各为 50%，即认为回答"一般"的居民，态度模糊，但实际上有 50% 的居民会自感不幸福，50% 的会自感幸福。

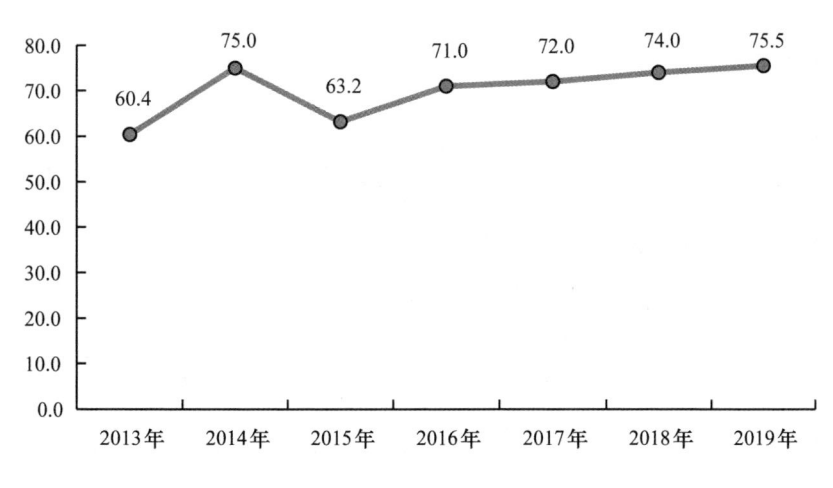

图9.2 广州居民幸福感趋势（2013—2019年）

的71.7%上升到2019年的83.5%，自感不幸福的居民从2016年的28.2%下降到2019年的16.5%，自感不幸福的人减少近一半，如图9.3所示。

（三）横向比较

国内有多个智库或媒体机构进行城市居民幸福感相关的调研，不同调查的结果有所差异。本书以"中国最具幸福感城市"[①]和"中国经济生活大调查"[②]作为横向比较的依据，原因是这两个调查都由权威的智库机构主办，累积了多年的幸福感调查经验，幸福感的评价指标体系构建较为成熟，调查结果具有一定的可信性。在新华社等机构主办的"中国最具幸福感城

---

① "中国最具幸福感城市"调查由新华社《瞭望东方周刊》、瞭望智库共同主办，是中国具影响力和公信力的城市调查推选活动，调查始于2012年，采用独立入户调查的方式，"城市幸福感"指居民对所在城市的认同感、归属感、安定感、满足感以及外界人群的向往度、赞誉度。

② "中国经济生活大调查"由中央电视台财经频道、国家统计局、中国邮政集团公司联合创办，是中国规模最大的媒体民生调查活动。每年发放10万张明信片问卷，覆盖全国31个省直辖市自治区、104个城市和300个县，每年调查10万户中国家庭，调查内容包括生活感受、经济状况、消费投资预期、民生困难和幸福感等方面。

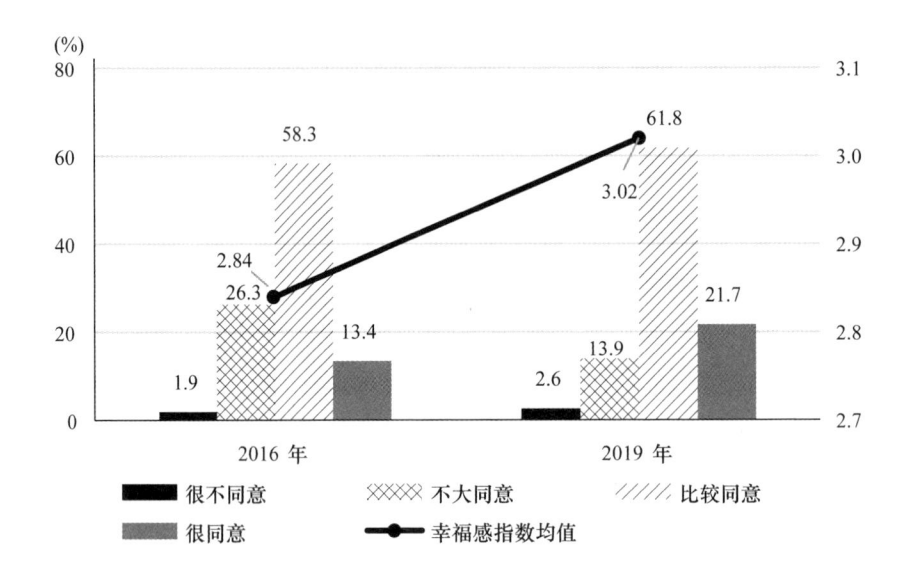

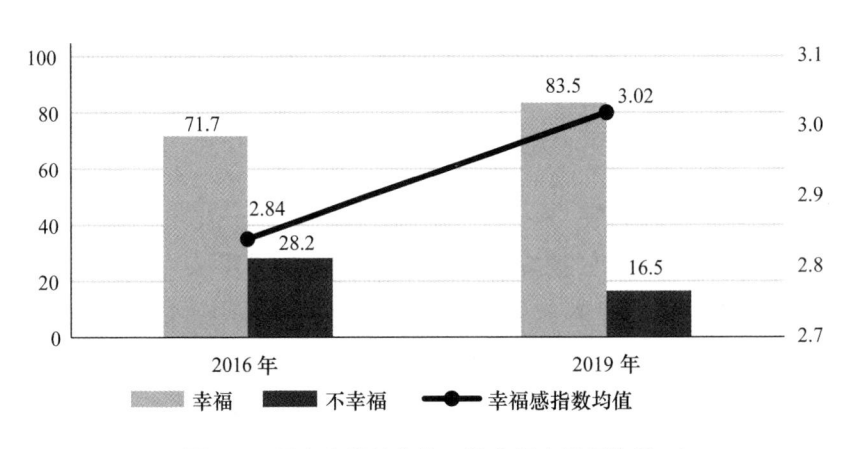

图9.3 两次广州社会状况综合调查结果比较

市调查"中,广州于2018年开始进入"中国十大最具幸福感的城市排行"并排名第6,此后逐年上升,2019年居第5名,2020年居第3名,天河区、黄埔区、南沙区还于2019年和2020年被推选为"中国最具幸福感城市(县级)"。此结果印证了本章前述广州居民幸福感变化趋势:广州居民近年来的幸福感呈上升趋势。一线城市中,深圳在2020年开始进入前十,北京和上海曾于2015年和2016年进入前十,此后跌出前十名。综观历年来的前十名变化,杭州和成都在多数年份内都牢牢占据了头两位。同时上榜次数较多的还有南京、天津、长沙、宁波、台州等城市（见表9.1）。

表9.1　　　　中国最具幸福感城市（2012—2020年）

排名	2012	2013	2014	2015	2016	2017	2018	2019	2020
1	杭州	杭州	成都	成都	成都	成都	成都	成都	杭州
2	成都	成都	杭州	宁波	杭州	杭州	宁波	杭州	成都
3	宁波	南京	南京	杭州	南京	宁波	杭州	宁波	广州
4	南京	西安	西安	南京	西安	南京	西安	西安	宁波
5	天津	天津	天津	西安	长春	西安	南京	广州	长沙
6	长春	长沙	长春	长春	长沙	长春	广州	长沙	南京
7	无锡	宁波	长沙	长沙	苏州	长沙	长沙	温州	温州
8	长沙	长春	岳阳	苏州	珠海	台州	台州	台州	福州
9	西安	厦门	珠海	上海	北京	铜州	铜州	通州	深圳
10	南通	海口	大连	北京	上海	徐州	珠海	徐州	苏州

资料来源：笔者根据历年"中国最具幸福感城市调查"结果整理。

在中央电视台和国家统计局合办的"中国经济生活大调查"中，广州的上榜次数较少，仅在2019年进入了前十名，居第4位。其他一线城市上榜次数也较少，上海、北京和深圳于2020年首次进入前十名，分别居第1位、第3位、第8位。上榜次数较多的城市有拉萨、南京、海口、长沙等（见表9.2）。

表9.2　　《中国经济生活大调查》居民幸福感城市排名（2012—2020年）

排名	2012	2013	2014	2015	2016	2017	2018	2019	2020
1	拉萨	合肥	海口	合肥	长沙	拉萨	武汉	南京	上海
2	太原	拉萨	长沙	太远	武汉	成都	西宁	长沙	长沙
3	合肥	哈尔滨	太原	海口	合肥	长春	南昌	合肥	北京
4		长春	南京	长沙	郑州	银川	呼和浩特	广州	青岛
5		天津	天津	石家庄	兰州	天津	长沙	昆明	昆明
6		宜春	合肥	泰安	呼和浩特	合肥	天津	呼和浩特	济南
7		赤峰	重庆	辽阳	乌鲁木齐	长沙	福州	重庆	海口
8			呼和浩特	连云港	石家庄	武汉	杭州	海口	深圳
9			杭州	衡水	南宁	海口	南京	郑州	厦门
10			西宁	黄山	南京		海口	银川	

资料来源：笔者根据历年"中国最具幸福感城市调查"结果整理。

尽管不同的调查，基于不同的理论基础和理念，构建评价体系不同，测量结果有所不同，但上述排名给出的启示是，在经济发展水平较高的城市，居民的幸福感不一定高。如果经济社会发展对居民的社会福利、消费、生活环境等方面没有实质性影响，说明居民无法分享经济社会发展的成果，那么居民的幸福感并不会随着经济的发展而提升。即使在经济发展水平相对较低的城市，如果就业和社会福利政策惠及了广大居民，激发群众的社会态度转变，一样可以令居民有较高的幸福感。这提示我们，除了经济因素外，还需注意社会因素，如社会政策、社会制度、社会治理绩效等，对居民幸福感的影响。

二 广州居民幸福感的群体及区域差异

（一）群体差异

过往的研究结果表明，不同群体对于幸福感的主观评价是有所差异的。广州的调查结果与国内其他调查的结果相比，既有其普遍性，也有其独特性。2019年社会综合调查结果显示，不同性别、代际、婚姻状况、收入、政治背景的居民有着不同的主观幸福感，但不同户籍、职业、学历居民的主观幸福感没有显著差异。

1. 女性居民的幸福感高于男性居民

幸福感的性别差异源于两性居民在生活和工作中的心理态度和行为倾向。广州的调查结果显示，81.3%的男性居民认为自己是幸福的，幸福感均值为2.98，85.2%的女性居民认为自己是幸福的，幸福感均值为3.07，两性间的幸福感有显著性差异[①]

[①] 由于本次调查用四级量表对受访者的幸福感进行测量，所得结果不符合正态分布。理论上，方差分析的前提是因变量符合正态分布，若不符合，应采用非参数检验，否则会增大第Ⅰ类错误的可能性，但SPSS软件的方差分析算法对于非正态分布的因变量也有一定的稳健性，因此本书对于组间差异的分析仍采用方差分析。

($F = 12.925$,$P < 0.001$)（见表9.3）。

2. 青年和老年居民的幸福感较高，中年居民的幸福感最低

年龄和幸福感的关系，一般研究认为青年和老年的幸福感更高，中年的幸福感最低，呈"U"型关系。广州的调查结果支持这一点。广州青老年群体的幸福感高于中年群体。"70后"（41—50岁）、"80后"（31—40岁）和"90后"（18—30岁）居民的主观幸福感低于居民总体均值，分别为2.99、2.99、3.01。"50后"（61—70岁）和"60后"（51—60岁）居民的主观幸福感较高（分别为3.11和3.04），而且"50后"居民的幸福感显著高于"70后"和"80后"居民（$F = 2.684$，$P = 0.030$）（见表9.4）。

表9.3　　　　广州男性与女性的主观幸福感差异

	总体上，我是一个幸福的人				
	很不同意	不大同意	比较同意	很同意	总计
女（人）	39	201	999	385	1624
占比（%）	2.4	12.4	61.5	23.7	100
男（人）	39	212	831	257	1339
占比（%）	2.9	15.8	62.1	19.2	100
合计（人）	78	413	1830	642	2963
占比（%）	2.6	13.9	61.8	21.7	100

表9.4　　　　不同年龄居民间幸福感情况

	总体上，我是一个幸福的人				
	很不同意	不大同意	比较同意	很同意	总计
50后（人）	12	54	284	130	480
占比（%）	2.5	11.3	59.2	27.1	100
60后（人）	15	79	316	131	541
占比（%）	2.8	14.6	58.4	24.2	100
70后（人）	17	77	386	107	587
占比（%）	2.9	13.1	65.8	18.2	100
80后（人）	18	124	445	154	741
占比（%）	2.4	16.7	60.1	20.8	100
90后（人）	16	79	399	120	614

续表

	总体上，我是一个幸福的人				
	很不同意	不大同意	比较同意	很同意	总计
占比（%）	2.6	12.9	65.0	19.5	100
合计（人）	78	413	1830	642	2963
占比（%）	2.6	13.9	61.8	21.7	100

3. 已婚居民的幸福感高于单身居民

由于家庭观念的影响，中国人历来把婚姻作为幸福生活的重要组成部分。在广州，已婚居民的幸福感达到了"比较幸福"（3.05）程度，84.4%的已婚居民认为自己是幸福的，其他婚姻状况[①]居民均处于"不大幸福"和"比较幸福"之间（未婚居民的幸福感均值为2.95，离婚居民的为2.81，丧偶居民的为2.97），低于总体居民的平均水平。总的来说，已婚居民的幸福感（3.05）显著高于单身[②]居民（2.93）（$F = 13.512$，$P < 0.001$）（见表9.5）。

表9.5　　不同婚姻状况居民的幸福感情况

	总体上，我是一个幸福的人				
	很不同意	不大同意	比较同意	很同意	总计
未婚（人）	17	76	318	83	494
占比（%）	3.4	15.4	64.4	16.8	100
已婚（人）	55	312	1456	533	2356
占比（%）	2.3	13.2	61.8	22.6	100
离婚（人）	4	16	32	12	64
占比（%）	6.3	25.0	50.0	18.8	100
丧偶（人）	2	8	17	11	38
占比（%）	5.3	21.1	44.7	28.9	100
合计（人）	78	412	1823	639	2952
占比（%）	2.6	14.0	61.8	21.6	100
已婚（人）	55	312	1456	533	2356

---

① 因本次调查中"同居"样本数量仅有4个，不具有统计意义，故舍去。
② 其他婚姻状况包括"未婚""离婚""丧偶"的居民。

续表

	总体上，我是一个幸福的人				
	很不同意	不大同意	比较同意	很同意	总计
占比（%）	2.3	13.2	61.8	22.6	100
单身（人）	23	100	367	106	596
占比（%）	15.0	61.4	59.1	64.5	300
合计（人）	78	412	1823	639	2952
占比（%）	2.6	14.0	61.8	21.6	100

4. 高收入居民的幸福感高于中等收入和低收入居民，但收入对幸福感提升的边际效应随着收入的提高而减弱

经济收入能满足居民的物质需求，进而产生积极情绪，令幸福感得以提升。如一个大学生，目前并没有收入，但由于家庭收入丰足，也能有不错的生活质量，可见家庭年收入比个人年收入更能反映居民生活水平，因此本书把家庭年收入作为不同收入水平群体的划分标准，① 结果发现不同收入层次居民的幸福感有显著性差异（$F=10.947$，$P<0.001$），差异主要源于低收入组（2.87）、中低收入组（2.89）的幸福感均值显著低于中等收入组（3.07）、中高收入组（3.09）、高收入组（3.14）。另外，收入对幸福感提升的边际效应随着收入的提高而减弱，中等收入组的幸福感均值高出低收入组0.20，而高收入组的幸福感均值仅高出中等收入组0.07。可见，经济因素是广州居民幸福感的重要影响因素，但收入对居民幸福感的提升作用呈现边际递减效应，家庭收入达到7.2万元前，收入对于居民幸福感的提升较为显著；家庭收入达到20万元后，收入对于居民幸福感的提升明显变弱（见表9.6）。

---

① 本次调查利用"请您告诉我，去年（2018年）您全家的总收入"一题询问调查对象的家庭年总收入，结果显示，广州居民家庭年收入5%为30000元，10%为40000元，25%为72000元，50%为120000元，75%为200000元，90%为360000元，95%为500000元，因此把家庭年总收入0—30000元的家庭作为低收入组，30001—72000元作为中低收入组，72001—200000元作为中等收入组，200001—360000元作为中高收入组，360001元或以上作为高收入组。

表9.6　　　　　　　　不同收入居民的幸福感情况

	总体上，我是一个幸福的人				
	很不同意	不大同意	比较同意	很同意	总计
低收入（人）	8	29	88	25	150
占比（%）	5.3	19.3	58.7	16.7	100
中低收入（人）	32	91	311	98	532
占比（%）	6.0	17.1	58.5	18.4	100
中等收入（人）	16	170	784	288	1258
占比（%）	1.3	13.5	62.3	22.9	100
中高收入（人）	5	39	215	79	338
占比（%）	1.5	11.5	63.6	23.4	100
高收入（人）	5	20	157	64	246
占比（%）	2.0	8.1	63.8	26.0	100
合计（人）	66	349	1555	554	2524
占比（%）	2.6	13.8	61.6	21.9	100

5. 具有党派背景的居民幸福感高于无党派的居民

在中国的社会背景下，政治觉悟、政治地位和组织归属感能令居民感受更多的积极情绪，从而有助于提升幸福感。在广州，具有党派背景的居民①（包括中共党员和民主党派党员）幸福感更高，均值为3.09，群众的幸福感均值为3.00，两者间有着显著差异（$F=4.645$，$P=0.010$）（见表9.7）。

表9.7　　　　　　　不同政治面貌居民的幸福感情况

	总体上，我是一个幸福的人				
	很不同意	不大同意	比较同意	很同意	总计
中共或民主党员（人）	8	51	257	107	423
占比（%）	1.9	12.1	60.8	25.3	100
共青团员（人）	5	27	182	61	275
占比（%）	1.8	9.8	66.2	22.2	100
群众（人）	64	332	1374	465	2235
占比（%）	2.9	14.9	61.5	20.8	100

① 本次调查，民主党派党员仅有13个样本，因此将中共党员和民主党派党员合并为"具有党派背景居民"处理。

续表

	总体上，我是一个幸福的人				
	很不同意	不大同意	比较同意	很同意	总计
合计（人）	77	410	1813	633	2933
占比（%）	2.6	14.0	61.8	21.6	100

6. 无须工作、职业稳定、身居高管职位的居民的幸福感相对较高

过往研究多认为，有工作和稳定的工作对提升幸福感是重要的，因为与工作密切相关的金钱收入、社会经济声望地位等是主观幸福感的重要影响因素。但广州的调查得到了不同的结果，不同就业状态居民的幸福感虽然有显著差异（$F=4.200$，$P=0.015$），但"没有工作"居民的幸福感最高（3.07），其次是"有工作"居民（3.00），"有工作但目前休假、学习或临时停工、歇业"居民最低（2.97）（见表9.8）。

表9.8　　　　　　　不同工作状况居民的幸福感情况

	总体上，我是一个幸福的人				
	很不同意	不大同意	比较同意	很同意	总计
有工作（人）	38	246	1079	315	1678
占比（%）	2.3	14.7	64.3	18.8	100
休假停工（人）	4	11	48	17	80
占比（%）	5.0	13.8	60.0	21.3	100
没有工作（人）	36	156	702	310	1204
占比（%）	3.0	13.0	58.3	25.7	100
合计（人）	78	413	1829	642	2962
占比（%）	2.6	13.9	61.7	21.7	100

本次调查对受访者没有工作的原因进行了询问，在剔除了数量较少（不足30个）的"丧失劳动能力""毕业后未工作""承包土地被征用"居民样本后，发现"没有工作"居民的幸福感较高的原因是，离退休居民、在家劳动者（含照顾老人、照顾小孩、照顾生病的配偶和家属）、正在上学的居民幸福感较

高，分别达3.11、3.11和3.17，这些都是无须工作的居民。而"因单位原因而失去原工作""自己身体健康原因"的居民的幸福感则较低，分别只有2.85和2.63。

在有工作的居民当中，职业较为稳定的居民有着较高的主观幸福感。从单位类型来看，在党政机关、人民团体、军队和集体企业工作的居民幸福感最高（均为3.06），国有企业的位列第三（3.05），这些单位都是人们一般概念中的"体制内"单位。在私营企业工作的居民和个体工商户的幸福感较低（分别为2.98、2.89）。不同单位类型居民间的幸福感差异没有通过显著性检验（见表9.9）。

表9.9　　　　　　　　　不同单位类型居民的幸福感情况

	总体上，我是一个幸福的人				
	很不同意	不大同意	比较同意	很同意	总计
国家机关、军队（人）	0	7	49	11	67
占比（%）	0.0	10.4	73.1	16.4	100
国有企业（人）	4	22	133	39	198
占比（%）	2.0	11.1	67.2	19.7	100
国有事业单位（人）	2	24	114	37	177
占比（%）	1.1	13.6	64.4	20.9	100
集体企业（人）	0	4	21	6	31
占比（%）	0	12.9	67.7	19.4	100
私营企业（人）	15	93	440	112	660
占比（%）	2.3	14.1	66.7	17.0	100
"三资"企业（人）	0	14	50	18	82
占比（%）	0	17.1	61.0	22.0	100
个体工商户（人）	15	56	170	53	294
占比（%）	5.1	19.0	57.8	18.0	100
民办事业单位（人）	1	5	30	8	44
占比（%）	2.3	11.4	68.2	18.2	100
社区自治组织（人）	0	7	22	8	37
占比（%）	0.0	18.9	59.5	21.6	100
其他（人）	0	5	15	4	24
占比（%）	0.0	20.8	62.5	16.7	100
合计（人）	37	237	1044	296	1614
占比（%）	2.3	14.7	64.7	18.3	100

从职业类型来看,高层管理者/单位负责人的幸福感最高(3.09);专业技术人员的幸福感次之(3.02)。其余职业类型组居民的幸福感均低于居民总体均值,尤其是服务业一般员工和制造业工人(2.96和2.90),主观评价仅位于"不大幸福"和"比较幸福"之间。不同职业类型居民间的幸福感差异没有通过显著性检验(见表9.10)。

表9.10　　　　不同工作类型居民的幸福感情况

	总体上,我是一个幸福的人				
	很不同意	不大同意	比较同意	很同意	总计
负责人/高层(人)	2	30	128	53	213
占比(%)	0.9	14.1	60.1	24.9	100
中层管理者(人)	7	34	173	51	265
占比(%)	2.6	12.8	65.3	19.2	100
服务业一般员工(人)	11	70	318	72	471
占比(%)	2.3	14.9	67.5	15.3	100
制造业工人(人)	5	24	80	21	130
占比(%)	3.8	18.5	61.5	16.2	100
专业技术人员(人)	4	29	146	41	220
占比(%)	1.8	13.2	66.4	18.6	100
其他(人)	12	67	270	87	436
占比(%)	2.8	15.4	61.9	20.0	100
合计(人)	41	254	1115	325	1735
占比(%)	2.4	14.6	64.3	18.7	100

7. 本地居民幸福感略高于外来人口

以户口登记地[①]作为划分标准,本地人口的幸福感均值为

---

① 本次调查对居民的户口登记地进行了询问,分为"本街道、镇"、"广州其他街道、镇","广东省其他地区","外省",把户口登记地为"本街道、镇"、"广州其他街道、镇"的居民作为"本地人","广东省其他地区"、"外省"作为外来人口。

3.03，外来人口的幸福感均值为3.02，本地人口幸福感略高于外来人口，但差异并不显著（F=1.061，P=0.346）。进一步把外来人口再划分为"广东省内外来人口""广东省外外来人口"，发现省内外来人口的幸福感均值为2.99，省外外来人口的为3.04，省外外来人口的幸福感甚至略高于本地人口，省内外来人口的幸福感则低于居民总体均值。这或与来穗期待有关，省外外来人口到广州务工后，收入增长较快，短期内物质的暂时满足和生活境遇的改善令幸福感提高明显，而广东省内外来人口在户籍地的生活水平与广州的生活水平差异不大，到穗务工或是为了寻求个人更大发展空间，抑或为进一步提高经济收入，因此幸福感提升不明显（见表9.11）。

表9.11　　　　　　　　本地和外来人口的幸福感情况

	总体上，我是一个幸福的人				
	很不同意	不大同意	比较同意	很同意	总计
本地人口（人）	48	262	1164	411	1885
占比（%）	2.5	13.9	61.8	21.8	100
省内外来人口（人）	13	63	334	82	492
占比（%）	2.6	12.8	67.9	16.7	100
省外外来人口（人）	17	85	322	144	568
占比（%）	3.0	15.0	56.7	25.4	100
合计（人）	78	410	1820	637	2945
占比（%）	2.6	13.9	61.8	21.6	100

8. 本科及以上学历居民幸福感略高于其他学历居民

依据人力资本理论，在自由竞争的市场环境里，较高的知识技能代表着更高的生产效率和经济效益，从而有助于个人获得更高的经济收入，进而提升个体幸福感。地位获得理论也表明，教育水平有助于个体获得更高的社会地位，从而提升幸福感。然而广州的调查却反映，学历为大学本科及以上居民的幸福感均值为 3.05，虽然略高于其他学历组别的居民（3.02），但组间差异并不显著（P=0.835）（见表 9.12）。

表 9.12　　　　　　　　　　不同学历居民的幸福感情况

	总体上，我是一个幸福的人				
	很不同意	不大同意	比较同意	很同意	总计
初中及以下（人）	32	154	568	239	993
占比（%）	3.2	15.5	57.2	24.1	100
高中或同等程度（人）	28	114	470	182	794
占比（%）	3.5	14.4	59.2	22.9	100
专科（人）	7	72	312	95	486
占比（%）	1.4	14.8	64.2	19.5	100
本科或以上（人）	11	72	475	125	683
占比（%）	1.6	10.5	69.5	18.3	100
合计（人）	78	412	1825	641	2956
占比（%）	2.6	13.9	61.7	21.7	100

（二）区域差异

1. 老四区居民的幸福感较低

从行政区划来看，番禺区、黄埔区、花都区居民的幸福感最高（分别为 3.18、3.08、3.06），老四区（荔湾区、海珠区、天河区、越秀区）居民的幸福感显著低于其他行政区划（F=3.688，P<0.001），荔湾区、海珠区、天河区、越秀区等"老四区"的居民幸福感分别为 2.90、2.95、2.97、2.98，位于"不大幸福"和"比较幸福"之间，分列各区的最后四位（见表 9.13）。

表 9.13　　　　　　　　　　各区居民的主观幸福感

	个案数	平均值	标准差	最小值	最大值	中位数
番禺区	353	3.18	0.642	1	4	3.00
黄埔区	299	3.08	0.621	1	4	3.00
花都区	180	3.06	0.702	1	4	3.00
增城区	178	3.06	0.608	1	4	3.00
从化区	179	3.04	0.634	1	4	3.00

续表

	个案数	平均值	标准差	最小值	最大值	中位数
南沙区	238	3.03	0.749	1	4	3.00
白云区	360	3.02	0.759	1	4	3.00
越秀区	291	2.98	0.664	1	4	3.00
天河区	297	2.97	0.675	1	4	3.00
海珠区	294	2.95	0.695	1	4	3.00
荔湾区	294	2.90	0.638	1	4	3.00
合计	2963	3.02	0.679	1	4	3.00

2. 单元型社区居民的幸福感高于其他社区类型的居民

不同形态社区的居民有着显著差异的主观幸福感。单元型社区居民的主观幸福感（3.11）高于居民总体均值，地缘型、单位型、综合型、转制型、混合型等社区居民的主观幸福感均在居民总体均值之下（见表9.14），这种差异通过了显著性检验（F=6.225，P<0.001）。

表9.14　　　　　　　　不同社区类型的居民幸福感

社区类型	个案数	平均值	标准差	最小值	最大值	中位数
地缘型	357	2.94	0.752	1	4	3.00
单元型	1111	3.11	0.607	1	4	3.00
单位型	342	3.00	0.670	1	4	3.00
综合型	179	2.99	0.636	1	4	3.00
转制型	478	2.95	0.771	1	4	3.00
混合型社区	496	3.00	0.685	1	4	3.00
合计	2963	3.02	0.679	1	4	3.00

三　广州居民幸福感的影响因素

已有的研究表明，幸福感的影响因素众多，个人、家庭、社会、性格等因素均会影响个人主观幸福感。本书将居民幸福感作为因变量，将经济和社会维度的若干指标作为自变量，将个体变量作为控制变量，利用OLS回归模型对幸福感的影响因素进行探讨。

对于个体变量的选择，根据前述的群体结构分析，把组间差异显著的性别、代际、婚姻状态、党派背景等变量作为控制变量。另外，虽然学历变量没有通过组间显著性检验，但因为较多的研究均表明学历对幸福感的影响不可忽视，因此把学历也作为控制变量之一。

由于研究目的之一是反思广州的经济社会发展是否促进居民幸福感的提升，因此本书在参考幸福感影响因素研究相关文献的基础上，参照社会质量理论，选择了家庭收入对数、相对收入、公共服务满意度、住房满意度等指标作为经济维度的变量；选择了社会凝聚（包括普遍信任、人际信任、机构信任等指标）、社会包容（包括社会公平感、安全感、获得感等指标）、社区治理满意度（即社区归属感指标）作为社会维度的变量。

（一）回归分析结果

回归结果如表9.15所示。

表9.15　　广州居民幸福感的社会因素回归分析

控制变量	模型1	模型2	模型3	模型4	模型5
性别（参照组：女）					
男	-0.089***	-0.080**	-0.067*	-0.105**	-0.101**
婚姻（参照组：单身）					
已婚	0.151***	0.105*	0.092+	0.078	0.064
政治身份（参照组：群众）					
中共党员或民主党员	0.081*	0.053	0.044	0.039	0.036
共青团员	0.116*	0.050	0.000	0.062	0.044
代际（参照组："90后"）					
"50后"	0.039	0.069	0.050	0.062	0.041
"60后"	-0.017	0.004	-0.032	-0.012	-0.036
"70后"	-0.077+	-0.048	-0.064	-0.031	-0.049
"80后"	-0.088*	-0.006	-0.008	0.004	-0.013
学历（参照组：初中或以下）					
高中或同等程度	-0.007	-0.087	-0.057	-0.033	-0.043

续表

控制变量	模型1	模型2	模型3	模型4	模型5
专科	0.003	-0.076	-0.061	-0.057	-0.058
本科或以上	0.045	-0.068	-0.036	-0.026	-0.033
经济因素					
家庭收入对数		0.041*	0.043*	0.045*	0.046*
相对收入		0.105***	0.101***	0.076***	0.076***
公共服务满意度		0.085***	0.071***	0.036**	0.034**
住房满意度		0.241***	0.202***	0.160***	0.125***
社会因素					
普遍信任			0.031**	0.024**	0.020*
人际信任			0.078***	0.061***	0.040+
机构信任			0.126*	0.058	0.037
社会公平感				0.113***	0.107**
安全感				0.254***	0.086***
获得感				0.095***	0.244***
社区归属感					0.130***
常量	2.946***	1.026***	0.728**	-0.170	-0.247
R^2	0.018	0.162	0.180	0.234	0.247
F	4.744***	25.201***	19.936***	22.279***	22.625***

注：$^+ P<0.1$，$^* P<0.05$，$^{**} P<0.01$，$^{***} P<0.001$。

（二）经济因素对幸福感的影响

1. "安居"是广州居民判断幸福程度的重要标准，中层以下群体居住状况较差

住房是居民的经济社会地位的体现，也是居民生活质量的重要保障。我国商品房改革和房屋价格市场化不断深入，公有住房实物分配制度取消，住房价格不断攀升，房屋分配形式的改变对居民幸福感造成了影响。近年来人们用"房奴"形容城市中正在供房的打工族，形象表达了房屋给城市人所带来的生活压力。回归分析的结果，住房满意度是影响居民幸福感的最重要经济因素。在仅包含经济因素的回归模型2中，住房满意度的系数为0.201（P<0.001），系数绝对值大于其他经济因素指标，在包含所有因素的回归模型5中，住房满意度系数为0.125，系数绝对

值排在所有显著因素的第二位,反映了"居者有其屋"和"安居"等传统价值观对广州居民而言仍是十分重要的。

住房满意度与住房条件、房屋拥有量、居住面积、社区环境、房屋现值等住房状况有关,广州居民住房状况有着明显的群体差异。以不同阶层的群体为例,从住房条件自评看,下层群体的住房条件自评均值为 2.94 分(满分为 5 分),上层群体的为 4.86 分,组间差异通过了显著检验($F = 60.300$,$P < 0.001$);从房屋拥有量看,下层群体的人均房屋拥有量为 0.96 套,上层群体的为 1.13 套,组间差异通过了显著性检验($F = 16.905$,$P < 0.001$);从居住面积看,下层群体的居住面积为 99.21 平方米,上层群体的居住面积为 103.14 平方米,组间差异通过了显著性检验($F = 4.171$,$P = 0.002$);从房屋现值看,下层群体的房屋估计为 145.80 万元,上层群体的为 496.55 万元,组间差异极为显著($F = 21.485$,$P < 0.001$);从住房满意度看,下层群体的住房满意度为 3.26 分(满分为 5 分),处于"一般"到"满意"之间,上层群体的为 3.70 分,处于"满意"到"很满意"之间,组间差异极为显著($F = 28.671$,$P < 0.001$)。综上所述,广州不同群体间的住房状况有着明显差异,导致不同群体间的住房满意度有显著差异,这会令居民幸福感呈现群体差异(见表9.16)。

表9.16 不同阶层群体的住房状况

阶层自评	住房条件自评	住房拥有量(套)	居住面积(平方米)	房屋现值(万元)	社区环境满意度	住房满意度
下	2.94	0.96	99.21	145.80	6.59	3.26
中下	3.19	1.04	99.80	173.93	6.81	3.47
中	3.44	1.22	104.61	242.25	7.09	3.80
中上	3.88	1.30	122.17	282.77	7.43	4.12
上	4.86	1.13	103.14	496.25	7.89	4.71
F	60.300	16.905	4.171	21.485	13.448	37.384
P	0	0	0.002	0	0	0

2. 广州公共服务的区域均衡化程度较高，各区居民的满意度都达到了"基本满意"的水平，对居民幸福感有积极作用

义务教育、公共医疗、社会保障、养老服务等公共服务与居民的生活最为密切相关，因此本书选取了上述四项公共服务满意度的均值作为居民的总体公共服务满意度。回归分析结果表明，高质量的公共服务会对居民幸福感有显著的正向作用。

基于广州的发展历程，人们一般认为老四区的公共服务供给会好于非老四区，存在着区域差异，但此次调查结果并非如此。调查结果显示，各区的公共服务满意度差异不大，各区居民的公共服务满意度均值都高于6分，达到了"基本满意"的程度。排名前三的区划分别是南沙区（7.2分）、番禺区（6.9分）、增城区（6.9分），而天河区（6.7分）、荔湾区（6.6分）、海珠区（6.6分）则排名最后三位。多重比较分析结果表明，各区之间的公共服务满意度没有明显差异，表明广州公共服务的区域均衡化程度较高，对各区居民的幸福感都有积极作用，如图9.4所示。

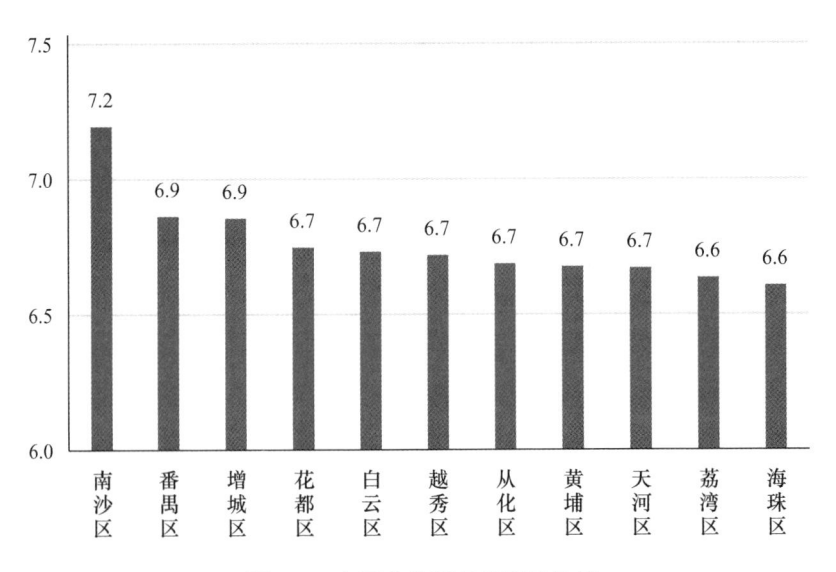

图9.4　各区公共服务满意度均值

区	均值
南沙区	7.2
番禺区	6.9
增城区	6.9
花都区	6.7
白云区	6.7
越秀区	6.7
从化区	6.7
黄埔区	6.7
天河区	6.7
荔湾区	6.6
海珠区	6.6

3. 广州的公共服务质量存在群体差异，中层以下群体的公共服务满意度低于中层以上群体

广州的公共服务依然存在着群体差异问题，是导致居民幸福感群体差异的原因之一。以不同阶层群体为例，经济社会地位自评为"下"的居民，义务教育、公共医疗、社会保障、养老等公共服务的满意度分别为 6.80、6.28、6.40、6.29；经济社会地位自评为"中下"的居民，各项公共服务的满意度分别为 6.91、6.32、6.66、6.49；经济社会地位自评为"中上"的居民，各项公共服务的满意度分别为 7.47、7.08、7.23、6.99；经济社会地位自评为"上"的居民，各项公共服务的满意度分别为 7.03、6.90、7.88、7.75。各项公共服务满意度的组间差异均通过了显著性检验（P＜0.05），表明"上"或"中上"阶层居民的公共服务满意度显著高于"下"或"中下"阶层居民的满意度，如图 9.5 所示。

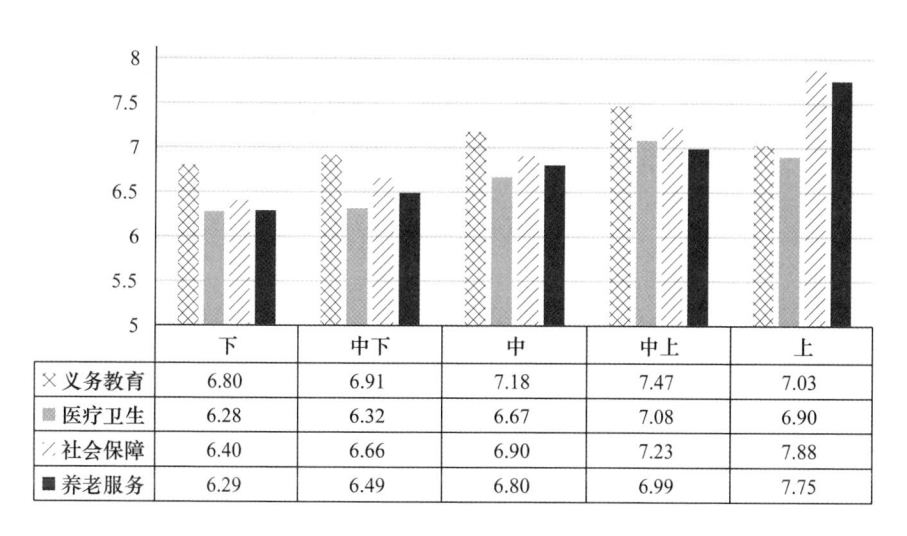

	下	中下	中	中上	上
义务教育	6.80	6.91	7.18	7.47	7.03
医疗卫生	6.28	6.32	6.67	7.08	6.90
社会保障	6.40	6.66	6.90	7.23	7.88
养老服务	6.29	6.49	6.80	6.99	7.75

图 9.5 不同阶层居民的公共服务满意度

4. 广州居民的家庭绝对收入达到了"小康"水平,对居民幸福感有正向促进作用,但边际效应不明显

幸福经济学认为,收入越高,物质越丰裕,个人的主观幸福感也越高。利用相关分析,发现家庭绝对收入对数与居民幸福感相关系数达 0.105 且显著（$P<0.001$）,对居民幸福感有显著的正向促进作用,而个人收入与居民幸福感相关系数仅为 0.013 且不显著（$P=0.492$）,表明广州居民幸福感与个人收入相关性不高,却与家庭收入息息相关。原因可能有二：一是部分居民暂时在求学或求职阶段,他们主要依赖家庭的经济支持,个人经济来源暂时短缺并不会影响其幸福感；二是中国社会的家庭观念较为浓厚,对于个人来说,家庭总体收入比个人收入显得更为重要,是其判断自身生活质量和社会地位的重要依据。

本次调查结果,2018 年,广州的家庭年收入平均为 18.36 万元,标准差为 2.68 万元,即约 95% 家庭的年收入位于 13.00 万—23.72 万元。如果以城镇家庭年收入 13 万元上下即为小康水平[①],广州的绝大部分家庭都已成为小康之家。其中,幸福组居民的家庭总收入均值为 18.9 万元；不幸福组居民的家庭总收入均值也达到了 16.3 万元,两者仅相差 2.6 万元,组间差异没有通过显著性检验（$F=3.263$，$P=0.071$）。这表明,虽然家庭绝对收入与幸福感显著相关,但幸福家庭的收入与不幸福家庭的收入差距并不大。可能的原因是,广州属于经济较发达城市,绝大部分家庭收入早超过了小康标准,人们不再把经济收入作为幸福与否的唯一标准,绝对收入对居民幸福感的边际效应已不明显,即绝对收入的持续增加不会再显著地提升居民幸福感,但收入下降会对居民幸福感造成损害。

5. 相对收入对居民幸福感的影响比绝对收入的大

本书以居民的经济社会地位自评代表相对收入指标,原因

---

① 张启良、曹光四：《关于我国小康家庭收入标准的四点讨论》,《统计科学与实践》2020 年第 3 期。

是：经济社会地位自评是人们对自身所处阶层的主观判断，而人们判断自身所处阶层时所依据的重要参照就是相对收入（即自己收入与他人收入的比较）。本次调查结果，经济社会地位自评与幸福感的相关系数为 0.246（$P<0.01$），表示经济社会自评与幸福感有着显著的相关性。经济社会地位自评越高的居民，幸福感也越高，自评为"下"居民的幸福感均值仅为 2.79，处于"不大幸福"和"幸福"之间，自评为"上"居民的幸福感均值为 3.63，处于"幸福"和"很幸福"之间。

回归分析模型 5 显示，家庭收入对数和经济社会地位自评的回归系数分别为 0.046（$P<0.05$）和 0.076（$P<0.001$），表示相对收入对居民幸福感的影响力比绝对收入大，预示着收入公平问题会影响居民幸福感。根据国际经验，收入差距过大的国家或地区，由于贫富悬殊，会导致社会发展停滞，最终引致社会动荡。因此，广州要持续提升居民幸福感，就必须对收入公平问题加以重视，把收入差距控制在合理水平。

（三）社会因素对幸福感的影响

1. 获得感对居民幸福感最为重要，但广州居民的主观获得感不高

经济和社会建设政策的重要指向，是不断提升公众的获得感、幸福感、安全感。如果经济和社会发展成果没有被分享，公众获得感低下，幸福感就无从谈起。习近平总书记指示广东营造共建共治共享的社会治理格局走在全国前列，其中的"共享"要义即在此，经济和社会的发展成果要有效地转化为居民的获得感，进而促进居民的幸福感。

根据回归分析模型 5，"获得感"的系数为 0.244（$P<0.001$），是所有因素中系数最大的，这表明共享经济社会发展的成果，对提升居民的幸福感十分重要。坚持"努力实现居民收入增长和经济发展同步、劳动报酬增长和劳动生产率提高同步，提

高居民收入在国民收入分配中的比重,提高劳动报酬在初次分配中的比重"[1],才能维持人均可支配收入增长率高于或至少等于广州经济增长率的态势,达到人民群众共享发展成果的目的。从广州近年的情况看,2015—2019年的GDP平均增长率为6.5%,而城镇居民人均可支配收入平均增长率为8.6%,人均消费支出平均增长率为5.9%,农村居民人均可支配收入平均增长率为10.6%,人均消费支出平均增长率为9.1%,均高于或接近GDP平均增长率。在经济下行的压力下,居民收入高于经济增长率的态势,一方面稳定了人民群众的生活水平,另一方面保障了消费对经济的拉动作用,客观上维持了居民的获得感(见表9.17)。

表9.17 广州2014—2019年GDP、人均收入和消费支出增长情况

	2014年	2015年	2016年	2017年	2018年	2019年
GDP（亿元）	16706.87	18313.8	19547.44	21503.15	22859.35	23628.6
GDP增长率（%）	-	9.62	6.74	10.00	6.31	3.37
城镇居民人均可支配收入（元）	42955	46734.6	50941	55400	59982.1	65052
城镇居民人均可支配收入增长率（%）	-	8.80	9.00	8.75	8.27	8.45
城镇居民消费支出（元）	33385	35752.5	38398	40637	42180.96	45049
城镇居民消费支出增长率（%）	-	7.09	7.40	5.83	3.80	6.80
农村居民人均可支配收入（元）	17663	19323	21449	23484	26020.1	28868
农村居民人均可支配收入增长率（%）	-	9.40	11.00	9.49	10.80	10.95
农村居民消费支出（元）	14544	15925	17595	18932	20633.94	22522
农村居民消费支出增长率（%）	-	9.50	10.49	7.60	8.99	9.15

---

[1] 习近平:《决胜全面建成小康社会 夺取新时代中国特色社会主义伟大胜利——在中国共产党第十九次全国代表大会上的报告》,人民出版社2017年版。

但广州居民的主观获得感不算高。本次调查结果显示,广州居民的主观获得感①均值为3.70(满分为5分),处于"没有获益"和"有一些获益"之间。从不同阶层的群体看,中下层和下层群体的获得感最低,下层群体的获得感均值为3.46,中下层群体获得感为3.60,中层群体的获得感为3.88,中上层群体的获得感最高,为3.92,上层群体的获得感为3.70,各阶层之间的差异通过了显著性检验($F = 34.969$,$P < 0.001$)。显然,主观获得感的群体差异是导致居民幸福感群体差异的原因之一,因此有必要进一步深入研究主观获得感的内涵、构成和影响因素,找到提升居民的主观获得感的有效对策(见表9.18)。

表9.18　　　　　　　　　　**不同阶层群体的获得感**

社会地位自评	平均值	个案数	标准差
下	3.46	591	0.782
中下	3.60	932	0.791
中	3.88	1057	0.782
中上	3.92	170	0.824
上	3.70	10	0.823
总计	3.70	2760	0.807

从不同区域看,老四区居民的获得感均值为3.71,略高于非老四区居民的均值(3.69),但两者之间没有通过显著性检验($F = 0.445$,$P = 0.505$)。

2. 近八成广州居民认为社会是公平的,但中层以下居民群体和老四区居民的公平感较低

由回归模型5可知,社会公平感对居民幸福感有显著影响($\beta = 0.105$,$P < 0.01$)本次调查显示,74.6%的广州居民认为"社会总体上来说是比较公平的",4.7%的居民认为社会"非

---

① 本次调查,采用题目"您是否觉得广州的经济社会发展让您从中受益?"测量居民的获得感,5分为"受益很多",4分为"略微受益",3分为"没有变化",2分为"利益有些减少",1分为"利益减少很多"。

常公平"，19.6%的居民认为社会"不太公平"，1.1%的居民认为社会"非常不公平"，即有79.3%的广州居民认为社会是公平的，20.7%的居民认为社会是不公平的，社会公平感均值为2.83。表明大部分的广州居民认为社会是公平的，总体的社会公平感知接近"比较公平"水平。

从不同阶层群体看，下层群体的社会公平感均值为2.71，中层群体的均值为2.77，中层群体的均值为2.92，中上层群体的均值为2.94，上层群体的均值为2.78，组间差异显著（$F = 21.323$，$P < 0.001$），表明不同居民群体的社会公平感知差异是造成不同群体幸福感差异的原因之一。

从不同区域来看，老四区居民的社会公平感均值为2.78，非老四区居民的均值为2.86，两者有着显著差异（$F = 16.213$，$P < 0.001$），表明不同区域居民的社会公平感知差异是造成不同区域居民幸福感差异的原因之一。

3. 广州居民的安全感较高，中层以下居民和老四区居民的安全感相对较低

由回归模型5结果可知，安全感对居民幸福感有显著影响（$\beta = 0.086$，$P < 0.001$）。本次调查显示，广州居民的安全感较高，有13.0%的居民认为现时社会总体上是"十分安全"，78.9%的居民认为"比较安全"，仅有不足一成的居民（8.2%）认为"不太安全"或"十分不安全"，较高的安全感对广州整体较高的居民幸福感有积极的促进作用。

从不同阶层群体来看，下层群体的安全感均值为3.01，中下层群体的均值为3.02，中层群体的均值为3.08，中上层群体的均值为3.05，上层群体的均值为3.33，多重比较分析结果，各个群体间的差异没有通过显著性检验，各阶层的社会总体安全感都达到了"比较安全"的水平。

从不同区域群体来看，老四区居民的安全感均值为3.00，非老四区居民的安全感均值为3.07，虽然两者之间的差异通过

显著性检验（F = 15.166，P < 0.001），但都达到了"比较安全"的水平。

4. 普遍信任比特殊信任更能影响居民的幸福感，广州居民的普遍信任居于一般水平

社会信任感包含普遍信任和特殊信任，普遍信任是指居民对社会上大多数人的信任感，特殊信任是指居民对社区邻里、社区机构的信任感。根据回归模型5的结果，普遍信任感对于居民幸福感有显著影响（β = 0.020，P < 0.05），代表特殊信任的两个指标人际信任和机构信任的系数都没有通过0.05水平显著性检验。

本次调查，利用10分量表，对居民的普遍信任进行测量。结果发现，广州居民的普遍信任居于一般水平，均值为5.80（满分为10）。从不同阶层群体看，中层或中下层群体的普遍信任较高，分别为5.93和5.79；中上层群体和中下层群体的普遍信任十分接近，为5.78；下层群体和上层群体的普遍信任相对较低，分别为5.62和5.67。总体来看，不同阶层群体的普遍信任呈现中间高两边低的特征，差异通过了显著性检验（F = 3.038，P = 0.016），如图9.6所示。

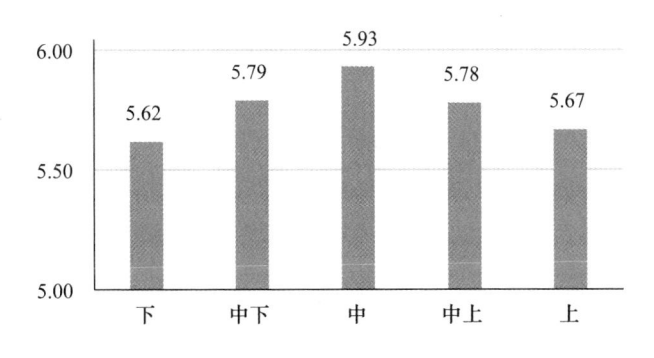

图9.6 不同阶层群体的普遍信任

不同区域间群体的普遍信任也有显著差异。老四区居民的普遍信任均值为5.61，非老四区居民的均值为5.93，两者间的

差异通过了显著性检验（22.495，P＜0.001）。可见，普遍信任的群体和区域差异，是造成居民幸福感群体和区域差异的原因之一。

本次调查同时对居民的特殊信任（居民对社区邻里、社区机构的信任感）进行了测量。在回归模型5中，特殊信任的两个指标的系数都没有通过显著性检验。这不代表特殊信任对居民幸福感不重要，因为缺乏信任的社会难言是幸福的，没有通过显著性检验是因为广州居民的特殊信任普遍较高。对于社区邻里的信任感，广州居民的均值为2.82分（满分为4分），66.5%的居民认为"社区里面的人是可以信任的"；对于社区机构的信任，分别有89.3%的居民信任街道办事处，89.7%的居民信任居委会，72.3%的居民信任业委会，70.5%的居民信任物业管理公司。

5. 广州居民的社区归属感较高，对居民幸福感有积极作用

良好的社区治理绩效，能增进居民的社区归属感，进而提升居民的幸福感。回归结果显示，居民的社区归属感对居民幸福感有着显著影响（β=0.130，P＜0.001）。广州居民的社区归属感较高，均值为2.84分（满分为4分），63.5%的居民同意"我对社区有家的感觉"说法，非常同意的居民占比12.4%，两者合计75.9%。从不同阶层群体看，自评社会地位为中下层、下层群体的社区归属感相对较低，均值分别为2.75和2.82，低于居民总体均值；自评社会地位为中层、中上层、上层群体的社区归属感相对较高，均值分别为2.89、3.02、3.00，组间差异通过了显著性检验（F=8.464，P＜0.001）。从不同区域看，非老四区居民的社区归属感较高，均值为2.90，老四区居民的均值为2.75，组间差异通过了显著性检验（F=36.537，P＜0.001）。可见，社区归属感的群体和区域差异，是居民幸福感群体和区域差异的原因之一。

四 小结和对策建议

(一) 小结

总体来看,83.5%的广州居民认为自己是幸福的,幸福感均值达到了3.02分,这表明广州居民的总体幸福感处于中等偏上水平。结合近年数据来看,广州居民的幸福感变化趋势较为稳定,自感幸福的居民比例在增加。

广州居民的幸福感分布存在群体差异:女性、已婚人士、高收入人士、有党派背景人士、工作稳定、无须工作的居民,其幸福感较高。另外,工作类型、户籍、学历等因素对居民幸福感的影响并不显著,即无论来自何方何地、何种学历、从事着何种工作的居民,都可以在广州这座城市里找到自己的"小确幸",在一定程度上体现了广州的包容性。

广州居民的幸福感分布还存在着区域差异,老四区(荔湾、越秀、海珠、天河)居民的幸福感显著低于非老四区居民,单元型社区居民幸福感显著高于其他社区类型的居民。如果把居民幸福感的提升作为经济社会发展的衡量指标,那么上述研究结果表明,经济社会政策的施行效果存在着群体和地区差异。

为检验广州的经济社会发展是否真的令居民幸福感有所提升,本书选取了经济和社会两个维度的若干指标,利用 OLS 回归模型分析广州居民幸福感的影响因素。结果表明:

在经济因素中,首先,住房满意度对广州居民幸福感有重要影响,但不同居民群体有着不一样的居住条件,造成了住房满意度的群体差异;其次,在全面建成小康社会的背景下,绝对收入对广州居民幸福感的边际效应减弱,增进社会分配的公平性显得更加重要;再次,尽管广州的公共服务区域均衡程度已经较高,但不同的居民群体享受医疗、教育、社保、养老等公共服务的机会依然有所差异。

在社会因素中，首先，获得感是影响广州居民幸福感最为显著的因素，但广州居民的主观获得感不高，而且不同群体间的主观获得感有着显著差异，自评社会地位为下层的居民获得感最低；其次，广州居民的社会公平感较高，对幸福感有正向促进作用，但自评社会地位为下层的居民和老四区居民的社会信任感显著较低；再次，普遍信任比特殊信任更能影响广州居民幸福感，原因是广州居民的特殊信任已经普遍较高，而普遍信任得分仅为5.80分，处于一般水平，有较大提升空间，自评社会地位为中层的居民和非老四区居民的普遍信任最高；最后，广州居民的社区归属感较高，表明广州的社区治理绩效较好，对居民幸福感有正向促进作用，但也存在着群体和区域差异，自评社会地位为中层或以上的居民和非老四区居民的社区归属感较强。

总而言之，住房满意度、公共服务满意度、主观获得感、社会公平感、社会信任感和社区归属感的群体差异是造成居民幸福感群体差异的原因；社会公平感、社会信任感和社区归属感的区域差异是造成居民幸福感区域差异的原因。

（二）提升广州居民幸福感的重点和建议

1. 关注居民在医疗、就业、住房等方面的基本需求，不断提升居民的主观获得感

强化基本公共服务供给，持续提高公共服务供给质量，尤其是广州居民关注的医疗、就业、住房等问题相关的公共服务。

医疗方面，切实推进医疗专科联盟、医疗组团、组团式医联体等高水平医疗救治网络体系建设，打造各级医疗机构共同参与、分工明确、高效运行的医疗网络，合理配置优质医疗资源，推进区域医疗卫生资源和信息共建共享。通过设备共享、加大基层医务工作者培训、增加高水平医生流动等手段，深化在穗医学院校、高水平医院、社区卫生服务中心三者的合作共

建,不断提升基层医疗机构的医疗水平,为分级医疗、双向转诊等医疗制度夯实资源和人员基础。

就业方面,积极应对新冠疫情对就业市场带来的冲击,重视平台经济、灵活就业、新就业形态在稳就业中的重要作用,如利用平台经济为灵活就业者、个体工商户、小微企业创业者、从业者提供临时性、过渡性就业,保障其个人收入延续。同时依靠平台的大数据技术,精准掌握从业者需求动向,实现对就业困难群体的精准服务。更好地发挥"双创"带动就业作用,推进"双创"示范基地建设,研究建立国家新兴产业创投引导基金和"双创"示范基地有关项目的对接机制,研究银行信贷和引导基金投贷联动的新模式,聚焦养老、托育、家政等潜力大的领域,搭载线上线下融合的新业态、新模式。

住房方面,坚持"房子是用来住的,不是用来炒的"的政策定位,不断完善住房市场体系和住房保障体系,坚持落实城市的主体责任,不断完善房屋市场的监测预警和考核评价机制,特别是要把稳地价、稳房价、稳预期的责任落到实处。大力培育和发展住房租赁市场,重点是解决新市民、弱势劳动者、低收入人群等群体的住房问题。

2. 提高社会普遍信任,不断提升居民的社会信任感

中国是一个圈层社会,特殊信任的程度较高,要提升整体的社会信任感,关键在于提升公众的普遍信任。一是加强社会主义精神文明建设,重视中华民族传统美德和传统文化的宣贯,深入学习社会主义价值观,号召公众学习社会主义建设的先锋模范人物,如由中共中央、国务院表彰的改革开放杰出贡献人员。二是不断规范新闻传播行业,尤其是加强对微信公众号、抖音 B 站博主等自媒体的监管,坚持社会正能量宣传,强调平台发布的新闻、文章的真实性、可靠性。对明显夸大、扭曲事实的媒体进行规范、处罚甚至取缔。提高新闻传媒和自媒体行业人员准入门槛,对自媒体平台的登记进行规范,建立自媒体

全过程监管制度。三是强化公众的规则意识,坚持法治建设。加强规则意识、法制精神等方面教育,在高校、社区、公司、党委、工会等组织内进行法律学习教育,不断提升社会公众的法律意识。四是提升政府公信力。继续推进政府信息公开制度,不断规范公共部门行政守则和规章制度。多方听取群众意见,拓宽人民群众参与决策的渠道,努力提高决策科学化、民主化水平。推进政府依法行政,杜绝有法不依、执法不严、违法不究的现象和问题,确保有权必有责、用权受监督、滥权必追究。

3. 完善社会保障体系,不断提升社会公平程度

坚持完善民生保障制度,持续健全基本公共服务制度体系,一是巩固普惠性,包括实施全民参保计划,把更多的群众纳入保障范围,健全保障项目,实现社会保障权利的普遍拥有和社会保障资源的均等配置,使得人人平等共享基本社会保障。二是全面完善社会保险制度,包括推进制度整合、重塑筹资机制、提高统筹层次,真正实现多层次发展。三是完善综合型社会救助制度,大力支持慈善事业发展,确保困难群众基本生活有保障。四是全面推进社会福利事业发展,包括不断提升教育福利水平,构建以居家养老为基础的养老服务体系,大力发展面向残疾人、儿童的福利事业。

第十章 广州居民安全感状况分析

安全感是人们生活的基本需要之一,也是幸福感的必要前提,人们在缺乏安全感的社会环境中是难以产生幸福感的。安全感状况是社会心态的重要方面之一,安全感虽然只是人们的一种主观感受,但它会影响到人们社会生活的许多方面。人们只有在满足了基本安全的需要的前提下,才能充分发挥自身的才智与潜能,才能追求更高层次的发展。了解人们的安全感的真实状况,分析影响安全感的各种因素,发现提高人们安全感的途径具有重要的现实意义。

一 调查的基本情况及分析方法

安全感是2019年广州社会综合状况调查中包含的一项内容,调查范围涵盖了广州11个区,获得有效问卷3040份。本次对广州市民进行了8个方面的安全感调查,包括个人和家庭财产安全、人身安全、食品安全、生态环境安全、交通安全、工作安全、医疗安全以及个人信息、隐私安全,同时也包括了社会总体安全感。其中对各项安全感进行有效回答的样本数量在最低的2730人(工作安全)到最高的2991人(人身安全)之间。

对安全感的测量方法是询问被调查者"您觉得当今社会中以下方面的安全程度如何?"。被调查者从"很安全""比较安全""不大安全""很不安全"4个选项中选取一个。为了能够与之前的有关安全感方面的调查结果有可比性，便于比较分析，也为了适应人们的判断习惯，这里将被调查者对安全感调查的选项按10分制转换为分数。转换后最高分为10分，最低分为2分，分数越高表明该项安全感越高。

各选项的具体赋值采用等距插值方法，转换公式为：

$$Sn = Min + (n-1) * (Max - Min) / (N-1)$$

Sn 为第 n 个选项转换后的分数，N 为量表级数，Min 为最低级赋值，Max 为最高级赋值。按此方法转换后"很不安全"为 2 分，"不大安全"为 4.67 分（2+8/3），"比较安全"为 7.33 分（2+2*8/3），"很安全"为 10 分。

二 广州居民安全感的基本情况

从数据分析结果上看，广州居民安全感最高的是人身安全感，其次为个人及家庭财产安全感。其他几个安全感较高的是工作安全感、交通安全感及医疗安全感，社会总体安全感也比较高。安全感分数最低的是个人信息、隐私安全感，其他两个也相对较低的方面包括食品安全感和生态环境安全感，如图10.1所示。

（一）人身安全感、财产安全感及社会总体安全感较高

数据分析结果表明，在各项安全感中最高的是人身安全，安全感分数为7.84分；其次为个人及家庭财产安全感，得分为7.76分。被调查的广州市民认为人身安全"很安全"的占25.5%，认为"比较安全"的占68.2%，认为"不太安全"的占5.9%，认为"很不安全"的仅有0.4%。在个人及家庭财产安全感方面，认为"很安全"的占24.5%，认为"比较安全"的占68.1%，认为"不太安全"的占6.3%，认为"很不安全"的仅有1.0%，如图10.2所示。

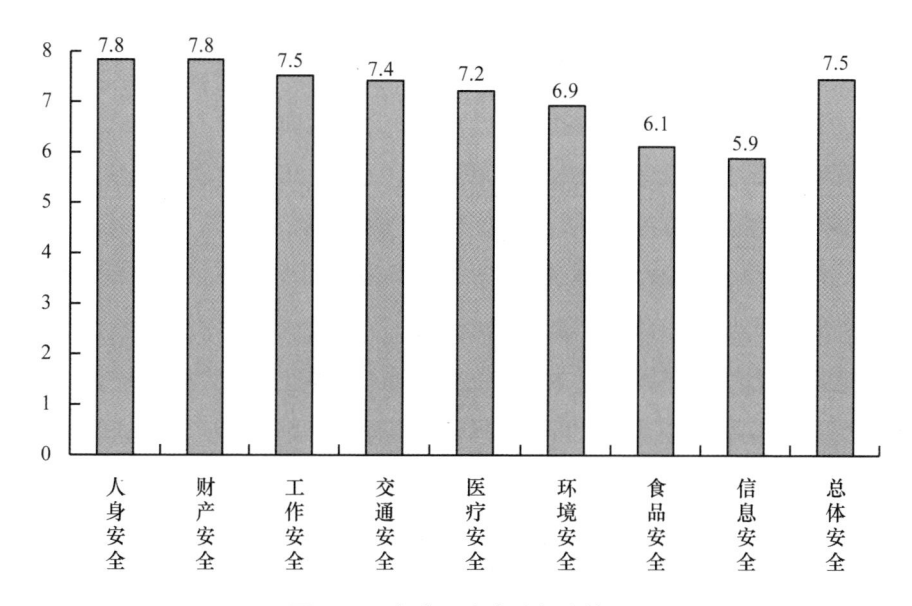

图 10.1　各方面安全感得分情况

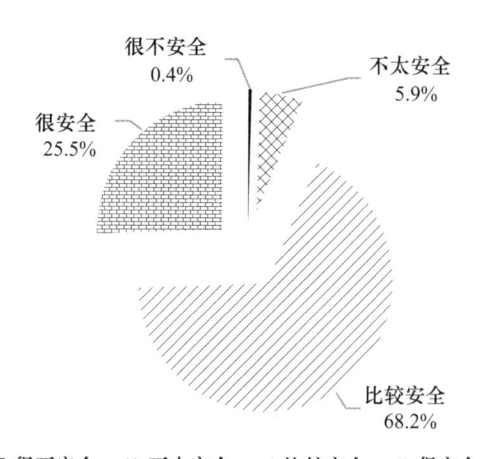

(柱状图数据：人身安全 7.8，财产安全 7.8，工作安全 7.5，交通安全 7.4，医疗安全 7.2，环境安全 6.9，食品安全 6.1，信息安全 5.9，总体安全 7.5)

图 10.2　人身安全感情况

(饼图数据：很不安全 0.4%，不太安全 5.9%，比较安全 68.2%，很安全 25.5%)

广州市民的总体社会安全感也比较高，得分为 7.45 分。在被问及社会总体上安全状况时，认为"很安全"的占 12.9%，认为"比较安全"的占 78.9%，认为"不太安全"的占 7.8%，认为"很不安全"的仅为 0.4%，如图 10.3 所示。

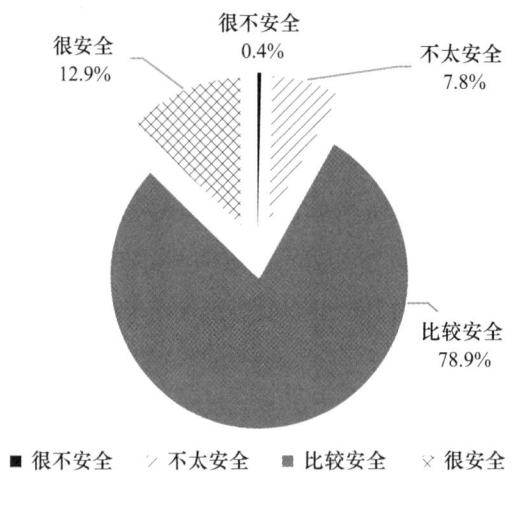

图 10.3 广州市民对社会总体安全状况的看法

（二）工作安全感、交通安全感及医疗安全感处于中等偏高水平

工作安全感的得分为 7.51 分，交通安全感的得分为 7.42 分，医疗安全感的得分为 7.21 分。此三项安全感得分都在 7 分以上，相对处于中等偏高水平。广州市民在被问及工作安全状况时，认为"很安全"的占 20.2%，认为"比较安全"的占 68.4%，认为"不太安全"的占 9.3%，认为"很不安全"的仅有 2.1%（见图 10.4）。

广州市民在被问及交通安全状况时，认为"很安全"的占 17.9%，认为"比较安全"的占 68.8%，认为"不太安全"的占 12.0%，认为"很不安全"的只占 1.3%。在医疗安全状况方面，认为"很安全"的占 16.0%，认为"比较安全"的占 65.6%，认为"不太安全"的占 16.3%，认为"很不安全"的只占 2.1%。

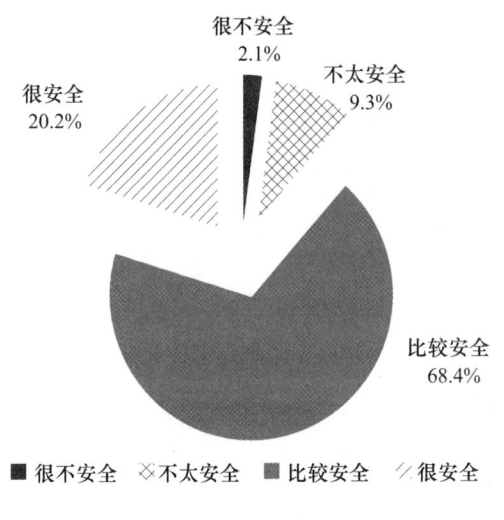

图 10.4　广州市民工作安全感状况

（三）个人信息、隐私安全感、食品安全感及生态环境安全感相对较低

调查数据分析结果显示，广州市民的个人信息、隐私安全感、食品安全感及生态环境安全感相对较低。此三项安全感得分都在 7.0 分以下。

个人信息、隐私安全感分数为 5.89 分。广州市民在评价个人信息、隐私安全状况时，认为"很安全"的占 10.2%，认为"比较安全"的占 41.7%，认为"不太安全"的占 31.8%，认为"很不安全"的占 16.3%。尽管个人信息、隐私安全感分数在各项安全感中最低，但认为"很安全"和"比较安全"的正面评价仍然在半数以上，占 51.9%，如图 10.5 所示。

食品安全感得分为 6.12 分。被调查者在评价食品安全状况时，认为"很安全"的占 10.0%，认为"比较安全"的占 44.6%，认为"不太安全"的占 35.2%，认为"很不安全"的占 10.2%。虽然食品安全感相对较低，但认为"很安全"和"比较安全"的正面评价仍然在半数以上，达到 54.6%。

生态环境安全感分数为 6.92 分。被访的广州市民在评价生态环境安全状况时，认为"很安全"的占12.3%，认为"比较安全"的占64.0%，认为"不太安全"的占19.8%，认为"很不安全"的占3.9%。虽然生态环境安全感的分数不是很高，但认为"很安全"和"比较安全"的正面评价比例较高，达到76.3%。

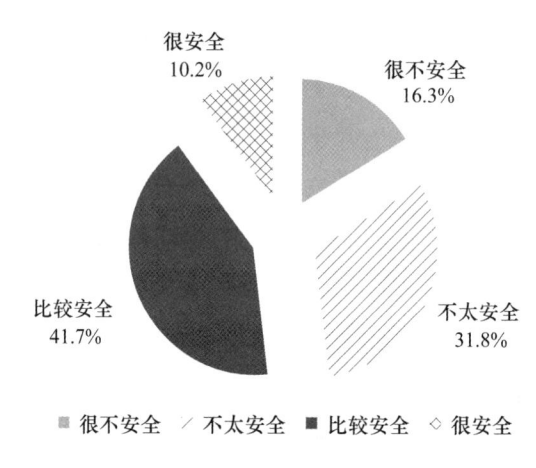

图10.5 广州市民个人信息、隐私安全感状况

很安全 10.2%
很不安全 16.3%
不太安全 31.8%
比较安全 41.7%

三 广州居民安全感的变化情况

这里将2018年、2019年及2020年安全感方面的调查结果加以比较，从中可以发现广州市民安全感的一些变化趋势。但因2018年和2020年的调查中为包含医疗安全和工作安全两项，所以分析时将此两项略去。由于2019年调查中所采用的量表与2018年和2020年的略有差异，尽管分数上都转换为10分制，但对分数的可比性还会造成一定的影响，因此在对比结果中2019年的分数仅作为参考，而2018年和2020年的分数可比性更高一些。

(一) 各方面安全感全面提升

从表10.1的对比结果可以看出,与2018年的调查结果相比,2020年各方面安全感分数全面提高。各项安全感的总平均分数由2018年的6.21分提高到2020年的6.90分,提高幅度为11.11%。

表10.1　　　　2018—2020年各项安全感分数变化情况

安全感	2018年分数	2019年分数	2020年分数
人身安全	7.40	7.84	7.94
财产安全	6.78	7.76	7.40
环境安全	6.54	6.92	7.20
交通安全	6.32	7.41	6.90
食品安全	5.00	6.12	6.18
隐私安全	5.24	5.89	5.76
平均分	6.21	6.99	6.90

(二) 食品安全感提高最为明显

虽然2020年各项安全感分数都较2018年有所提高,但不同方面提高的幅度存在着较大的差异(见图10.6)。在各项安全感中,食品安全感分数提高幅度居各项之首,2020年较2018年提高了1.18分,提高幅度达到23.60%,食品安全感的排名也较2018年上升了一位(见图10.7及表10.2)。由此可见,虽然与其他几项相比食品安全感的得分仍然较低,但已经得到了明显的提高,这一趋势是令人乐观的。

环境安全感与财产安全感也有较大的提升,分数分别比2018年提高了0.66分和0.62分,提高幅度分别为10.09%和9.14%。分数提高最小的是隐私安全,比2018年提高了0.52分,该项安全感的排名由2018年的倒数第二下降为倒数第一(见表10.2及图10.6)。

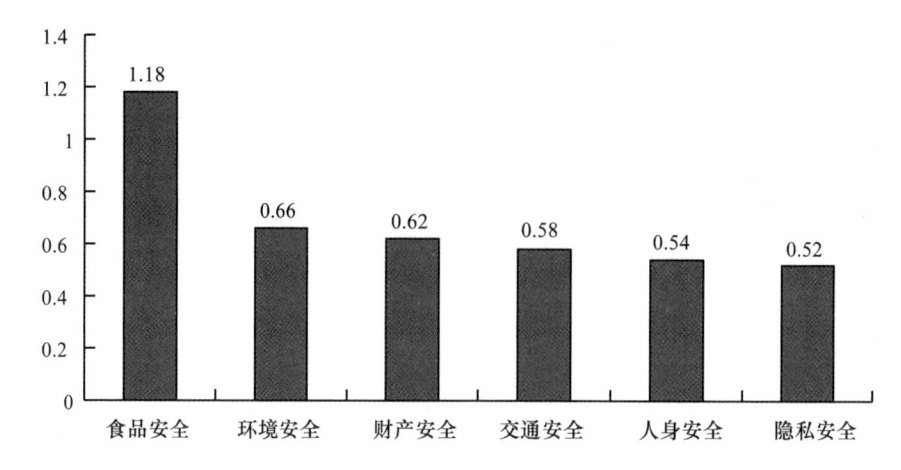

图 10.6 与 2018 年相比各项安全感分数提高情况

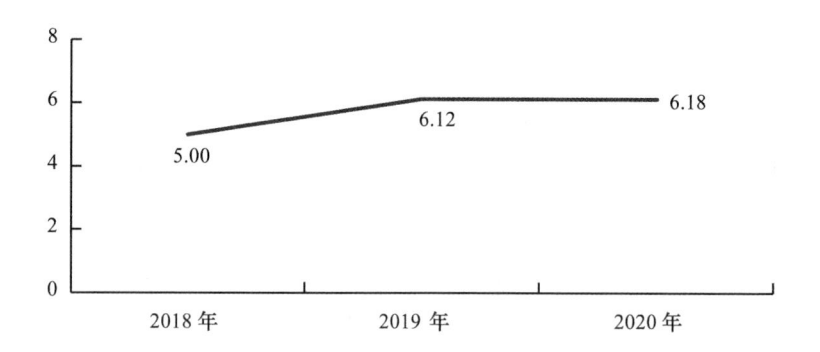

图 10.7 2018 年至 2020 年食品安全感分数变化情况

表 10.2　2020 年与 2018 年相比各项安全感位次变化情况

安全感	2018 年位次	2020 年位次	分数变化	位次变化
人身安全	第一位	第一位	升 0.54	未变化
财产安全	第二位	第二位	升 0.62	未变化
环境安全	第三位	第三位	升 0.66	未变化
交通安全	第四位	第四位	升 0.58	未变化
食品安全	第六位	第五位	升 1.18	升一位
隐私安全	第五位	第六位	升 0.52	降一位
平均分			升 0.69	

四 广州居民安全感的群体差异及影响因素

从个体角度来看,安全感的高低与其自身多种因素相关,这些因素会通过安全感的群体差异情况体现出来。通过对不同群体安全感的差异的分析,可以对影响居民各方面安全感的因素有更深入的了解。

(一) 安全感的性别差异

从分析结果上看,无论对社会总体安全状况的感受还是对具体各方面的安全状况的感受,男性的安全感均略高于女性。在社会总体安全感方面,男性平均得分为7.54分,女性平均得分为7.37分,男性高出女性0.17分。差异最大的方面是食品安全感,男性平均得分为6.28分,女性平均得分为5.98分,男性高出女性0.3分。另一项差异较大的是人身安全感,男性平均得分为7.97分,女性平均得分为7.73分,男性高出女性0.24分。差异最小的方面是工作安全感,男性平均得分为7.54分,女性平均得分为7.50分,只相差0.04分,如图10.8所示。

(二) 安全感的户籍性质差异

这里将广州户籍居民和非广州户籍居民的安全感状况加以比较。数据统计结果显示,非广州户籍居民的各方面安全感得分均略高于广州本地户籍居民,但差异并不很大。总体社会安全感、人身安全感及交通安全感的差异很小,分数差值均小于或等于0.05分。差异稍大的是个人信息、隐私安全,差值为0.48分;其次是食品安全感,差值为0.33分;再次为生态环境安全感,差值为0.23分(见表10.3)。

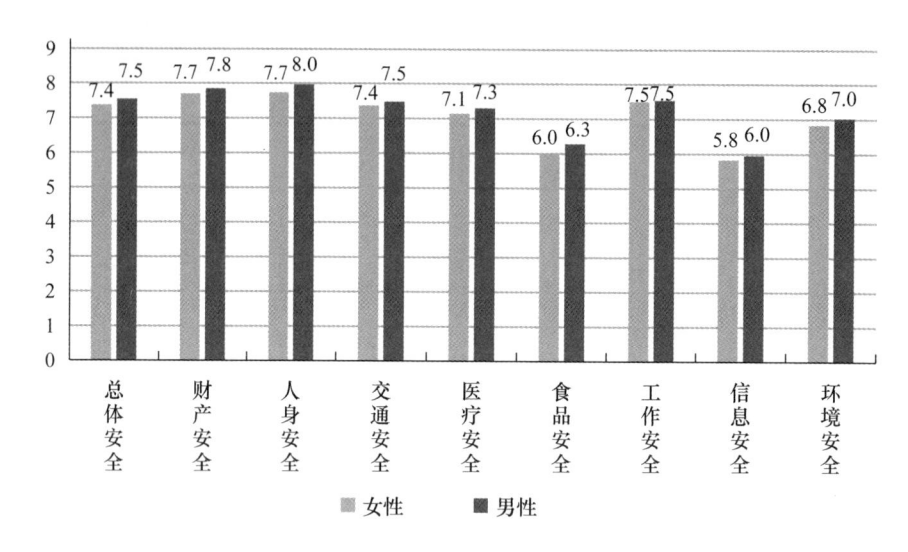

图 10.8 各方面安全感的性别差异情况

表 10.3　不同户籍性质居民的各方面安全感分数差异情况

各项安全感	广州户籍	外地户籍	分数差值
总体安全	7.44	7.48	0.04
财产安全	7.72	7.84	0.12
人身安全	7.82	7.87	0.05
交通安全	7.40	7.45	0.05
医疗安全	7.18	7.28	0.10
食品安全	6.00	6.33	0.33
工作安全	7.49	7.56	0.07
信息安全	5.72	6.20	0.48
环境安全	6.84	7.07	0.23

（三）不同居住社区类型的安全感差异

本次调查将被访者居住的社区分为 6 个类型，分别是地缘型、单元型、单位型、综合型、转制型和混合型。地缘型是指按街区巷道、道路、河流等自然地域划分的社区，并按聚居人口类型划分的社区；单元型社区是指按住宅群落划分，大型楼盘为主体的相对独立的住宅小区；单位型是指以机关、企事业单位家属聚居区、宿舍区为主体的社区；综合型是指汇集居住、旅游、商务、文化、体育等不同功能特点的社区；转制型是指原属农村社区，经"村改居"后划分出来的社区，原村集体经济组织仍正常运作，参与社区服务管理的社区（城中村）。

从统计结果可以看出，居住在不同社区类型的居民各方面的安全感都存在着一定的差异，但差异的幅度有所不同。总的来说，地缘型社区的居民安全感更高一些，其社会总体安全感、财产安全感、人身安全感、医疗安全感、食品安全感5个方面的安全感得分都是最高的。安全感较低的是居住在混合型社区的居民，在社会总体安全感、财产安全感、交通安全感、医疗安全感、食品安全感、信息安全感、环境安全感7个方面的得分都是最低的（见表10.4）。

表10.4　　不同社区类型居民的各方面安全感分数差异情况

社区类型	地缘型	单元型	单位型	综合型	转制型	混合型
总体安全	7.58	7.46	7.40	7.41	7.47	7.38
财产安全	7.96	7.77	7.87	7.65	7.70	7.63
人身安全	7.99	7.81	7.99	7.78	7.74	7.80
交通安全	7.46	7.38	7.57	7.41	7.46	7.34
医疗安全	7.43	7.18	7.17	7.32	7.28	7.08
食品安全	6.35	6.15	5.98	5.88	6.35	5.85
工作安全	7.51	7.55	7.46	7.45	7.49	7.51
信息安全	6.21	5.65	5.91	6.07	6.54	5.50
环境安全	7.09	6.80	6.98	7.12	7.14	6.77

从统计结果还可以看出，居住在不同社区类型的居民不同方面的安全感的差异程度是不同的。差异幅度最小的是工作安全感，分数最高的社区（单元型）与最低社区（综合型）只差0.1分。不同居住社区的社会总体安全感差异也较小，分数最高的社区（地缘型）与最低社区（混合型）只相差0.2分。差异最大的是信息安全感，分数最高的社区（转制型）与最低社区

(混合型）相差1.04分。相差较大的还有食品安全感，分数最高的社区（地缘型和转制型）与最低社区（混合型）相差0.5分。

（四）安全感的年龄段差异

这里将被访者按年龄划分为青年、中年和老年3个年龄段，对其安全感状况加以比较。18岁至39岁的归入青年段，40岁至59岁的归入中年段，60岁以上的归入老年段。这样划分后，青年段样本数为1264人，占41.6%，中年段样本数为1208人，占39.7%，老年段样本数为568人，占18.7%。

从统计结果看，不同方面的安全感的年龄段差异是不同的。社会总体安全感、交通安全感、信息安全感及环境安全感4个方面都随着年龄段的提高而有所提高。差异最大的是个人信息、隐私安全感，老年段平均分比青年段高出0.46分；其次是生态环境安全感，老年段平均分比青年段高出0.36分；交通安全感老年段平均分比青年段高出0.32分。只在食品安全感方面青年段略高出老年段一些，青年段的平均分比老年段高出0.25分。年龄段差异不大的包括个人及家庭财产安全感、人身安全感、医疗安全感和工作安全感4个方面，分数平均值最高和最低的差值均小于0.2分（见图10.9）。

老年段个人信息、隐私安全感平均分比青年段高的原因可能是青年人接触各类信息和需要提供个人信息的机会更多，所以更担心个人信息、隐私安全问题，而退休的老年人这方面的机会相对少一些。同样可能因为青年群体日常工作、生活的活动范围更大，因而有更多的机会感受到生态环境及交通安全方面的问题，这使得他们在这两方面的安全感稍低于老年群体。在食品安全方面，由于青年群体的健康状况明显优于老年群体，对饮食对健康的影响不会太在意，因而他们的食品安全感要比老年群体高一些。

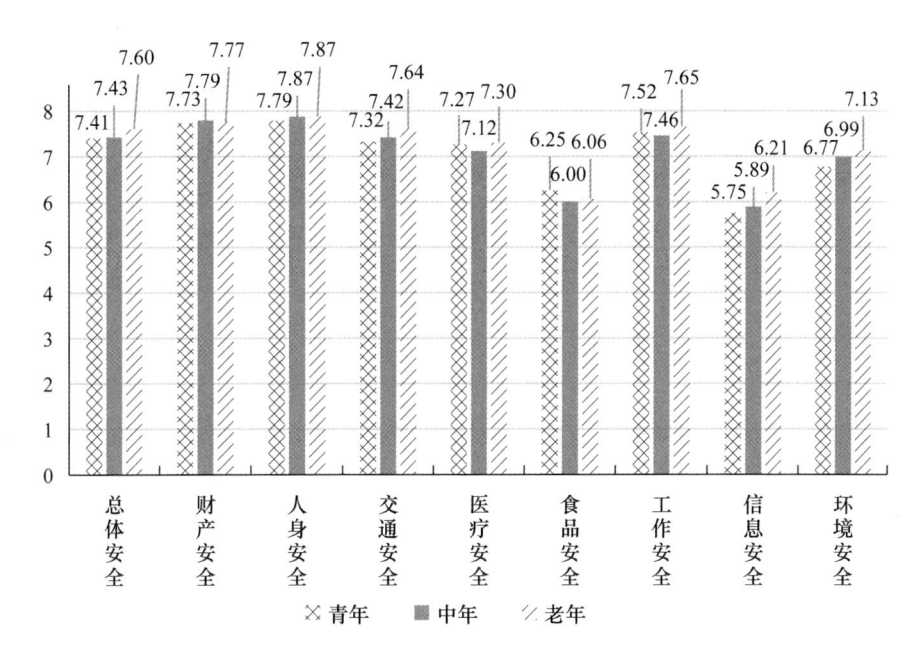

图 10.9　不同年龄段各方面安全感分值的差异情况

（五）教育程度与安全感的相关性

在本次调查中，受访者的教育程度和安全感均为定序变量，因此这里使用 Gamma 系数来衡量二者是否存在相关性及相关度的高低。通过分析发现，教育程度与信息安全感和生态环境安全感存在着一定的负相关，相关系数分别为 -0.24 和 -0.20。而与社会总体安全感等其他各方面的安全感的相关度很低，相关系数均小于或等于 0.10。也就是说，学历越高的居民其信息安全感和生态环境安全感会越低。

出现这种状况的原因可能是学历越高的人对个人信息、隐私安全和生态环境安全的关注程度越高。学历较高的人在生活和工作中会接触更多与信息相关的事项，如用更多的时间上网，与各类需要提供个人隐私、信息的机构（如金融机构等）有更多的接触机会，因而这方面的安全与其自身利益关系更为密切。

五 总结与建议

(一) 针对广州居民安全感的三点总结

1. 社会总体安全感较高，不同方面存在差异

调查结果表明广州居民总体社会安全感较高，但不同方面的安全感存在着差异。居民安全感较高的方面包括人身安全感、个人和家庭财产安全感、工作安全感、交通安全感及医疗安全感。安全感分数最低的是个人信息、隐私安全感，食品安全感和生态环境安全感也相对较低。

2. 各方面安全感得到全面提高

从发展角度来看，与2018年的调查结果相比，2020年各方面安全感分数全面提高。提高幅度最大的是食品安全感，体现了对食品安全治理的成效。环境安全感和财产安全感的提高幅度也较大，交通安全感、人身安全感及个人信息、隐私安全感也都有一定程度的提高。

3. 不同群体的安全感存在一定的差异

在性别差异方面，男性的各方面安全感都略高于女性，差异最大的方面是食品安全感，差异最小的方面是工作安全感。在不同户籍居民的差异方面，外地户籍居民的各方面安全感均略高于广州户籍居民，差异较大的方面是个人信息、隐私安全感和食品安全感，差异较小的方面是社会总体安全感、人身安全感和交通安全感。在社区类型的差异方面，总的来说，地缘型社区的居民各方面的安全感更高一些，居住在混合型社区的居民的很多方面的安全感得分都是最低的。不同社区类型之间差异幅度最小的是工作安全感，差异最大的是个人信息、隐私安全感。在年龄方面，老年群体在一些方面的安全感高于青年群体，差异最大的是个人信息、隐私安全感，生态环境安全感和交通安全感也有较低差异。只在食品安全感方面青年群体略

高出老年群体一些。年龄段差异不大的包括个人及家庭财产安全感、人身安全感、医疗安全感和工作安全感等几个方面。在教育程度方面，教育程度与信息安全感和生态环境安全感存在着一定的负相关，而与社会总体安全感等其他各方面的安全感的相关度很低。

（二）针对安全感短板的两点建议

从分析结果可以看出，目前个人信息、隐私安全感和食品安全感构成了影响居民安全感的两个明显的短板，为此，建议针对这两项安全感的短板采取更有效的措施。

1. 形成保护个人信息安全的常态机制

居民的个人信息、隐私安全感较低的直接原因是近年来一直存在的个人信息泄露、倒卖问题。个人信息的泄露既为电信诈骗提供了方便，也为电话推销扰民开了绿灯。近年来广州治安持续向好，人们多方面的安全感得到提升，但 2019 年广州电信网络诈骗等新型犯罪却呈逆势增长势头，截至 2019 年 8 月，全市电信网络诈骗案件占全市刑事案件的比例达 34.2%，打击和防范电信网络诈骗犯罪依然形势严峻。广州打击电信网络诈骗力度也很大，2019 年前 8 个月就拘留电信诈骗嫌疑人 2500 多名，超过 2017 全年和 2018 全年的刑事拘留嫌疑人数量之和,[①] 打击力度明显提升。

电信网络诈骗之所以能够得逞，大多都与受害人的信息泄露有关。所以要从源头上治理这一问题，仅加大打击诈骗环节的力度是不够的，应同时加大对信息安全的保护力度。由于这类问题容易出现反复，为此建议强化保护个人信息安全的常态机制，并且在加大对电信网络诈骗打击力度的同时，也要加大对泄露和倒卖个人隐私信息行为的打击力度。

---

① 数据来源：《南方法治报》2019 年 9 月 12 日，2021 年 11 月 18 日，https：//www.sogou.com/sie? hdq = AQxRG-0000&query = 南方法治报 &ie = utf8。

2. 鼓励公众参与食品安全问题的治理

对食品安全实施有效监管的关键环节之一是获得有关信息，这方面恰恰是政府监管部门的弱项。因此必须建立一个广泛的食品安全监管信息举报网络，为公众参与食品安全监管提供方便的渠道。

食品安全信息举报网络的建立应以政府监管部门为主导，通过完善举报奖励制度和对奖励制度的广泛而有效的宣传，鼓励社会各界的力量积极参与食品安全问题信息的提供。参与举报的主体包括食品的生产、加工者，食品销售者，普通消费者，新闻媒体工作者及食品安全义务监督员。

尤其是食品的生产、加工人员（如食品生产企业的工人，饭店、餐馆的厨师和服务员等），他们作为食品生产单位的内部人员能够最早了解有安全问题的食品的生产情况，他们掌握的信息也最详细、最充分，很多食品安全问题大都是由内部员工曝光的，鼓励他们举报可以取得最佳的效果。食品流通领域的工作人员，如销售或运输人员，也能相对较早地获得食品安全情况的信息，也应注意发挥他们在举报网络中的作用。

普通消费者虽然获得有关信息的时间较晚，信息掌握的程度也不够充分，但他们为数众多，且出于对自身利益的保护使他们具有较高的举报积极性。新闻媒体记者能够较深入地对一些食品安全事件进行调查，他们的作用更不可低估，对于敢冒险揭露食品安全问题的新闻记者应给予特别的奖励。

针对食品安全问题，广州市早在2004年就开始尝试聘用食品安全义务监督员来强化对食品安全问题的监管，这一做法无疑会发挥积极作用。应该进一步完善这一措施，扩大食品安全义务监督员队伍，鼓励他们深入基层和重点区域，尽可能扩大监督范围。

社会治理篇

第十一章　广州社会治理现代化状况分析

一　引言

党的十九届四中全会审议通过的《中共中央关于坚持和完善中国特色社会主义制度、推进国家治理体系和治理能力现代化若干重大问题的决定》指出，要"加快推进市域社会治理现代化"。《中共广州市委关于制定广州市国民经济和社会发展第十四个五年规划和二〇三五年远景目标的建议》（以下简称"广州十四五规划"）①明确提出"建设全国市域社会治理现代化示范城市"。

社区是市域社会治理的基本单元，社区的有效治理是实现市域社会治理现代化的必然要求和重要条件。广州作为国家中心城市和粤港澳大湾区核心引擎之一，其城市社区和社区居民有着明显的异质性。②中国城市社区的异质性是在由计划经济到

---

① 《中共广州市委关于制定广州市国民经济和社会发展第十四个五年规划和二〇三五年远景目标的建议》，2020年12月21日，广州市人民政府门户网站（http://www.gz.gov.cn/xw/gzyw/content/post_6981863.html）。

② 美国社会学家彼得·布劳（Peter Blau）在《不平等和异质性》一书中对"不平等"和"异质性"有过经典表述："人们的所有分化形式，根据它们是否具有地位等级特性，我们可以把它们归分为两种一般形式——不平等和异质性。所谓不平等，指的就是人们在地位维度上的分布——即他们在权力或财富、教育或收入上的差异程度。异质性就是指人们在不同群体之间的分布。"彼得·布劳：《不平等和异质性》，王春光、谢圣赞译，中国社会科学出版社1991年版。

市场经济的转型过程中逐渐增强的。社区异质性既体现在不同社区之间类型的差异上，也表现为社区内部居民特征的不同。社区间与社区内的异质性互为表里，彼此关联。异质性在社区研究中得到越来越多的关注。蔡禾、贺霞旭讨论了城市社区异质性与社区凝聚力的关系，发现社区间和社区内的异质性对邻里关系有着显著影响。[1] 在后续的研究中，蔡禾、张蕴洁进一步分析了社区异质性对城市社区治理的影响，认为社区建设要把握社区的社会结构，以自下而上的视角推进社区整合。[2] 现有的理论和经验表明，只有全面认识社区的异质性，准确把握不同社区和居民的差异，才能使社区治理精细化，更好更快地推进市域社会治理现代化。

本章充分利用 2019 年广州市社会状况综合调查的数据成果，在实证分析的基础上，重点分析了广州市不同类型的社区以及不同特征的居民在一系列社会治理相关议题上的差异。具体来说，课题组区分了不同性别、年龄、受教育程度、党员身份、户口所在地、个人收入和社区类型的受访者，研究了他们在社区治理、获得感、丰富感和安全感以及公共服务等方面的差异。课题组重点关注了不同类型的社区：地缘型社区（按街区巷道、道路、河流等自然地域划分的社区，并按聚居人口类型划分的社区），单元型社区（按住宅群落划分，大型楼盘为主体的相对独立的住宅小区），单位型社区（以机关、企事业单位家属聚居区、宿舍区为主体的社区），综合型社区（汇集居住、旅游、商务、文化、体育等不同功能特点的社区），转制型社区（原属农村社区，经"村改居"后划分出来的社区，原村集体经济组织仍正常运作，参与社区服务管理的社区，如城中村）和

---

[1] 蔡禾、贺霞旭：《城市社区异质性与社区凝聚力——以社区邻里关系为研究对象》，《中山大学学报》（社会科学版）2014 年第 2 期。

[2] 蔡禾、张蕴洁：《城市社区异质性与社区整合——基于 2014 年中国劳动力动态调查的分析》，《社会科学战线》2017 年第 3 期。

混合型社区（综合上述多种社区类型）。

课题组发现，在社区满意度上，地缘型和单元型社区的居民评分较高，单位型社区和混合型社区的评分较低。单位型和单元型社区居民的社区参与度较高，而转制型社区居民的社区参与度较低。地缘型社区居民对街道和居委会的信任度较高，单元型社区居民对业委会和物管的信任度较高，而混合型社区居民对各个社区治理主体的信任度较低。地缘型社区居民的集体效能感最高，而转制型和综合型社区居民的集体效能感较低。单元型社区居民的获得感和幸福感较高，地缘型社区居民的安全感较高，而综合型社区居民的获得感较低，地缘型社区居民的幸福感较低，混合型社区居民的安全感较低。在公共服务满意度上，单元型社区居民的评价最高，而混合型社区居民的评价较低。

总的来看，单元型社区的社会治理情况相对较好，而混合型社区的社会治理情况仍有很大的提升空间。

本章的结构如下：课题组首先分析了社区治理的情况，包括满意度、社区参与、社区信任、集体效能感和社区问题；其次关注获得感、幸福感、安全感；再次是公共服务；最后是总结。

二　社区治理

"广州十四五规划"提出："全面促进社会融合，运用市场化机制支持引导群团组织、社会组织、企事业单位、社会工作者、志愿者以及外来人口参与社会治理。"社区治理是社会治理的基础。在这一章节中，课题组分析的是广义上的社区治理，它包括对社区的满意度，对各种社区事务的参与，对各类社区治理主体的信任，以及集体效能感。

(一) 满意度

课题组首先来看广州市民对住房和社区满意度的总体评价。在住房上,表示满意的受访者约占总体的80%,其中比较满意的有68.3%,非常满意的有13.5%。对住房不满意的受访者里,表示不太满意的有16.3%,非常不满意的有1.8%。社区方面,同样地,表示满意的受访者占总体的80%左右,其中比较满意的有69.3%,非常满意的有11.6%。对社区不满意的受访者里,表示不太满意的有17.3%,非常不满意的则有1.8%。总体来看,受访者对住房和社区的满意度都比较高,如图11.1所示。

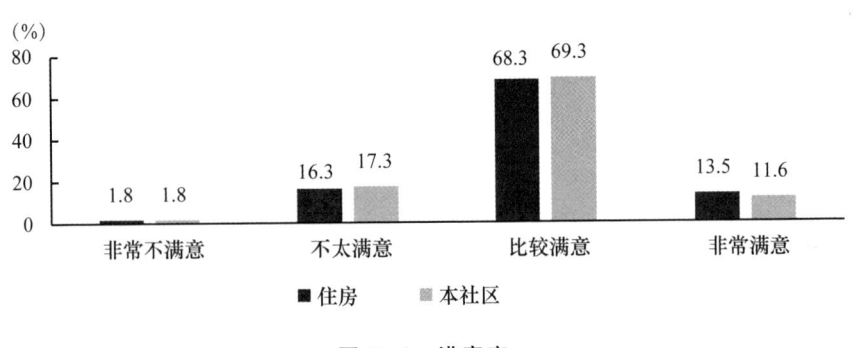

图 11.1 满意度

接下来,课题组来比较不同特征受访者对住房和社区满意度的差异。[①] 受访者的特征包括性别、年龄、受教育程度、是否为中共党员、是否为本地人[②]、个人收入分组和所在社区的类型。总体上,住房和社区满意度的均值分别为2.93和2.91。性别方面,女性对住房和社区的满意度均略高于男性。在年龄上,

---

① 住房和社区满意度的赋值方法为:非常不满意记为1,不太满意记为2,比较满意记为3,非常满意记为4,即,取值范围为1—4,分数越高,满意度越高。

② 本地人指户口所在地为本市的受访者,非本地人(外地人)指户口所在地为本市以外的受访者。

年龄越大，住房和社区满意度越高。受教育程度较高的受访者对住房和社区的满意度略低于受教育程度较低的受访者。政治面貌为中共党员的受访者对住房的满意度略高于非党员的受访者，二者对社区的满意度没有差异。本地人对住房和社区的满意度略高于外地人。在个人收入分组上，住房满意度呈现U型，即低收入组和高收入组的住房满意度较高，中等收入组的住房满意度较低，社区满意度则有起有伏。在各种社区类型中，单元型社区的住房满意度最高，地缘型、单位型和混合型社区的住房满意度较低。社区满意度最高的是地缘型社区，紧随其后的是单元型社区，单位型社区和混合型社区的社区满意度较低（见表11.1）。

表11.1　　　　　　　　不同特征受访者的满意度

特征	类别	住房	社区
性别	男	2.91	2.89
	女	2.96	2.92
年龄	18—29岁	2.96	2.86
	30—39岁	2.86	2.86
	40—49岁	2.92	2.89
	50—59岁	2.97	2.98
	60—69岁	2.99	2.96
教育	小学及以下	2.97	2.96
	初中	2.92	2.93
	高中/中专/职高	2.94	2.92
	大专	2.92	2.88
	本科及以上	2.94	2.87
中共党员	是	2.97	2.91
	否	2.93	2.91
本地人	是	2.94	2.91
	否	2.92	2.90
个人收入分组	0—25%	2.98	2.92
	25%—50%	2.91	2.96
	50%—75%	2.89	2.86
	75%—100%	2.96	2.89

续表

特征	类别	住房	社区
社区类型	地缘型	2.86	2.98
	单元型	3.04	2.96
	单位型	2.84	2.82
	综合型	2.91	2.87
	转制型	2.93	2.87
	混合型	2.84	2.83
总体		2.93	2.91

(二) 社区参与

积极的社区参与体现了居民参与社区治理的热情。课题组选取了一系列的社区活动，考察受访者的参与情况。在各种社区活动中，参与度最高的是"向居委会/业委会/物业等提出建议或意见"，参与人数占总体的26.94%。其次是"参加小区业主大会的投票"，参与率为17.26%。此外，"参加小区公共事务的讨论会议、社区议事会议"的受访者占总体的15.60%。而"参加本社区的社会公益活动/志愿者服务"的受访者占总体的11.31%（见表11.2）。

表11.2　　　　　　　　　社区参与

社区参与	百分比（%）
参加本社区的社会公益活动/志愿者服务	11.31
参加小区公共事务的讨论会议、社区议事会议	15.60
参加小区业主大会的投票	17.26
向居委会/业委会/物业等提出建议或意见	26.94

社区的异质性对社区参与有着显著影响，具有不同特征的社区居民的社区参与比例有所差异。如果课题组把参与过表11.3中的任何一项社区事务记为1，没有参与过任何一项记为0，课题组就能计算出不同特征受访者的社区参与比例。结果

显示，女性的社区参与比例略高于男性。分年龄组来看，中年群组（40—49岁）的社区参与比例最高，青年群组（18—29岁）的社区参与比例最低。受过高等教育的社区居民社区参与比例较高，低学历居民的社区参与比例较低。中共党员的社区参与比例高于非党员。本地人的社区参与比例高于外地人。在收入分布上，高收入群组的社区参与比例明显高于低收入群组。分不同的社区类型来看，单位型社区和单元型社区的社区参与比例较高，混合型社区、地缘型社区和综合型社区的社区参与比例相对较低，而转制型社区的社区参与比例最低。见表11.3。

关于"周五街坊主题服务日"，有223位受访者表示知道这一说法，占总体的大约10%，而知道活动内容的有161人，占7.58%。知道社区开展过"周五街坊主题服务日"服务活动的受访者有184人，占总体的8.67%，而参加过相关活动的受访者有128人，约占总体的6%（见表11.4）。

表11.3　　　　　　　　　　不同特征受访者的社区参与

特征	类别	社区参与比例（%）
性别	男	38.7
	女	39.9
年龄	18—29岁	23.9
	30—39岁	40.5
	40—49岁	45.1
	50—59岁	43.5
	60—70岁	40.9
教育	小学及以下	26.0
	初中	34.0
	高中/中专/职高	41.5
	大专	45.4
	本科及以上	42.9

续表

特征	类别	社区参与比例（%）
中共党员	是	57.2
	否	36.4
本地人	是	47.4
	否	24.4
个人收入分组	0—25%	34.0
	25%—50%	40.3
	50%—75%	42.1
	75%—100%	44.4
社区类型	地缘型	37.7
	单元型	44.6
	单位型	46.5
	综合型	37.1
	转制型	23.0
	混合型	39.7
总体		39.4

表11.4　　　　参与"周五街坊主题服务日"

社区参与	百分比（%）
我参加过"周五街坊主题服务日"服务活动	5.99
我知道社区开展过"周五街坊主题服务日"服务活动	8.67
我知道"周五街坊主题服务日"的内容	7.58
我知道"周五街坊主题服务日"的说法	10.01

（三）社区信任

社区居民对社区治理主体的信任是实现社区有效治理的基础。课题组通过一系列的测量，考察受访者对街道、居委会、业委会和物管四大社区治理主体的信任程度。总的来看，受访者对街道的信任度最高，居委会次之，业委会和物管的被信任度较低。对于街道，课题组列出了3项内容让受访者做出评价。

有近九成的受访者表示"我信任街道办事处",认为"街道办事处做出的决定代表了大多数居民的利益"和"街道办事处能较好地解决社区问题"都有85%左右。居委会方面,同样有近九成的受访者对其表示信任,同意"居委会做出的决定代表了本社区大多数居民的利益"和"居委会能较好地解决社区问题"的受访者均有85.77%。对业委会表示信任的受访者有72.32%,认为"业委会委员的产生反映了本小区(楼宇)大多数居民的意愿""业委会做出的决定代表了大多数业主的利益"和"业委会能较好处理小区(楼宇)的问题"的受访者各有70%左右。受访者对物管的信任偏低,信任物管的受访者有大概七成,认为"物管做出的决定代表了大多数业主的利益"和"物管能较好处理小区(楼宇)的问题"分别有64.91%和66.87%(见表11.5)。

表11.5　社区信任

主体	内容	同意百分比(%)
街道	1. 我信任街道办事处	89.35
	2. 街道办事处做出的决定代表了大多数居民的利益	84.1
	3. 街道办事处能较好地解决社区问题	85.29
居委会	1. 我信任居委会	89.74
	2. 居委会做出的决定代表了本社区大多数居民的利益	85.77
	3. 居委会能较好地解决社区问题	85.77
业委会	1. 我信任业委会	72.32
	2. 业委会委员的产生反映了本小区(楼宇)大多数居民的意愿	70.79
	3. 业委会做出的决定代表了大多数业主的利益	69.95
	4. 业委会能较好处理小区(楼宇)的问题	69.31
物管	1. 我信任物管	70.46
	2. 物管做出的决定代表了大多数业主的利益	64.91
	3. 物管能较好处理小区(楼宇)的问题	66.87

如果课题组把同意记为1,不同意记为0,对每个主体加总

其各项内容的得分并除以内容个数,[①] 就可以计算出受访者对各个主体的综合信任评分。课题组同时列出了受访者的各项特征,分析不同受访者的社区信任差异。对于街道,女性的信任评分略高于男性,中青年群组的信任评分几乎没有差异,老年群组(60—69岁)相对较高。初中学历的受访者对街道的信任评分最高,而受教育程度为小学及以下的受访者对街道的信任评分最低。政治面貌是中共党员的受访者对街道的信任评分略高于非党员的受访者,本地人和外地人则没有差异。个人收入方面,收入区间为25%—50%的受访者对街道的信任评分最高,50%—75%组次之,0—25%组较低,75%—100%组最低。对于不同的社区类型,居住在地缘型社区的受访者对街道的信任评分最高,其次是单位型社区的受访者,对街道信任评分最低的是混合型社区的受访者。

在居委会的综合信任评分上,男性和女性没有明显差异,老年群组(60—69岁)的评分最高。初中学历的受访者对居委会的信任度最高,而小学及以下学历的受访者评分最低。受访者是中共党员的对居委会的信任评分高于非党员的受访者。本地人对居委会的信任评分略高于外地人。处于25%—50%收入分组的受访者对居委会的信任评分最高,而最高收入组(75%—100%)的信任评分最低。分社区类型来看,地缘型社区对居委会的信任评分最高,达到了0.93,综合型社区次之,为0.9。混合型社区对居委会的信任评分最低,只有0.85。

业委会方面,男性对其的信任评分略高于女性。年轻群组(18—29岁和30—39岁)对业委会的信任评分明显高于中老年群组。受教育程度较高的受访者对业委会的信任评分明显高于受教育程度较低的受访者。政治面貌为中共党员的受访者对业委会的信任评分高于非党员0.1分。本地人对业委会的信任评

[①] 街道、居委会和物管为3,业委会为4。

分略低于外地人。中高收入群组对业委会的信任评分明显高于中低收入群组。分社区类型来看，单元型社区的受访者对业委会的信任评分最高，达到了0.76分，明显高于单位型社区的0.69分、地缘型社区的0.67分、转制型社区和混合型社区的0.66分。居住在综合型社区的受访者对业委会的信任评分最低，只有0.61分。

关于物管的信任评分，男性和女性没有差异。年轻群组对物管的信任评分较高，50—59岁的年龄群组评分最低。受教育程度较高的受访者对物管的信任评分高于受教育程度较低的受访者。政治面貌为中共党员的受访者对物管的信任评分高于非党员的，而本地人对物管的信任评分则低于外地人的。在收入分组方面，对物管信任评分最高的是高收入组（75%—100%），评分最低的则是低收入组（0—25%）。分社区类型来看，单元型社区的受访者对物管的信任评分最高，单位型社区次之，地缘型社区、转制型社区和混合型社区对物管的信任评分较低，而综合型社区的评分最低，只有0.55分。

总的来看，受访者对居委会和街道的综合信任评分较高，分别为0.88分和0.87分，但是对业委会和物管的评分较低，分别只有0.70分和0.67分（见表11.6）。

表11.6　　　　　　　　不同特征受访者的社区信任

特征	类别	街道	居委会	业委会	物管
性别	男	0.87	0.88	0.71	0.67
	女	0.88	0.88	0.70	0.67
年龄	18—29岁	0.87	0.88	0.74	0.72
	30—39岁	0.86	0.86	0.74	0.67
	40—49岁	0.87	0.86	0.69	0.67
	50—59岁	0.87	0.89	0.65	0.62
	60—69岁	0.90	0.91	0.68	0.68

续表

特征	类别	街道	居委会	业委会	物管
教育	小学及以下	0.82	0.86	0.56	0.58
	初中	0.90	0.90	0.70	0.67
	高中/中专/职高	0.88	0.88	0.68	0.65
	大专	0.87	0.88	0.74	0.69
	本科及以上	0.86	0.87	0.76	0.70
中共党员	是	0.89	0.92	0.79	0.74
	否	0.87	0.87	0.69	0.66
本地人	是	0.87	0.88	0.70	0.66
	否	0.87	0.87	0.71	0.69
个人收入分组	0—25%	0.87	0.88	0.66	0.65
	25%—50%	0.90	0.90	0.68	0.67
	50%—75%	0.89	0.88	0.73	0.66
	75%—100%	0.85	0.87	0.74	0.69
社区类型	地缘型	0.92	0.93	0.67	0.62
	单元型	0.86	0.87	0.76	0.73
	单位型	0.89	0.89	0.69	0.66
	综合型	0.88	0.90	0.61	0.55
	转制型	0.87	0.86	0.66	0.63
	混合型	0.85	0.85	0.66	0.63
总体		0.87	0.88	0.70	0.67

（四）集体效能感

集体效能感（collective efficacy）是美国社会学家罗伯特·J. 辛普森（Robert J. Sampson）提出的概念，旨在提供一个解释社区影响（neighborhood effects）的核心机制。[①] 集体效能感包括社会凝聚力（social cohesion）和非正式社会控制（informal social control）两个维度。值得注意的是，集体效能感的概念是在美国的社会背景下提出的，其在中国的适应性需要更多研究的论证。课题组这里借用集体效能感的测量，把它作为衡量社

---

① 罗伯特·J. 辛普森（Robert J. Sampson）：《伟大的美国城市：芝加哥和持久的邻里效应》，陈广渝、梁玉成译，社会科学文献出版社2018年版。

第十一章　广州社会治理现代化状况分析

区治理成效的一个指标。

首先来看社区凝聚力。同意"住在这里附近的人都愿意互相帮忙"的受访者占总体的八成左右，其中63%的受访者表示同意，17%的受访者表示非常同意。有73%的受访者同意"我可以信任住在这个社区里面的人"，其中12%的受访者表示非常同意，61%的受访者表示同意，如图11.2所示。

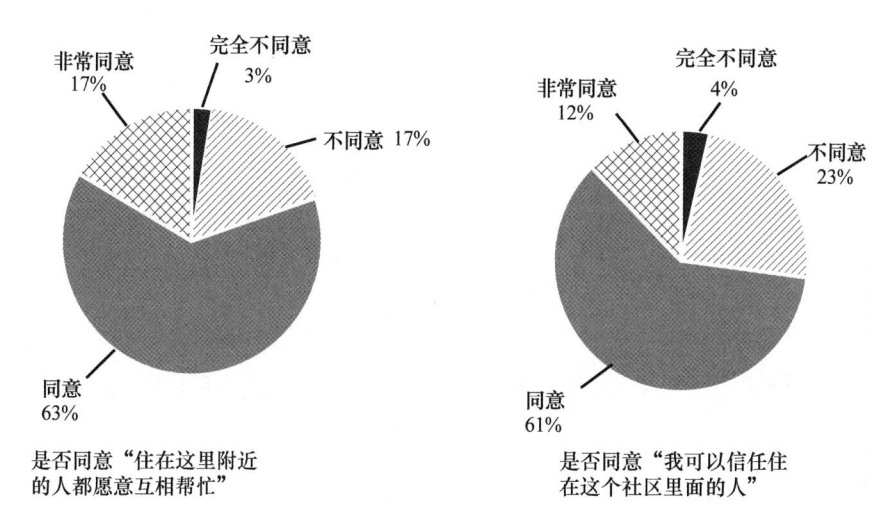

图11.2　社区凝聚力

对于非正式社会控制，有近八成的受访者表示看到"有小孩在墙上乱涂乱画"有可能会上前阻止，其中55%的受访者表示可能，24%的受访者表示非常可能。在表示不可能上前阻止的受访者里，有18%的受访者认为不可能，另外3%的受访者表示完全不可能。如果看到"有孩子在路边打架"，同样有八成的受访者表示可能会上前阻止，其中54%的受访者表示可能，27%的受访者表示非常可能。在不可能上前阻止的受访者里，16%的受访者表示不可能，另外3%的受访者表示完全不可能，如图11.3所示。

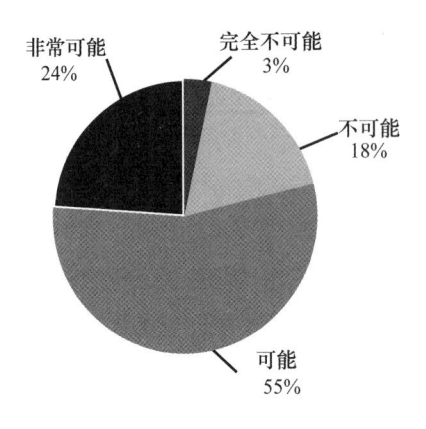

看到"有小孩在墙上乱涂乱画"
是否会上前阻止

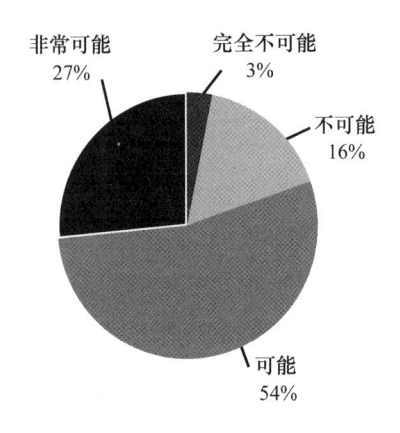

看到"孩子在路边打架"
是否会上前阻止

图11.3 非正式社会控制

如果把社会凝聚力和非正式社会控制的评分相加，课题组就能得出受访者对集体效能感的评分。[①] 课题组发现，受访者总体的集体效能感评分均值为11.82分。分不同特征来看，女性的集体效能感评分高于男性。年龄越大，集体效能感评分越强。受教育程度越高，集体效能感评分就越低。政治面貌为中共党员的受访者的集体效能感评分高于非中共党员的受访者。本地人的集体效能感评分高于外地人。在个人收入分组上，高收入群组的集体效能感低于低收入群组，集体效能感评分最高的是0—25%收入分组，而评分最低的则是75%—100%收入分组。在不同类型的社区里，地缘型社区的受访者集体效能感最高，评分为12.45分，比总体的均值高0.63分。单元型社区的受访者排在第二位，集体效能感评分为11.84分。单位型社区和混合型社区的集体效能感相同，均为11.69分。综合型社区和转制型社区的集体效能感较低，评分分别为11.60分和11.59分

---

① 具体的赋值方法为，完全不同意/完全不可能为1分，不同意/不可能为2分，同意/可能为3分，非常同意/非常可能为4分。也就是说，集体效能感的评分范围是4—16，分数越高，集体效能感越强。

(见表11.7)。

表11.7　　不同特征受访者的集体效能感

特征	类别	集体效能感
性别	男	11.70
	女	11.91
年龄	18—29岁	11.24
	30—39岁	11.85
	40—49岁	11.78
	50—59岁	12.17
	60—69岁	11.94
教育	小学及以下	12.07
	初中	12.02
	高中/中专/职高	11.87
	大专	11.73
	本科及以上	11.51
中共党员	是	12.02
	否	11.79
本地人	是	11.89
	否	11.68
个人收入分组	0—25%	11.96
	25%—50%	11.95
	50%—75%	11.86
	75%—100%	11.64
社区类型	地缘型	12.45
	单元型	11.84
	单位型	11.69
	综合型	11.60
	转制型	11.59
	混合型	11.69
总体		11.82

(五) 社区问题

1. 社区综合状况

随着城市的发展和社区异质性的增强,社区内部的问题与纠纷是社区治理和市域治理现代化所要面对的重要课题。总的来看，在各种社区问题中，受访者反映最普遍的是"停车位数量不足"，有近一半的受访者认为社区存在这一问题。排在第二位的问题是"卫生保洁差"，有30.25%的受访者选择，"文化娱乐场所不足"紧随其后，也有近三成的受访者选择。"绿化维护不足够"和"健身休闲设施破旧，缺乏维护"也是比较突出的问题，均有约22%的受访者选择。认为存在"宠物扰民"的受访者有18%，有17.52%的受访者认为"噪声污染、光污染严重"。认为"物业管理不到位"的受访者有15.22%。认为"外来人口、出租屋管理不善"和"乱摆乱卖现象严重"都超过了10%。认为"治安维护不好"和"街道办、居委会管理和服务水平不高"的受访者相对较少，各有约8%，认为"社区工作人员能力不足"的最少，只有约5%。

如果分不同类型的社区来看，混合型社区的社会问题最多，所面临的突出问题有"停车位数量不足""健身休闲设施破旧，缺乏维护""治安维护不好""噪声污染、光污染严重""街道办、居委会管理和服务水平不高"以及"社区工作人员能力不足"。地缘型社区的"电线、下水道等水电设施维护不力"问题较为明显。单元型社区存在"文化娱乐场所不足""宠物扰民""物业管理不到位"的问题。综合型社区存在的突出问题包括"绿化维护不足够""卫生保洁差""外来人口、出租屋管理不善"。转制型社区的突出问题是"乱摆乱卖现象严重"。与其他类型的社区相比，单位型社区没有特别突出的问题（见表11.8）。

表11.8　　社区问题

	总体	地缘型	单元型	单位型	综合型	转制型	混合型
绿化维护不足够	22.3%	18.4%	21.0%	21.3%	27.5%	25.5%	23.6%
停车位数量不足	48.6%	51.5%	49.6%	47.8%	41.5%	43.2%	52.7%
电线、下水道等水电设施维护不力	20.8%	26.2%	18.4%	22.5%	28.7%	17.7%	21.1%
健身休闲设施破旧，缺乏维护	22.2%	18.4%	25.0%	23.4%	21.6%	13.8%	26.2%

续表

	总体	地缘型	单元型	单位型	综合型	转制型	混合型
文化娱乐场所不足	29.4%	23.9%	33.9%	32.2%	20.5%	24.6%	29.3%
卫生保洁差	30.3%	23.9%	24.6%	31.3%	42.1%	38.4%	34.2%
治安维护不好	8.4%	8.2%	7.5%	8.1%	9.4%	9.2%	9.6%
乱摆乱卖现象严重	10.3%	15.7%	6.6%	9.1%	10.5%	16.6%	9.8%
宠物扰民	18.0%	15.7%	21.5%	21.3%	14.6%	11.5%	16.9%
物业管理不到位	15.2%	5.9%	22.2%	14.4%	12.3%	4.1%	18.2%
噪声污染、光污染严重	17.5%	19.7%	14.5%	15.3%	21.6%	18.4%	22.0%
外来人口、出租屋管理不善	11.5%	8.5%	9.9%	13.4%	14.0%	14.0%	12.7%
街道办、居委会管理和服务水平不高	7.9%	7.5%	7.5%	6.3%	8.8%	6.4%	11.6%
社区工作人员能力不足	5.0%	3.0%	5.8%	4.7%	5.3%	2.3%	7.3%

2. 社区垃圾分类

对于垃圾分类的情况，有28.82%的受访者居住的社区实行了部分分类。已经完全实行垃圾分类的占总体的11.9%。有大约四分之一的受访者表示社区"仅有垃圾分类桶，但并没有什么用"，另外有四分之一左右的受访者表示社区从未实行垃圾分类，还有3.8%的受访者表示自己不知道广州正在推行垃圾分类。分社区类型来看，单元型社区和单位型社区实行垃圾分类的情况较好，分别有34.8%和29.1%的居民表示已经实行了部分分类。在地缘型社区，有31.6%的受访者表示"仅有垃圾分类桶，但并没有什么用"。综合型社区、转制型社区和混合型社区的垃圾分类实行情况相对较差（见表11.9）。

表11.9　社区的垃圾分类

社区垃圾分类	总体	地缘型	单元型	单位型	综合型	转制型	混合型
不知道广州正在推行垃圾分类	3.8%	4.1%	2.6%	2.1%	4.2%	5.8%	5.1%
从未实行	26.9%	28.7%	20.5%	27.3%	31.6%	31.3%	33.8%

续表

社区垃圾分类	总体	地缘型	单元型	单位型	综合型	转制型	混合型
仅有垃圾分类桶，但并没有什么用	26.8%	31.6%	26.8%	26.4%	30.4%	22.6%	26.3%
实行了部分分类（如仅）	30.7%	29.3%	34.8%	29.1%	25.0%	29.1%	27.4%
已经完全实行垃圾分类	11.9%	6.4%	15.3%	15.1%	8.9%	11.2%	7.5%
样本量	2851	345	1069	337	168	464	468

3. 社区养狗管理

养犬文明体现了城市文明的细节，也是很多社区居民关注的热点。为了治理养犬乱象，广州已于2019年着手修订已实施十年的《广州市养犬管理条例》。① 因此，课题组请被访者回答所在的社区是否存在养狗所带来的一系列问题。受访者反馈最多的是"随地大小便"，有超过一半的受访者认为自己所在的社区存在这一养狗问题。排在第二位的问题是"狗只叫声造成噪声"，有近三分之一的受访者确认了这一问题的存在。还有11.64%的受访者认为存在"狗只咬人"的问题。认为有"疾病传播"和"撕咬公共物品"的受访者分别有6.38%和2.11%。分社区类型来看，除了转制型社区有较多的被访者表示不存在养狗的问题以外，其他类型社区的居民都表示存在较为突出的"随地大小便"的养狗问题（见表11.10）。

表11.10　　　　　　　　　社区的养狗问题

社区的养狗管理问题	总体	地缘型	单元型	单位型	综合型	转制型	混合型
狗只叫声造成噪声	32.8%	28.5%	36.3%	31.6%	36.8%	29.9%	30.5%
随地大小便	53.6%	47.0%	57.8%	50.6%	52.4%	43.1%	61.1%
狗只咬人	11.6%	12.7%	13.5%	9.8%	13.0%	10.8%	8.4%
撕咬公共物品	2.1%	1.7%	2.4%	2.0%	1.1%	1.8%	2.5%

---

① 《〈广州市养犬管理条例（修订草案）〉征求意见》，2019年10月13日，央广网（http://www.cnr.cn/gd/gdkx/20191013/t20191013_524813469.shtml）。

续表

社区的养狗管理问题	总体	地缘型	单元型	单位型	综合型	转制型	混合型
疾病传播	6.4%	5.5%	7.1%	6.7%	4.3%	4.3%	7.8%
其他	3.5%	3.0%	4.4%	4.2%	1.1%	1.4%	4.3%
不存在以上问题	34.8%	43.9%	29.3%	34.9%	37.3%	46.4%	28.5%
样本量	3040	362	1134	358	185	489	512

三 获得感、幸福感、安全感

习近平总书记在党的十九大报告中指出，要使人民获得感、幸福感、安全感更加充实、更有保障、更可持续。"广州十四五规划"提出要建设更高水平的"幸福广州"和"安全广州"，"让人民群众获得感更有成色、幸福感更可持续、安全感更有保障"。广州市民的获得感、幸福感、安全感是课题组考察广州市域社会治理水平的重要内容。

课题组首先来看获得感。在调查中，受访者被问道："您是否觉得广州的经济社会发展让您从中受益？"认为受益的受访者占总体的大约六成，其中有47%的受访者表示"略微受益"，有14%的受访者表示"受益很多"。此外，有大概三分之一的受访者表示"没有变化"。还有一小部分受访者表示自己的利益有所减少，其中有4%的受访者表示"利益有些减少"，有1%的受访者表示"利益减少很多"，如图11.4所示。

幸福感方面，课题组问受访者对"我是一个幸福的人"的说法是否同意。同意自己是一个幸福的人的受访者超过八成，其中有62%的受访者表示比较同意，有22%的受访者表示非常同意。而在不同意自己是一个幸福的人的受访者里，有14%的受访者表示不大同意，还有2%的受访者表示很不同意，如图11.5所示。

在安全感上，课题组请受访者回答自己在各个方面的安全感。个人和家庭财产安全方面，超过九成的受访者表示安全，

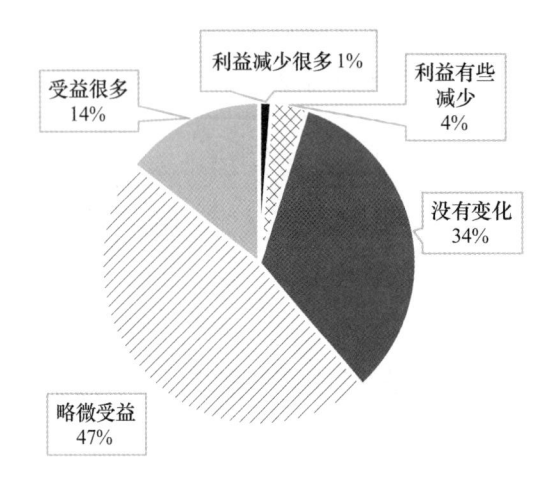

利益减少很多 1%
受益很多 14%
利益有些减少 4%
没有变化 34%
略微受益 47%

图11.4 获得感

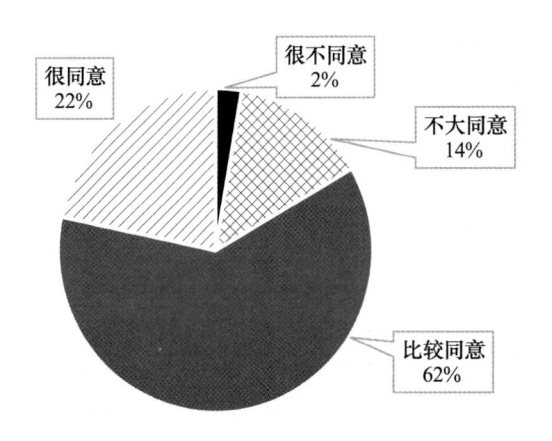

很同意 22%
很不同意 2%
不大同意 14%
比较同意 62%

图11.5 幸福感

其中有68.13%的受访者表示比较安全，有24.55%的受访者表示很安全。人身安全方面，同样有超过九成的受访者表示安全，其中有68.24%的受访者表示比较安全，有25.54%的受访者表示很安全。交通安全方面，大概85%的受访者表示安全，其中有68.76%的受访者表示比较安全，有17.9%的受访者表示很安全。医疗安全方面，超过八成的受访者表示安全，其中有65.63%的受访者表示比较安全，有16.01%的受访者表示很安全。食品安全方面，表示安全的受访者超过了一半，其中有

44.58%的受访者表示比较安全,有10.03%的受访者表示很安全。工作安全方面,有近九成的受访者表示安全,其中有68.42%的受访者表示比较安全,有20.22%的受访者表示很安全。个人信息、隐私安全方面,表示安全的受访者大概占总体的一半,其中有41.67%的受访者表示比较安全,有10.24%的受访者表示很安全。生态环境安全方面,认为安全的受访者大概有75%,其中有63.97%的受访者表示比较安全,有12.34%的受访者表示很安全。对于总体上的社会安全状况,表示安全的受访者占到了九成,其中有78.89%的受访者表示比较安全,有12.95%的受访者表示很安全。比较各个方面,受访者在食品安全和个人信息、隐私安全方面的安全感相对较低(见表11.11)。

表11.11 安全感

安全感	很不安全	不大安全	比较安全	很安全	样本量
个人和家庭财产安全	0.97%	6.35%	68.13%	24.55%	2978
人身安全	0.37%	5.85%	68.24%	25.54%	2991
交通安全	1.31%	12.03%	68.76%	17.9%	2967
医疗安全	2.08%	16.29%	65.63%	16.01%	2886
食品安全	10.17%	35.22%	44.58%	10.03%	2961
工作安全	2.05%	9.3%	68.42%	20.22%	2730
个人信息、隐私安全	16.29%	31.8%	41.67%	10.24%	2940
生态环境安全	3.93%	19.76%	63.97%	12.34%	2950
总体上的社会安全状况	0.37%	7.79%	78.89%	12.95%	2980

课题组还可以进一步比较不同特征受访者的获得感、幸福感、安全感。获得感方面[①],评分的均值为3.70分。男性的获

---

① "利益减少很多"记1分,"利益有些减少"记2分,"没有变化"记3分,"略微受益"记4分,"受益很多"记5分。获得感的取值范围是1—5分,分数越高,获得感越强。

得感高于女性。年龄越大，获得感越强。受教育程度越高，获得感相对更高。政治面貌为中共党员的受访者获得感高于非中共党员的受访者。本地人的获得感高于外地人。收入越高，获得感越强。分社区类型来看，单元型社区的受访者获得感最高，其次是单位型社区和混合型社区的受访者。地缘型社区和转制型社区的受访者获得感较低，综合型社区的受访者获得感最低。

幸福感的平均评分是 3.02 分。[①] 女性的幸福感略高于男性。幸福感和年龄呈现 U 型关系，年轻群组和年长群组的幸福感相对较高，中年群组的幸福感相对较低。不同受教育程度的受访者幸福感差异不大。政治面貌为中共党员的受访者幸福感略高于非中共党员的受访者。本地人的幸福感略高于外地人。个人收入越高，幸福感相对较高。分社区类型来看，居住在单元型社区的受访者幸福感最高，其次是单位型社区和混合型社区的受访者。综合型社区和转制型社区受访者的幸福感较低，地缘型社区受访者的幸福感最低。

安全感的平均评分是 2.94 分。[②] 男性的安全感略高于女性。年轻群组（18—30 岁）和中老年群组（50—69 岁）的安全感高于中年群组。高学历受访者的安全感相对较低。政治面貌为中共党员的受访者的安全感略低于非中共党员的受访者。本地人的安全感略低于外地人。个人收入越高，安全感相对越低。分社区类型来看，居住在地缘型社区的受访者安全感最高，其次是转制型社区和综合型社区的受访者。单位型社区和单元型社区的受访者安全感较低，混合型社区受访者的安全感最低（见表 11.12）。

---

① "很不同意"记 1 分，"不大同意"记 2 分，"比较同意"记 3 分，"很同意"记 4 分。幸福感取值范围是 1—4 分，分数越高，幸福感越强。

② 我们先给 9 个方面的每个方面记分，"很不安全"记 1 分，"不大安全"记 2 分，"比较安全"记 3 分，"很安全"记 4 分，然后把 9 个方面的得分加总除以 9，得到安全感的综合评分。安全感的取值范围是 1—4 分，分数越高，安全感越强。

表 11.12　不同特征受访者的获得感、幸福感、安全感

特征	类别	获得感	幸福感	安全感
性别	男	3.73	2.98	2.97
	女	3.67	3.07	2.92
年龄	18—29 岁	3.68	3.04	2.97
	30—39 岁	3.63	3.00	2.90
	40—49 岁	3.74	2.97	2.90
	50—59 岁	3.70	3.03	2.97
	60—69 岁	3.75	3.11	3.02
教育	小学及以下	3.64	3.02	2.97
	初中	3.59	3.02	3.04
	高中/中专/职高	3.67	3.02	2.96
	大专	3.75	3.02	2.90
	本科及以上	3.82	3.05	2.87
中共党员	是	3.85	3.08	2.90
	否	3.67	3.02	2.95
本地人	是	3.74	3.03	2.93
	否	3.62	3.02	2.97
个人收入分组	0—25%	3.56	3.00	2.97
	25%—50%	3.67	2.98	2.99
	50%—75%	3.71	3.06	2.92
	75%—100%	3.83	3.05	2.91
社区类型	地缘型	3.63	2.94	3.02
	单元型	3.76	3.11	2.92
	单位型	3.73	3.00	2.95
	综合型	3.57	2.99	2.96
	转制型	3.61	2.95	2.98
	混合型	3.71	3.00	2.90
总体		3.70	3.02	2.94

四　公共服务

"广州十四五规划"提出,"十四五"时期,要在"民生福祉取得新进步……公共服务体系更加完善"。具有不同特征的社区居民对公共服务的评价不同。从社区异质性入手,课题组

能更准确地评估公共服务的情况。

为了测量受访者对公共服务的满意度,课题组请受访者对一系列(共14项)公共服务进行满意度评价。[①] 可以发现,不同特征社区居民对公共服务的满意度有所差异。男性和女性的公共服务满意度几乎没有差异。分年龄组来看,青年群体(18—29岁)和老年群体(60—69岁)对公共服务的满意度较高,中青年群体(30—39岁)的公共服务满意度较低。中等收入群体对公共服务的满意度较高,低收入群体和高收入群体的公共服务满意度相对较低。对于不同类型的社区,单元型社区居民的公共服务满意度最高,单位型社区居民的公共服务满意度较高,综合型社区、转制型社区和地缘型社区居民的公共服务满意度偏低,而混合型社区居民对公共服务的满意度最低(见表11.13)。

表11.13　　　　　不同特征受访者的公共服务满意度

特征	类别	公共服务满意度
性别	男	6.80
	女	6.81
年龄	18—29岁	6.95
	30—39岁	6.65
	40—49岁	6.78
	50—59岁	6.83
	60—69岁	6.93
教育	小学及以下	6.85
	初中	6.81
	高中/中专/职高	6.83
	大专	6.78
	本科及以上	6.80

① 非常不满意为1分,非常满意为10分。把每一项评价的分数加总再除以评价指标的数量,我们计算出了综合满意度评分,其取值范围是1—10分,分数越高,满意度越高。

续表

特征	类别	公共服务满意度
中共党员	是	6.88
	否	6.80
本地人	是	6.81
	否	6.81
个人收入分组	0—25%	6.74
	25%—50%	6.95
	50%—75%	6.80
	75%—100%	6.77
社区类型	地缘型	6.77
	单元型	6.97
	单位型	6.87
	综合型	6.81
	转制型	6.80
	混合型	6.65
总体		6.73

接下来课题组逐项分析。在各项公共服务中，满意度最高的是公共交通，得分为7.50分，紧随其后的是公共安全，得分为7.48分。政务服务和义务教育的得分也都超过了7分，分别是7.05分和7.02分。满意度较低的公共服务有医疗卫生和就业创业服务，得分分别为6.49分和6.39分。受访者对住房保障的满意度最低，其得分只有6.38分。由此来看，受访者对住房、就业和医疗等公共服务不太满意，这几个方面亟须进一步改善。

课题组进一步区分本地人和外地人，看他们对各项公共服务满意度的差异。在本地人看来，公共服务满意度最高的是公共交通，其得分为7.52分，其次是公共安全，其得分为7.48分。外地人对公共交通和公共安全的满意度并列第一，评分都为7.48分。本地人对政务服务和义务教育的满意度都较高，评分超过了7分，外地人虽然对政务服务的满意度评分达到了7.06分，但是对义务教育的评分只有6.80分，这一评分明显低于本地人。本地人和外地人对医疗卫生的满意度都较低，评分都为6.49分。外地人对就业创业服务的满意度要高于本地人，前者的评分为6.46分，而后者的评分为6.34分。尽管住房保障是本地人和外地人都最不满意的公共服务，他们对其的评分仍然有着明显差异。本地人对住房保障的评分为6.45分，而外地人的评分只有6.24分，这说明外地人面临着更为突出的住房保障问题。

除了满意度以外，课题组还考察了受访者对各项公共服务的认可度。具体来说，课题组请受访者选出3项近两年改善最大的公共服务，选中的公共服务被认为是得到了受访者的认可。课题组计算了每一项公共服务被选中的比例，从而得出了认可度。在各项公共服务里，认可度最高的是公共交通，认可的比例达到了48%。紧随其后的是义务教育和医疗卫生，认可度都达到了32%。公共安全、社区环境和社会保障的认可度都较高，认可的比例分别为29%、24%和20%。旅游服务、文化服务和健身休闲服务的认可度相对较低，获得认可的比例都是10%。受访者对就业创业服务的认可比例也只有7%。在所有公共服务里，认可度最低的是流动人口管理和服务，其得到受访者认可的比例仅有4%。这说明，在近两年的工作中，流动人口管理和服务并没有得到大家的认可，这方面的公共服务应当得到进一步的改善（见表11.14）。

表11.14　　　　　　　　　满意度与认可度

公共服务	满意度			认可度
	总体	本地人	外地人	总体
义务教育	7.02	7.14	6.80	0.32
医疗卫生	6.49	6.49	6.49	0.32
旅游服务	6.60	6.57	6.64	0.10
就业创业服务	6.39	6.34	6.46	0.07
文化服务	6.72	6.72	6.73	0.10
健身休闲服务	6.58	6.56	6.62	0.10

续表

公共服务	满意度			认可度
	总体	本地人	外地人	总体
社会保障	6.73	6.76	6.68	0.20
住房保障	6.38	6.45	6.24	0.11
公共交通	7.50	7.52	7.48	0.48
公共安全	7.48	7.48	7.48	0.29
政务服务	7.05	7.04	7.06	0.18
社区环境	6.91	6.86	6.99	0.24
养老服务	6.60	6.60	6.61	0.10
流动人口管理和服务	6.72	6.68	6.78	0.04

市民对各种公共服务有着不同的关注点。在五个维度上，受访者对高质量的关注度最高。对于义务教育、文化服务、公共安全、社区环境和养老服务等公共服务，受访者都认为高质量最为重要。受访者对便利性最为看重的公共服务是公共交通。合理的费用最为重要的公共服务有医疗卫生和旅游服务。受访者认为高效率最为重要的公共服务是政务服务和流动人口管理和服务。对于就业创业服务、社会保障和住房保障，受访者最看重公平性（见表11.15）。

表11.15　　　　　对各项公共服务的关注点

公共服务	便利	合理的费用	高效率	公平性	高质量
义务教育	14.5%	30.2%	6.9%	34.0%	44.0%
医疗卫生	21.5%	54.0%	14.8%	11.9%	32.5%
旅游服务	28.5%	38.4%	6.8%	6.5%	26.5%
就业创业服务	16.5%	12.2%	16.6%	35.3%	13.3%
文化服务	25.6%	17.7%	12.0%	9.6%	34.0%
健身休闲服务	44.7%	24.9%	6.7%	6.3%	21.6%
社会保障	12.0%	27.9%	17.0%	35.4%	29.1%
住房保障	12.6%	37.1%	8.8%	33.0%	24.0%
公共交通	63.5%	18.1%	19.8%	5.7%	15.4%
公共安全	13.0%	8.5%	27.1%	9.4%	53.0%

续表

公共服务	便利	合理的费用	高效率	公平性	高质量
政务服务	23.8%	8.4%	44.6%	17.9%	24.3%
社区环境	23.7%	10.9%	11.7%	7.0%	60.2%
养老服务	19.5%	33.4%	9.4%	16.2%	39.4%
流动人口管理和服务	18.7%	8.5%	24.0%	23.4%	19.7%

五　总结与建议

本章以"广州十四五规划"为指导，坚持"以证据为支撑的政策"（evidence-based policy）原则，充分挖掘2019年广州社会状况综合调查的数据结果，在准确把握社区异质性的基础上，区分了不同类型的社区和不同特征的社区居民，分析了社区治理、获得感、幸福感和安全感以及公共服务等一系列市域社会治理相关议题。课题组发现，地缘型、单位型和单元型社区的社会治理情况相对较好，而转制型、综合型和混合型社区的社会治理情况仍有很大的提升空间。课题组认为，只有准确把握城市社区异质性，才能更好更快地推进市域社会治理现代化。

具体看来，城市社区集中表现在"停车位数量不足""卫生保洁差""文化娱乐场所不足"等几个问题，这也集中反映了广州在具体实施"老城市新活力"城市建设进程中，尤其是城市更新工作中的重点和难点。同时，调查中也发现老百姓日益增长的美好生活需要与当前社区公共服务设施不匹配、治理效能不匹配等问题。

另外，关于"社区垃圾分类"的问题，广州自2011年出台《广州市城市生活分类管理暂行规定》以来，又于2015年出台《广州市生活垃圾分类管理规定》，2018年《广州市生活垃圾分类管理条例》，到2020年最新的《广州市生活垃圾分类管理条例》修正版，在城市垃圾分类工作中已经树立了"广州样本"。① 但与此同时，本文显示的调查表明，有四分之一的受访者表明"仅有垃圾分类桶，但并没有什么用"，而另外四分之一的受访者更是表明"社区从未实行垃圾分类"。可见，垃圾分类的实际效果仍有较大的提升空间。

本文所提供的数据分析结果不仅包括单变量描述统计，而且有根据受访者各种特征的双变量交互分析。课题组相信，2019 年广州社会状况综合调查的数据结果既对广州市当前的市域社会治理状况进行了准确的描述，又为决策者评估公共政策提供了科学的依据，同时为下一步相关政策的制定与调整指明了方向。

基于此，本章建议从以下几方面入手，不断提高广州社区治理水平，进一步推进市域社会治理现代化。

（一）按照不同的社区类型，因地制宜完善社区治理

目前广州仍处在城市更新快速发展的阶段，当中重要的内容是老旧社区的改造与提升。转制型、综合型和混合型社区人员构成复杂，功能多样，由此衍生出诸多问题。当务之急是加强组织管理，厘清社区边界，把不符合现代城市发展规律的内容剥离出去，按照功能划分商业、服务、居住等属性，通过社区微改造，社区资源整合等措施着力实现老旧社区的旧貌换新颜。地缘型、单位型和单元型社区则要加强居委会、居民、物业之间的联系，建立制度机制保障社区的有效治理，不断提高

---

① 陈杰、傅一鸣，《广州城市社区垃圾分类治理的经验、难点及解决路径》，载黄玉、陈杰等主编《广州社会发展报告（2020）》，社会科学文献出版社 2020 年版；《〈广州市生活垃圾分类管理条例〉通过树立"广州样本"》，2018 年 1 月 2 日，https：//news. ycwb. com/2018－01/02/content_ 25842812. htm；《〈广州市生活垃圾分类管理条例〉部分条款修改　对生活垃圾分类处罚"加码"》，2020 年 8 月 24 日，广州市人民政府门户网站（http：//www. gz. gov. cn/xw/jrgz/content/post_6509147. html）。

社区居民的凝聚力和认同感。

（二）优化公共服务供给，不断满足社区居民需求

针对停车、卫生、文化设施等社区公共服务难题问题，有关部门应当统筹制定政策规划，加大资金投入，从长远着眼，从细节入手，挖掘市场与社会力量，协调利益相关方，化解矛盾纠纷，同时要加强监督与执法，保障社区居民的幸福感与获得感。

（三）创新加强宣传引导，让政策深入人心

以垃圾分类工作为例，十几年来广州不断优化政策细则，但是居民对此的认识仍然不尽如人意。有关部门应当思考如何改进宣传手段，拓宽推广渠道，充分利用各种新媒体手段，结合居民生活实际场景，奖罚分明，切实提升垃圾分类的实际效果。此外，还要倾听居民声音，避免形式主义，既要在前端把垃圾按类收集好，也要在后端把垃圾按类处理好，让居民感受到参与垃圾分类工作对城市现代化的重要意义。

（四）把握居民的多样性，增强社区有效治理的内生动力

社区居民是社区治理的主体，直接决定了社区治理的成效。广州是国家中心城市，包容性强，社区居民在年龄、教育、职业、收入等方面差异明显。要把握社区居民的多元特征，满足不同类型居民的实际需要，以公共服务供给为抓手，特别是要进一步推动本地户籍人口与外来流动人口享受均等的公共服务，同时兼顾功能性需求和社会性需求，提高居民对社区的依恋感，增强社区居民的凝聚力。

（五）创新社区治理手段，推动治理数据化和智能化

利用信息技术和数据分析手段，推动城市社区治理的现代

化。建立数字化的社区管理平台，收集和整合社区相关数据，实现信息共享和精细化管理。通过智能化系统和技术应用，提高社区治理的效率和便利性，为居民提供更好的公共服务。

（六）以党建为引领，推动形成社区治理合力

社区建设人人参与，党员是社区治理的先锋队。围绕"以党建促治理"的核心思路，不断激发社区党建工作活力，提升社区服务能力和治理水平，多措并举为社区治理服务和发展建设助力鼓励社区居民积极参与社区治理，建立有效的沟通渠道和参与机制，促进政府和社区的合作与互动。

总而言之，城市社区治理现代化需要政府、社区居民和社会多元力量的共同努力。以党建引领、政府主导、多元参与为原则，通过加强宣传，提升公共服务水平，推动治理数据化和智能化等方面的努力，最终实现城市社区治理的现代化，提升居民的获得感和幸福感，建设和谐、宜居的社区。

第十二章　广州社区设施建设与社区治理情况分析

　　社区作为市民最直接的生活空间，是城市治理的最小空间单元，社区设施与服务直接影响到城市空间品质。根据第七次人口普查结果，我国居住在城镇的人口占63.9%，这表明我国的城镇化已经全面进入中后期。随着城市人口进一步提升，大量的老旧城区面临着人口密度过大、公共空间局促、基础设施老化与缺乏等问题。① 人口老龄化，家庭结构与功能也在逐渐发生变化，居民对高生活质量的要求不断增强，对社区设施与治理的需求也在不断增加。另外，由于我国社区治理与服务起步较晚，受经费、场所和组织管理等因素限制，目前还不能完全满足群众的需求。

　　在上述背景下，为了改善社区设施与社区治理，人们开始聚焦社区的差异化更新和社区可持续发展方面的研究。在社区差异化更新方面，学者们的关注点包括：改善社区的基础设施；绿化营造；以多元化方式打造社区共享空间；政府、居民、社会组织多元共治；以老人和儿童健康为导向的社区改造；通过对历史建筑进行功能置换来保护社区文化遗产等。社区可持续发展理念是近年来社区治理、社区服务研究的热点之一，这个理念旨在从规划、空间、公平等维度，通过促进住房和经济的

---

① 杜春兰、余佳：《基于文献计量分析法的国内社区更新进展研究》，《园林》2021年第6期。

良性发展并创建行人友好的街道维持社区的可持续发展，整体措施包括：鼓励街道零售商店发展以满足居民基本服务需要；通过保障性住房政策缓解居民的住房压力；以促进高质量就业为导向的社区经济振兴措施；提升社区公共空间品质。[①] 这些措施均以满足社区居民生活需求、提高社区居民生活质量为导向，依托社区服务设施，内容涵盖公共服务、志愿服务、便民利民、社区商业化服务等方面，这些内容相互依存，任何一个方面出现短板都会影响整体的社区服务水平，影响整个社区生态的良性发展。

全面提升广州市社区设施建设与社区治理水平，需要结合广州社区的实际情况。广州既是改革开放的前沿城市，又是有着千年历史的文化商都，现代都市文化与传统文化相互交织，社区的种类十分多元化，能利用的资源也十分丰富。合理调动不同社区现有的物质资源与文化资源，以广州市民喜闻乐见的方式全面做好社区服务水平的优化工作，能有效促进政府、居民和利益相关群体密切合作，从而保持社区健康可持续发展。

基于社区可持续发展理念，着力营造长期的社区和谐氛围，同时结合《中共广州市委广州市人民政府关于进一步加强城市规划建设管理工作的实施意见》（以下简称《实施意见》）与《广州市社区公共服务设施设置标准（2016年修订版）》中关于提升城市空间品质、建设幸福广州的相关规划，本调查拟从社区生活圈、社区民主与自治、公共服务项目、社区垃圾处理、社区管理等几个维度来对广州市社区进行调研，挖掘目前广州社区设施与服务中的短板，有针对性地提出对策，从而改善人居环境、补充配套短板、塑街区活力，促进新老城区控量提质。

[①] 凌云：《社区更新中的可持续发展策略研究——以美国纽约为例》，《建筑与文化》2021年第6期。

根据上述思路，本章分为六个部分，第一节主要呈现对市内多个社区的公共生活设施、居民生活圈等硬件条件的调查情况；第二节对这些社区的管理形式和组织情况进行调研和分析；第三节主要呈现广州社区的公共服务基本情况；第四节主要分析与社区环境卫生息息相关的垃圾分类与回收情况；第五节呈现广州市社区工作人员的工作环境以及他们所面对的主要社区管理难题；第六节针对上述内容提出有针对性和可操作性的建议。

为了保证样本的代表性与全面性，课题组在全市11个区抽取了100个社区，并且对这些社区中的居委会主任、社工等工作人员进行问卷调查，这些工作人员对社区相关情况与工作比较熟悉，能提供优质的原始调研数据。另外，为了对比不同类型社区的服务差异程度，本调查将社区类型大概分为七种，包括：地缘型社区，即按街区巷道、道路、河流等自然地域以及聚居人口类型划分的社区；单元型社区，即按住宅群落划分，大型楼盘为主体的相对独立的住宅小区；单位型社区，即以机关、企事业单位家属聚居区、宿舍区为主体的社区；综合型社区，即汇集居住、旅游、商务、文化、体育等不同功能特点的社区；转制型社区，即原属农村社区，经"村改居"后划分出来的社区，原村集体经济组织仍正常运作，参与社区服务管理的社区；保障性住房社区；混合型社区。调查数据中不同的社区比重如表12.1所示。

表12.1　　　　　　　　　　受访社区总览

	频率	占比（%）
地缘型	14	14.00
单元型	29	29.00
单位型	11	11.00
综合型	10	10.00

续表

	频率	占比（%）
转制型	15	15.00
保障性住房	1	1.00
混合型	11	11.00
拒绝回答	9	9.00
合计	100	

从上述数据来看，本次调查已涵盖广州市所有的社区类型，但其中单元型社区较多，保障性住房的数据相对缺乏。总体上，地缘型、单元型、单位型、综合型、转制性、混合型等社区类型均收集到10个或以上的样本。

一 社区生活圈

社区公共服务设施配备情况是社区生活质量的重要体现之一，课题组从数量、分布与可及性方面对广州市社区公共服务设施进行调查。

（一）公共服务设施总体配备充足，但分布不均

首先，课题组对小区的公共服务设施配备率进行了调查，这些公共设施包括便利店、超级市场、百货商场、菜市场、银行等。数据显示，便利店、体育健身场所和老年活动室的总体配备均超过85%，其中便利店更是达98.9%之多，这说明广州社区已经可以满足市民日常基本生活用品的供给。体育健身场所的普及率反映了"全民健身"理念逐渐在社区普及，充足的老年活动室也为老年人提供了稳定的活动与交流平台，丰富了老年人的退休生活。另外，73.3%的受访社区有图书室，60.2%的受访社区有公园，居民的文娱生活得到了一定程度的保障，也进一步补充了居民的活动健身场所。超级市场、百货

商场、菜市场的总体配备率也达到50%左右，能满足居民日常生活、娱乐与消费。总体来说，广州市公共服务设施在数量上比较充足，如图12.1所示。

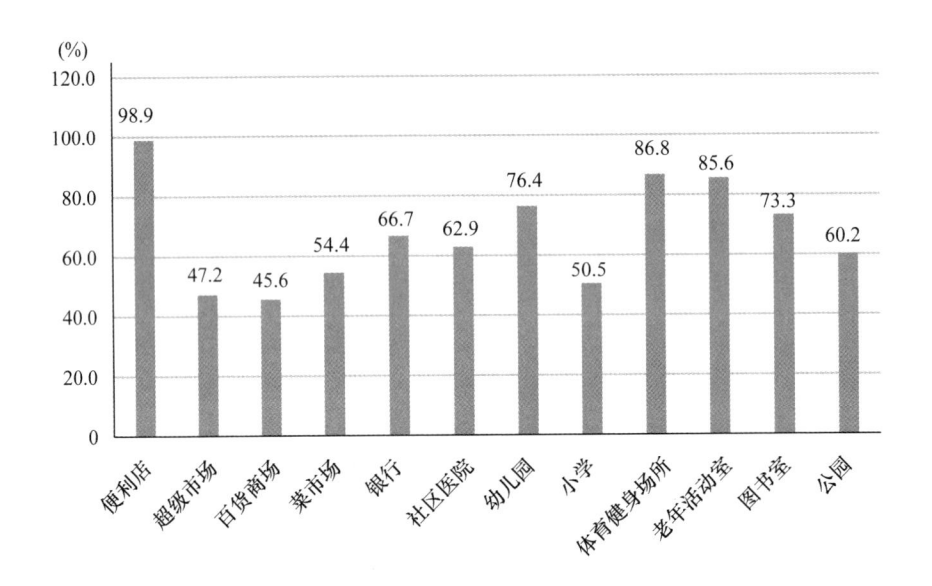

图12.1　公共服务设施总体配备情况

便利店 98.9；超级市场 47.2；百货商场 45.6；菜市场 54.4；银行 66.7；社区医院 62.9；幼儿园 76.4；小学 50.5；体育健身场所 86.8；老年活动室 85.6；图书室 73.3；公园 60.2

从公共服务设施在不同社区的分布情况来看，各种社区的设施配备率差异较大，出现资源分配不均的情况。其中，百货商场、社区医院、公园尤为明显，只有9.1%的单位型社区有百货商场，但转制型社区的百货商场配备率达66.7%；社区医院方面，混合型社区的配备率远高于单位型社区，分别是90.9%和36.4%；90.0%的混合型社区有公园，远高于地缘型社区（42.9%）（见表12.2）。

表12.2　　不同类型社区公共服务设施配备情况　　（单位：%）

	便利店	超级市场	百货商场	菜市场	银行	社区医院	幼儿园	小学	体育健身场所	老年活动室	图书室	公园
地缘型	92.9	57.1	42.9	50.0	71.4	57.1	69.2	42.9	85.7	92.9	64.3	42.9

续表

	便利店	超级市场	百货商场	菜市场	银行	社区医院	幼儿园	小学	体育健身场所	老年活动室	图书室	公园
单元型	100	44.8	48.3	46.4	65.5	55.2	72.4	41.4	96.6	75.9	69.0	57.1
单位型	100	36.4	9.1	36.4	45.5	36.4	72.7	54.5	90.9	100	81.8	45.5
综合型	100	55.6	44.4	60.0	44.4	62.5	77.8	60.0	70.0	88.9	77.8	55.6
转制型	100	50.0	66.7	66.7	86.7	80.0	93.3	60.0	80.0	80.0	73.3	73.3
混合型	100	45.5	54.5	72.7	81.8	90.9	72.7	63.6	81.8	90.9	90.9	90.0

注：由于保障性住房社区样本量较少，因此不纳入社区类型间的比较研究中，但其数据会纳入整体性数据统计中，下同。

（二）地缘型社区"15分钟生活圈"建设初见成效，其他社区待提速

根据《实施意见》中关于构建"15分钟生活圈"的规划，广州需稳步增加并完善居民步行15分钟（约1公里）能到达的社区公共服务设施。因此，本调研从"一公里可及性"的角度对这些社区的设施状况进行调查，调查方法是让社区工作人员给出从居委会到各个公共服务设施的距离，然后统计各个种类的社区一公里内设有不同公共服务设施的比例。结果显示，地缘型社区在"15分钟生活圈"的建设方面有较大的优势，在小学、初中、医院、银行、公交车站的"一公里可及性"中均占首位，其中一公里内有公交车站的地缘型社区达71.4%，有小学、医院、银行的比例均为57.1%，有初中的比例达42.9%。可见，地缘型社区在九年义务教育相关设施的建设方面比较完善，充足的公交站配备也有效缓解这些社区上学高峰时期的人流压力。另外，银行与医院的配备也相对足够，配备率均达57.1%。相对地，其他类型受访社区的"15分钟生活圈"建设则相对滞后，只有7.7%的转制型社区以及9.1%的混合型社区在一公里内有邮局，而且银行的数量也不足，上述两个社区类型一公里内的银行配备率分别只有13.3%和18.2%。可见"15

分钟生活圈"的建设并不同步，如图12.2所示。

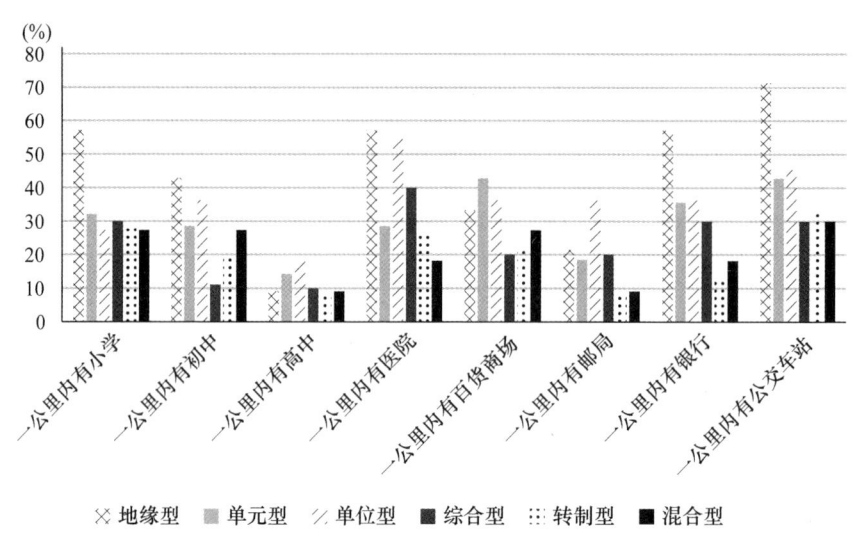

图12.2 各类型社区一公里（15分钟）可到达设施统计

二 社区民主与自治

社区的宣传手段与组织形式是社区管理的基本要素，丰富有效的信息传播手段与多样化的组织形式对社区的有序管理和居民当家做主有着关键的作用。本节对广州市社区的基本宣传方式、日常沟通机制、管理组织等方面进行分析，反映广州社区民主与自治的基本状况。

（一）社区宣传与沟通设施充足，社区居民服务渠道有待加强

宣传栏作为社区最基本的宣传工具，是社区的"窗口"，也是社区塑造形象的重要工具，本次调查数据显示，受访社区宣传栏的配备率达到100%，另外，有90.1%的受访社区配备财务公告栏，这反映了广州市的社区已经基本上实现信息公开。98.9%的受访社区具备了举报箱、97.8%的受访社区设置了居

民接待室、96.7%的受访社区具有社区议事厅,这说明绝大部分居民都有渠道反映自己的想法和意见,有平台与社区工作人员和其他居民进行协商解决社区事务。但值得一提的是,本次调查数据显示,广州社区的街坊服务日的总体普及率还有较大的提升空间,只有67.8%的受访社区有街坊服务日,其中,只有一半左右地缘型社区和转制型社区设置了街坊服务日。街坊服务日可以通过各种活动,增进居民感情与归属感、收集民情、弘扬社区文化、推进社工服务、促进居民议事,因此有别于举报箱、接待室、议事厅等管理形式,是推进社区主动服务,增加居民幸福感的重要方式。由于地缘型社区和转制型社区的聚居特性,往往具有丰富的文化资源,居民的归属感也较强,深入研究如何通过居民服务日来搞活这两种类型社区的服务与管理具有重要的意义(见表12.3)。

表12.3 社区宣传与沟通设施的基本情况 (单位:%)

	有宣传栏	有财务公告栏	有举报箱	有居民接待室	有社区议事厅	有街坊服务日
地缘型	100	85.7	100	92.9	100	53.8
单元型	100	89.7	96.6	100	96.6	67.9
单位型	100	81.8	100	100	90.9	70.0
综合型	100	100	100	100	100	90.0
转制型	100	93.3	100	93.3	93.3	50.0
混合型	100	100	100	100	100	90.9
总体	100	90.1	98.9	97.8	96.7	67.8

自2020年初新冠疫情以来,社区的信息流通日益成为社区管理的重要手段之一,也是应对突发卫生事件,保护居民安全的重要途径。根据本次的调查数据,受访社区每次的信息发布均会运用社区宣传栏,除此之外,社区虚拟平台、电话或上门告知等方式的使用率也较高,分别达到80.2%和75.8%,这说明了智能手机、网络等交流方式已经日渐普及并且作为社区信息发布的重要手段,有效弥补了宣传栏低效率的缺点。同时,

电话或上门通知等手段也能够有效弥补智能手机和网络难以普及的老年人群，从而实现信息最大程度的散布。可见，目前广州社区宣传与沟通的设施充足，手段多样，能满足社区日常的信息交流（见表12.4）。

表12.4	社区宣传手段			（单位：%）
	用社区宣传栏	用社区网络	用社区虚拟平台	用电话或上门
地缘型	100	7.1	71.4	64.3
单元型	100	20.7	72.4	75.9
单位型	100	18.2	90.9	90.9
综合型	100	0.0	80.0	70.0
转制型	100	6.7	93.3	73.3
混合型	100	9.1	81.8	81.8
总体	100	12.1	80.2	75.8

议事厅是居民实现和谐沟通、自我服务与管理的重要平台之一，课题组对社区议事厅的作用做了进一步的调查，结果发现，目前广州社区议事厅所发挥的作用主要是"增强居民交流""完善社区问题""增强居民归属感"，这三个功能分别有87.6%、73.0%和50.6%的受访者勾选，但议事厅并没有很好地促进"社区环境的改善""社区平安有序""文体活动的丰富"等几个功能的实现，这三个方面仅有33.7%、28.1%和16.9%的受访者选取。可见，社区议事厅的交流作用日益凸显，但服务功能仍有待强化（见表12.5）。

表12.5	社区议事厅的作用					（单位：%）
	增强和居民交流	社区环境得到改善	增强居民归属感	完善社区问题	社区平安有序	文体活动丰富
地缘型	84.6	38.5	61.5	92.3	38.5	23.1
单元型	89.7	24.1	51.7	72.4	27.6	13.8

续表

	增强和居民交流	社区环境得到改善	增强居民归属感	完善社区问题	社区平安有序	文体活动丰富
单位型	90.0	30.0	20.0	90.0	30.0	10.0
综合型	80.0	30.0	50.0	70.0	20.0	0
转制型	86.7	60.0	46.7	60.0	26.7	13.3
混合型	90.9	18.2	63.6	54.5	18.2	36.4
总体	87.6	33.7	50.6	73.0	28.1	16.9

（二）社区日常管理手段具备，部分社区社会组织有待发展

调查数据显示，大部分的社区拥有物业公司，物业公司进而志愿者组织的普及率分别达到了71.1%和90.9%，充分体现了小区管理的规范化与自主化。但从详细的数据来看，转制型社区的物业公司普及率偏低，只有26.7%，需指出的是，转制型社区有充足的志愿者组织来弥补管理的缺口。这可能与转制型社区居民聚居方式与房屋的性质有关，由于转制型社区前身多数为农村社区，因此居民之间有着较深的情感，容易组成志愿者组织来管理社区。另外，由于城中村房屋的特点，大型楼盘较少，物业公司式的管理较难实现。同时，在这种情况下，业主委员会也难以组成，因此转制型社区中有业主委员会的也只占少数，只有7.1%。另外，在文娱活动方面，广州社区文体组织的普及率也较高，总体达到78.4%的水平，可见广州社区居民的文娱生活在日渐丰富（见表12.6）。

表12.6　　　　　　　　社区管理组织情况　　　　　　　　（单位：%）

	有物业公司	有业主委员会	有志愿者组织	有文体组织
地缘型	71.4	28.6	78.6	84.6
单元型	96.4	48.3	92.9	85.7
单位型	63.6	36.4	100	63.6
综合型	70.0	30.0	100	90.0
转制型	26.7	7.1	92.9	71.4
混合型	72.7	27.3	80.0	72.7
总体	71.1	33.3	90.9	78.4

社区民间组织是立足于社区,由居民自发组成,实现诸如自我管理、自主活动等目标,从而实现社区、居民和谐发展的组织。社区民间组织是介于社区主体组织(社区党组织、居委会)和社区居民之间的组织,其服务范围包括社会服务、文化体育、慈善救助和社会维权等。近年来,随着社区民间组织的日益发展,其在社区管理、社区公益和社区建设等方面起到越来越重要的作用。但民间组织存在分布不均的情况,本次调查数据显示,42.9%的受访社区没有民间组织,有17.9%的受访社区拥有5个以上民间组织。其中,综合型社区和地缘型社区民间组织发展较快,仅有10.0%和33.3%的受访社区没有民间组织,而转制型和混合型社区的民间组织发展相对滞后,分别有69.2%和60.0%的受访社区没有民间组织,远低于总体水平。需指出的是,有备案的民间组织大部分经费来源于拨款,少部分民间组织的经费来源于会费、收入和筹款,可见政府对民间组织的支持力度较大,但是民间组织对拨款的依赖性也较强(见表12.7)。

表12.7 社区民间组织统计 (单位:%)

	没有民间组织的社区	有1—2个民间组织的社区	有3—4个民间组织的社区	有5个以上民间组织的社区
地缘型	33.3	41.7	16.7	8.3
单元型	40.7	18.5	14.8	25.9
单位型	45.5	18.2	27.3	9.1
综合型	10.0	40.0	20.0	30.0
转制型	69.2	15.4	7.7	7.7
混合型	60.0	10.0	10.0	20.0
总体	42.9	23.8	15.5	17.9

三 公共服务

社区公共服务主要是基层人民政府为满足居民诸如就业、社会保障、救助、卫生、文化、教育等需求而提供的一系列服务。本次调查针对广州社区的老年人服务、课后托管服务、就业服务、低保户的保障服务等方面进行摸查，反映广州市社区上述工作的普及率与运作情况。

（一）公共服务基本充足，筹资与运行方式单一

广州市社区的基本公共服务覆盖率较高，80.0%的受访社区具有居家养老服务，79.1%的受访社区有助餐配餐服务，可见广州市老人服务已经遍及饮食、居家等基本领域。但从详细数据来看，单元型受访社区的老人服务相对滞后，其居家养老服务和助餐配餐服务普及率只有57.1%和58.6%，远低于总体水平，这可能与单元型社区老人较少有关。相对地，老人较多的单位型、综合型、转制型和混合型受访社区的居家养老服务和助餐配餐服务均有较高的普及率（见表12.8）。

表12.8　不同类型社区的各年龄层人口平均分布　（单位：人）

	15岁及以下	60岁及以上	70岁及以上	80岁及以上
地缘型	209.5	878.5	433	225.5
单元型	1271.88	882.67	398.75	202.43
单位型	310	1522.57	778.86	383.14
综合型	446.5	1737	679	364
转制型	1592	1980	937	286.5
混合型	283.00	1796.00	793.00	383.00
总体	802.57	1264.58	590.39	293.18

另外，课后托管服务仍未普及，目前只有21.3%的受访社

区有该服务,其中 15 岁以下儿童较多的单元型社区仅有 10.7%的课后托管率,而在儿童较多的转制型社区中,有 40.0%的课后托管率,这说明了课后托管资源分布不足也不均。随着"三孩"政策的全面开放,家中老人照料小孩的压力越来越大,由此引起的儿童安全问题、老人健康与心理问题也可能会越来越突出,居民对相应公共服务的内容与质量需求也会日益提升,但是现有的社区公共服务体系未能完全满足这些需求(见表12.9)。

表 12.9 公共服务项目统计 (单位:%)

	有居家养老服务	有助参配餐服务	有就业服务	有课后托管服务
地缘型	78.6	92.9	64.3	14.3
单元型	57.1	58.6	75.9	10.7
单位型	100	90.9	90.9	9.1
综合型	80.0	90.0	70.0	30.0
转制型	93.3	80.0	84.6	40.0
混合型	100	90.9	90.9	40.0
总体	80.0	79.1	77.5	21.3

需指出的是,上述公共服务项目的筹资和运营方式比较单一,调查数据显示,超过 90% 的居家养老服务、助餐配餐服务和社区就业服务均由政府部门筹资,课后托管则大多数由私人企业来经营,政府与社会组织为辅。公共服务的运营方面,居家养老服务和助餐配餐服务主要由政府部门和社会组织来担当,就业服务项目则主要由政府部门和居委会承担。课后托管方面,私人企业和社会组织各承担了 57.9% 和 26.3%(见表 12.10、表 12.11)。

表12.10　　　　　　　公共服务项目的筹资方式　　　　　　（单位：%）

	筹资方式					
	政府部门	居委会	私人企业	社会组织	社区居民	其他
有居家养老服务的社区	91.4	1.4	1.4	2.9	0	2.9
有助餐配餐服务的社区	95.7	0	2.9	0	0	1.4
有就业服务的社区	91.2	2.9	0	0	0	5.9
有课后托管的社区	21.1	0	63.2	10.5	0	5.3

表12.11　　　　　　　公共服务项目的运营方式　　　　　　（单位：%）

	运营管理					
	政府部门	居委会	私人企业	社会组织	社区居民	其他
有居家养老服务的社区	42.9	11.4	4.3	38.6	0	2.9
有助餐配餐服务的社区	45.7	5.7	5.7	38.6	1.4	2.9
有就业服务的社区	70.6	19.1	0	5.9	0	4.4
有课后托管的社区	0	5.3	57.9	26.3	5.3	5.3

（二）基本社区保障服务具备，但就业服务分布合理性待提高

一方面，调查数据显示，各个受访社区的低保户数量差异较大，但实际保障差异不大。单元型受访社区平均每个社区有3个低保户，实际保障也是最低的，为760元，低于总平均值881元。综合型受访社区低保户最多，平均每个社区有19户以上，其实际保障较高，为960元。

另一方面，广州市失业人口分布比较集中，转制型的城中村社区失业人口较多，平均每个受访社区有216个失业人口，远高于均值，但该类型社区的就业服务普及率较高，达84.6%，可以在一定程度上缓解该类型社区的就业压力。需指出的是，综合型受访社区失业人口数位居社区种类中的第三，但有就业服务的只有70.0%，可见就业服务的覆盖率尚未满足社区失业人口的整体需求（见表12.12）。

表 12.12　　　　低保户、失业人口与就业服务情况　　（单位：户、元、人、%）

	2020年末社区低保户数量均值	低保户实际保障金额	2020年末社区平均登记失业人口	有就业服务的社区比例
地缘型	9.6	848.6	39.1	64.3
单元型	3.0	760.7	24.5	75.9
单位型	14.4	998.5	47.6	90.9
综合型	19.6	960.0	55.6	70.0
转制型	2.6	944.5	216.4	84.6
混合型	8.5	933.8	37.8	91
总体	7.9	881.2	64.9	77.5

四　垃圾收集、分类与回收

垃圾的分类与回收与城市生态环境息息相关，直接影响到社区生活质量的可持续发展。广州市垃圾分类工作经过了多年的筹备，目前已经开始有序地推进，不少社区已经开始试点强制实施垃圾分类回收工作，但离全面实施垃圾分类还有一定的距离。垃圾分类毕竟关系到居民长时期的生活习惯，很难短时间改变，如何逐步增强居民的环保意识和社区归属感，以居民喜闻乐见的方式推进垃圾分类工作是当务之急。同时，促进可回收垃圾的利用、构建绿色广州也是未来垃圾处理工作的重点。因此，课题组对不同社区的垃圾收集方式进行观察式调查，对垃圾回收设施的设置地方、垃圾回收点的种类和运输等几个方面进行问卷调研。

（一）垃圾收集、分类与运输体系初建立，质量有待提高

调查数据显示，有53.8%的受访社区能做到定时定点收集，不定时但定点收集的受访社区占38.5%，逐层收集和逐户收集的受访社区比较少，分别只占到5.5%和2.2%。总体来说，广州的社区垃圾至少能做到定点收集，但定时定点收集的程度不算高，有些社区的垃圾尚未能每天及时收集，这会在一定程度

上影响社区环境卫生，这种情况在转制型社区体现得比较明显，该类型受访社区中只有33.3%能做到定时定点收集。其次是单位型社区，定时定点收集率低于仅定点收集的社区（见表12.13）。

表12.13　　　　　　　　　垃圾收集方式　　　　　　　　（单位：%）

	垃圾收集方式			
	定点收集	楼层收集	逐户收集	定时定点收集
地缘型	28.6	7.1	0	64.3
单元型	24.1	10.3	3.4	62.1
单位型	54.5	0	0	45.5
综合型	30.0	0	0	70.0
转制型	66.7	0	0	33.3
混合型	36.4	9.1	9.1	45.5
总体	38.5	5.5	2.2	53.8

另外，垃圾的分类收集与运输的普及率还不算高，总体来说，只有54.5%的受访社区既有分类收集又有分类运输，两样工作都没有的受访社区占20.5%。值得一提的是，仅有分类收集却没有分类运输的受访社区有21.6%，这种处理方式在一定程度上影响了垃圾分类的效率，甚至会产生"先分后混"的问题，浪费人力、物力，可以看出政府对硬件设备、人员等的投入尚有不足之处。从详细数据来看，垃圾分类收集和运输普及率最低的是转制型社区，有35.7%的转制型社区既没有垃圾分类收集也没有分类运输，这说明城中村环境卫生问题依然突出（见表12.14）。

表12.14　　　　　　　垃圾分类收集和运输　　　　　　　（单位：%）

	是否有分类收集和运输				
	既有分类收集又有分类运输	仅有分类收集	仅有分类运输	没有实现分类收集和分类运输	不清楚
地缘型	57.1	21.4	0	21.4	0
单元型	58.6	20.7	0	20.7	0

续表

	是否有分类收集和运输				
	既有分类收集又有分类运输	仅有分类收集	仅有分类运输	没有实现分类收集和分类运输	不清楚
单位型	63.6	18.2	0	18.2	0
综合型	55.6	22.2	0	0	22.2
转制型	50.0	14.3	0	35.7	0
混合型	30.0	40.0	10.0	20.0	0
总体	54.5	21.6	1.1	20.5	2.3

（二）垃圾回收与分类工作有序铺开，居民教育有待加强

回收点的设置地点方面，87.4%的受访社区在社区道路设置回收点，83.9%的受访社区设置在广场，有56.3%的受访社区设置在楼层，这些都是居民目之可及的地方，这样的配置能从空间上激发居民垃圾回收再用的意识，方便居民投放可回收垃圾（见表12.15）。

表12.15　　　　　　　垃圾回收设施设置　　　　　　（单位：%）

	社区道路设回收	建筑楼层设回收	广场设回收
地缘型	71.4	57.1	78.6
单元型	88.5	61.5	84.6
单位型	100	45.5	81.8
综合型	90.0	50.0	70.0
转制型	85.7	64.3	92.9
混合型	100	54.5	100
总体	87.4	56.3	83.9

在垃圾分类回收利用方面，广州市各社区的普及率较高，有87.2%的受访社区设置了可回收点，82.1%的受访社区设置了有害垃圾收集点，但是垃圾分拣房的配置率较低，总体只有

40.2%的受访社区有分拣房。垃圾分拣房是对垃圾分类知识进行宣传教育、促使居民进行垃圾分类实践的重要设施，其配置率偏低说明了广州的垃圾分类教育方面的工作还需进一步加强（见表12.16）。

表12.16　　　　　　　　垃圾回收点设置　　　　　　　　（单位：%）

	设可回收点	设有害垃圾收集点	设分拣房
地缘型	100	92.9	14.3
单元型	88.5	92.3	46.2
单位型	72.7	70.0	18.2
综合型	100	66.7	60.0
转制型	69.2	61.5	64.3
混合型	90.9	90.9	36.4
总体	87.2	82.1	40.2

不同社区的垃圾回收设施差异明显，单位型社区可回收点和有害垃圾收集点的设置率均低于总体水平，分别只有72.7%和70.0%，与此同时，该类型社区的垃圾分拣房配备率也偏低，只有18.2%，远低于总体水平。转制型社区可回收点的设置率只有69.2%，但其垃圾分拣房的配置率是最高的，达64.3%，这说明转制型社区已经有效开展垃圾分类知识的普及以及相关的引导。从上述数据可知，垃圾分拣房这种垃圾回收与教育手段不但普及率较低，而且在不同社区中的推广也并不同步。

五　社区办公环境与社区管理难题

社区工作人员的数量及其办公条件是影响社区管理的重要条件之一，课题组对广州市社区工作者的数量、工作环境质量以及他们所面对的主要社区管理问题进行问卷调查，反映出他们的基本工作条件与难题。

(一) 社区工作者总体办公条件充足，但部分社区仍有提升空间

社区工作人员配备方面，不同类型的社区工作人员数量差别不大，综合型和转制型社区由于常住人口与老人较多，平均每个受访社区配备了9个以上的专职工作人员。另外，平均每个受访社区配有3个以上的专职社工，但地缘型和单元型的专职社工较少，平均每个受访社区配备不足3个专职社工人员，低于总平均值。

社区工作者人均办公面积20平方米以下的受访社区有50.5%，其中人均工作面积少于12.14平方米的受访社区有24.1%，这种办公面积过少的情况在综合型社区（57.1%）和混合型社区（36.4%）中较为明显。社区工作人员对自身的工作环境较满意，总体近50%的受访社区工作人员对社区办公条件的评价为"较优越"或以上，其中混合型和单元型社区工作人员对办公条件的评价较高，"较优越"以上的评价比率分别为63.6%和55.5%，但地缘型、单位型、综合型、转制型社区办公条件评价有待提高。总体来说，广州社区工作环境较好，但仍存在较明显的差异化，仍存在办公条件不足，办公条件满意度低下的社区（见表12.17、表12.18、表12.19）。

表12.17　　　　　　不同类型社区的平均工作人员数　　　　（单位：人）

	专职工作人员	专职社工人员
地缘型	7.6	2.6
单元型	7.2	2.6
单位型	6.8	4
综合型	9.4	5.5
转制型	9.1	3.1
混合型	7.6	3.2
总体	7.8	3.3

表12.18　　　　　　　　社区人均办公面积　　　　　　　（单位：%）

	人均办公面积			
	少于12.14平方米	12.15—20.00平方米	20.01—33.33平方米	大于33.34平方米
地缘型	21.4	21.4	21.4	35.7
单元型	24.1	27.6	24.1	24.1
单位型	20.0	20.0	30.0	30.0
综合型	57.1	14.3	0	28.6
转制型	6.7	53.3	20.0	20.0
混合型	36.4	9.1	18.2	36.4
总体	24.1	26.4	21.8	27.6

表12.19　　　　社区工作人员对社区办公条件的评价　　　　（单位：%）

	受访社区工作人员对居委会办公条件评价				
	很优越	较优越	很一般	较简陋	很简陋
地缘型	0	35.7	57.1	7.1	0
单元型	11.1	44.4	33.3	3.7	7.4
单位型	18.2	27.3	27.3	27.3	0
综合型	10.0	30.0	40.0	20.0	0
转制型	0	40.0	46.7	6.7	0
混合型	0	63.6	9.1	18.2	9.1
合计	6.9	41.4	36.8	11.5	3.4

（二）社区安全隐患已有效解决，但转制型社区治安仍有待改善

本次调查针对社区所面临的管理问题询问了社区的工作人员，数据显示有18.7%的社区被认为有安全隐患，总体来说处于低水平，但不同社区之间的差异较大。其中，混合型社区的安全隐患最少，受访者均认为自身所在社区没有安全隐患。但是，转制型社区的安全隐患不容忽视，有26.7%的受访者认为自身所处社区有安全隐患，远高于平均水平，如表12.20所示。

表 12.20　　　　　　　　　现存社区管理问题　　　　　　　　（单位：%）

	环境问题	宠物问题	设施老化	停车问题	安全隐患
地缘型	50.0	28.6	50.0	92.9	21.4
单元型	31.0	55.2	24.1	69.0	20.7
单位型	45.5	36.4	27.3	63.6	18.2
综合型	20.0	30.0	10.0	50.0	20.0
转制型	80.0	6.7	33.3	86.7	26.7
混合型	36.4	18.2	63.6	81.8	0
总体	42.9	34.1	33.0	74.7	18.7

（三）社区环境问题仍然不容忽视，其中停车问题最为突出

表 12.20 的数据还显示，总体有 42.9% 的被访社区存在环境问题，其中转制型社区、地缘型社区、单位型社区的环境问题较为突出，分别有 80%、50% 和 45.5% 存在环境问题，高于总体水平。有学者指出，影响居民主观幸福感的社区环境因素主要有五个，分别是"景观优美""邻里关系良好""经常参与社区活动""购物方便""车辆停放合理"。[①] 从上文可知，随着近年来广州社区微改造、垃圾分类、基础设施的建设工作不断加强，"景观优美"和"购物方便"维度在不断改善。同时，社区管理组织、文体组织的日益活跃、居民服务日的铺开，也很大程度上推进了"邻里关系良好"和"经常参与社区活动"维度的发展。

在上述维度中，停车问题最为严重，是影响环境的重要因素，随着人口的增加，社区可用空间越来越少，停车问题日渐影响着社区秩序，本次调查中总体上有 74.7% 的受访社区存在停车问题，如表 12.20 所示。近年来居民车辆持续增加，原本局促的社区，车位变得越来越紧张，根据广州统计年鉴数据，广州 2016—2020 年民用小型汽车数量持续上涨，年均增长率为 5.8%，可见居民对车位的需求在不断提高，如表 12.21 所示。

---

① 陈叶秀、宁艳杰：《社区环境对居民主观幸福感的影响》，《城市问题》2015 年第 5 期。

这些状况在地缘型的老城区（92.9%）、转制型的城中村社区（86.7%）和混合型社区（81.8%）显得尤为突出，这些社区出现停车难题的比例远高于总体水平，如表12.21所示。

表12.21　广州2016—2020年民用小型汽车数量统计[①]　（单位：辆）

年份	2016	2017	2018	2019	2020
民用小型汽车数量	1705087	1761731	1858892	1983055	2137539

六　总结与建议

总的来说，根据本次调研的数据，广州市的社区设施与服务尚算充足，但某些资源和服务出现了分布不均衡等问题，也有些服务存在整体普及率不高、难以推进等问题，为了构建和谐社区、促进社区可持续发展，提升居民幸福感，我们针对其中最突出的问题，提出如下建议。

第一，着力实现居民"15分钟生活圈"，加强各种公共服务设施的可及性，促进社区繁荣和谐与就业。这方面包括两种措施，一是在公共服务设施较短缺的社区，如单位型社区，适当增设居民必要的公共服务设施，从政策上、土地规划上鼓励社区的零售商店、百货商场、超市、菜市场等商业设施的发展，促进政府、居民、商家三方良性的合作体系，实现便民利民、社区可持续发展。二是利用好现有的资源，从改善交通、增设社区辅助设施、鼓励新型电商发展等方面着手，缩短居民到相应设施的耗时，甚至能足不出户地实现购物等服务。这些措施除了提升社区居民的生活圈质量，还有利于促进社区居民就近

[①]　《广州统计年鉴2017—2021》，2021年12月15日，http://112.94.72.17/portal/queryInfo/statisticsYearbook/index。

就业，能有效缓解特定社区就业服务不足带来的压力。

第二，增强社区党群、居委会的主动服务意识，全面铺开居民服务日。社区的有效管理离不开社区党群、居委会的主动服务意识，目前广州市社区的居民服务日的普及率有待提高，由于街坊服务日有活化社区文化、促进居民交流和团结、增加居民表达意见渠道、推进社工服务等功能，街坊服务日的有效组织有利于社区工作人员与居民的互动，从而能切身体验居民所面对的问题，更有效地收集民情，促进社区服务水平的提升。今后，广州市应该在社区全面铺开居民服务日，扩展居民服务日的种类，提升居民服务日的质量，并且将此项工作作为绩效考核重点之一，全面提升社区工作者的主动服务意识。

第三，增强居民的自我管理意识，结合多方面的力量有序解决社区物业管理问题、老年人服务问题、课后托管问题。居民的自我管理意识与居委会的主动服务意识并不对立，反而相辅相成。从本次调查数据来看，广州市社区的志愿者组织普及率较高，但民间组织和业主委员会的数量较少，民间组织和业主委员会是居民实现自我管理、自我服务的重要途径，能有效弥补居委会工作人员不足的缺陷，同时提升居民的归属感和积极性。今后应降低业主委员会的成立门槛，街道、社区做好日常相关的宣传教育工作，并且及时反馈居民的自治诉求，给予引导以及帮助，鼓励业主委员会的成立，促进居民自我管理。

另外，为了进一步加强居民的自治意识、拓宽自治渠道，根据《广东省培育发展社区社会组织专项行动实施方案》的相关要求，今后应鼓励社区社会组织的发展，加大服务性、公益性、互助性、志愿服务类社区社会组织支持力度，引导社会力量帮扶，扩大社区社会组织在地域分布、服务对象、业务领域等方面的覆盖面。同时，着力培养专业人才队伍，加强宣传教育与培训，提升社区社会组织的服务水平。针对日益凸显的老年化问题和课后托管问题，今后广州市可有针对性地加大文体活动类、生活服务类、教育培训类的社区社会组织培育。

第四,有序推进垃圾分类工作,改善社区环境。社区垃圾问题一直是社区环境治理的大难题,这关乎居民的日常生活习惯。根据《关于进一步推进生活垃圾分类工作的若干意见》与《广东省城乡生活垃圾管理条例》的精神,建立社区党群起带头作用、组织宣传营造氛围、整合力量共同推进的工作机制,从而使得党员身体力行,群众耳濡目染,让垃圾分类成为全民生活中必不可少的生活习惯。同时,做好垃圾分类设施的普及与日常维护,加强社区垃圾分类的巡查管理,共同做好垃圾分类成果的维护。切实建立分类投放、收集、运输、处理的全链条垃圾分类模式。这部分的工作应该在环境问题突出的转制型社区中率先全面铺开,从而为其他社区提供成功的垃圾分类、运输、处理等的攻坚经验。

第五,改善社区工作人员的工作环境,提高工作效率。社区工作人员是社区服务的核心力量,社区工作条件直接影响到社区服务的质量。从本次调研的数据来看,广州市社区工作条件未能全面达到满意水平,相当一部分的社区工作者的办公面积过小。今后,应该加大投入,全面改善社区工作人员的工作环境,增加社区工作人员的福利待遇,进而提升服务积极性,提高服务质量。另外,针对专职社工配备不均的情况,在地缘型和单元型社区适当增加专职社工的配备量,强化社区工作人员队伍。

第六,引进新理念解决社区停车难问题。国内有学者指出,引进"停车受益区"理念,能有效解决城市停车中的供需矛盾、产权矛盾、管理矛盾、使用矛盾。[①] 即社区对规范化的停车位收取基于市场价格的费用,并将收入用于停车管理和公共服务提升,从而实现将社区土地价值资源收入用于提高本社区公共利

---

① 袁泉、陈小鸿:《15分钟社区生活圈停车治理与公共服务提升方案探究》,《交通与港航》2020年第5期。

益的目标。适用该理念的社区具有如下特征：高密度和高土地价值；路边停车需求高，停车秩序需要治理；公共服务水平有待提高；车辆拥有率不高，且与收入水平相关。由此，可以看出广州市有不少社区符合上述条件，可以依据"停车受益区"的理念进行管理，从而有效解决社区停车难问题。针对停车难题特别突出的地缘型社区、转制型社区和混合型社区，可以率先试点引进上述理念，通过试验和经验总结，将措施推广至其他社区。

第十三章　广州社区信息管理状况及改进对策

一　背景及问题提出

党的十九届四中全会提出"必须加强和创新社会治理，完善党委领导、政府负责、民主协商、社会协同、公众参与、法治保障、科技支撑的社会治理体系"[①]，首次明确指出科技支撑作为社会治理创新的标志与重要助推力。2020年政府工作报告指出要加强和创新社会治理，完善社区服务功能，提高科技创新支撑能力。[②] 社区是社会治理最基础的治理单位，社区的信息管理则是社会治理"最后一公里"的基础，关乎公共服务精细化和人民群众的切身利益。因此，社区的信息化建设，对于改善民生，提高社会治理效能，推进国家治理能力和治理能力现代化具有重大意义。

GZSS全称广州社会状况综合调查，作为国内聚焦市域治理的社会综合调查，注重专业程序和调查方法。GZSS于2019年在广州全市范围内进行问卷调查收集社情民意。社区居委会提供的居民信息，为调研开展提供了最基本的流程支持。在具体

[①] 《中共十九届四中全会在京举行》，人民网（http://dangjian.people.com.cn/big5/n1/2019/1101/c117092-31432039.html）。

[②] 《让数字化转型为社区精细化治理赋能聚力》，2019年7月25日，http://mzzt.mca.gov.cn/article/zt_19jszqh/mtbd/202005/20200500027795.shtml。

调研实施过程中发现，社区提供的居民信息尤其是住户地址信息呈现出各种状态，需要因地制宜进行标准化处理才能符合社区调查抽样需求。在大数据管理、智慧城市的信息时代背景下，社区信息能力体现了城市的管理水平，社区信息能力提升与城市治理能力发展息息相关。本书通过GZSS抽样与入户调查过程的观察，描述社区基本信息的现状，剖析社区信息管理质量对调研带来的挑战，反映信息管理能力与基层治理现代化的距离。在描述社区信息管理问题的基础上，初步探讨信息现代化的发展方向，为相关政策落地提供一定的现实经验参照。

二 基本抽样过程

GZSS的抽样过程是整个社会调查项目研究规范的重要组成部分，对全市范围内11个城区的100个社区的抽样需收集社区基本信息，从而对全市范围内社区信息管理水平形成了概观。

（一）调研的合法性保障

GZSS是广州市社会科学院负责的针对全市范围的社会经济状况的综合调查，访问对象是居住在广州市范围内的18周岁以上、70周岁以上的中国公民。GZSS由广州市委政策研究市、广州市民政局、广州市社会科学研究院三方联合发文，并通过行政网络下发到街道民政科，由街道民政科联络社区居委会主任传达文件，告知配合事项。调查的有序推进，来自行政系统自上而下赋予的调研合法性。

（二）社区对接的流程

广州市社会科学院（下称"市社科院"）在2019年8—10月，安排专人负责社区抽样工作。对接程序为，先根据市民政局提供的各区民政局对接人联络表，联系各区民政局对接人；

由各区民政局对接人收集调研街道民政科、社区责任人信息。社区接触之前，市社科院抽样人员会先与街道取得联系，确认社区已收到相应通知；再与社区联络人电话沟通调研事项约定时间。各社区一般由书记或副书记负责接待，极少数情况下会安排熟悉相关数据情况的一般工作人员直接对接。各社区普遍积极努力配合提供相关数据，或根据实际情况协助调研人员完善具体信息。

（三）社区抽样的基本逻辑

市社科院安排专门人手对接所有社区抽样，保证沟通的一致性。为了让居委会工作人员更好地理解调研的数据要求，会在初次电话沟通时明确"希望获得所有住人的地址"，即基于社区居住状况的完整地址资料；为了保证社区信息质量数据的真实性，会特别告知"不需要专门准备数据"。在实际抽样过程中，会根据实际数据的情况整合、完善；或者现场编制地址簿。

GZSS 需在选定社区调查完成 30 份个人问卷。抽取样本的基本逻辑是：编制包含社区所有住址的抽样框—随机抽取 1 份调查样本及 5 份备用样本（共 180 个地址）—接触调查样本中的 30 个地址—判断一户或是多户—选择调查户—判断集体户或家庭户—分别根据不同抽样程序抽取访问对象。

（四）社区提供的数据类型

100 个社区提供的数据千差万别，不同的数据反映了信息管理能力的差异，具体类型如下。

所有居民的完整信息：在 100 个社区中，仅有极少数能提供电子版所有居民的完整信息。完整信息来自居委会自身的工作积累和管理制度的逐步完善。能提供所有居民完整信息的社区，部分是居委会负责人在社区长期扎根，社区人口规模在 10000 人以下，如海珠区海洋社区、越秀区大德中社区即属此列。另一部分则是处于流动人口的重点管理区域，沉重的治理压力带来了完善的信息管理。但即使是同样的制度和人力配置，信息的完整程度在不同的区和不同的街道，也体现出较大差异，如天河区的流动人口信息管理就较为完善。

户籍居民的信息：调研发现，居委会反映2011年前辖区派出所会与居委会分享居民数据，但此后的数据更新则不与居委会分享。大致有60%的居委会会在2011年前后辖区派出所的人口管理信息基础上做自主更新和维护。但因为近10年来，城市更新快、人口变化大，居委会自有的数据很难匹配到社区实际的情况。各社区实际提供的数据质量参差不齐，大体上能涵盖所有户籍居民的情况，对流动人口的关注不足，对社区拆迁、新增住宅的实时动态反映滞后。

地址信息：防火工作或"四标四实"[①] 工作核实后的社区所有地址信息。该信息一般情况下较新，对地址的统计较全面。但在两方面存在缺陷，一是可能不能完全区分住所和非住所，二是对建筑单位的标识很可能没有具体到住户单元。

计划生育信息：有少部分社区仅能提供计划生育管理系统中的居民信息。该信息不仅较为陈旧，而且本身的统计口径只涉及处于育龄的妇女家庭，从而无法全面反映社区内住址的情况。

楼栋的基本信息：有少部分社区无法提供任何较完整的居民地址信息，因此需根据住址楼栋进行地址编码。抽样人员采取与居委会工作人员合作的方式，按照楼栋、楼层、房间号的方式重新编制抽样框。

残缺的居民档案：有极少数社区，既无法提供较完整的居

---

① "四标"指标准作业图、标准地址库、标准建筑物编码、标准基础网格，"四实"指实有人口、实有房屋、实有单位、实有设施。参见《广州全面启动"四标四实"成果应用　将为建筑物门楼号牌设置二维码》，2020年10月29日，https：//baijiahao.baidu.com/s？id=1639991394530125764&wfr=spider&for=pc。

民地址信息，也因为范围过大、信息庞杂，无法按照楼栋信息重新统计编码，就只能依赖于残缺的居民档案信息通过人工补充编制抽样框。这可能是两个原因造成的：第一种情况是最近几年社区处于持续变动，新增、拆迁、整改带来的变化频繁，社区因为其他工作压力大，从而忽略了信息管理；第二种情况是，社区处于持续衰落期，基层工作人员以被动方式完成工作，从而完全忽略了信息管理。

三 社区信息质量影响与评价维度

社区信息质量差，首先会给调研带来影响；但如果把调研作为社区治理现代化的一部分，则可以发现给调研造成困扰的信息质量差的具体情况，同样也阻碍其他治理职能的现代化。

（一）信息质量给调研带来的影响

地址的完整性、唯一性、具体化、有效性、一致性，将以影响调研的科学性和效率两种方式给调研带来负面影响。

地址的完整性：完整性是影响抽象最为重要的因素，将直接影响研究的科学性。调研要尽量保证居住在社区的所有适龄人口，有同等概率进入样本中，因此编制到抽样框中的社区住户信息越完整越好。因为住址信息相对住户信息来说，更容易从外部信息查验质量，因此抽样希望能获得的是囊括社区的所有住址。如果社区已有完整的居民地址信息，则为调研抽样提供了便利，反之则会影响样本的代表性。所以，在无法获得单一而整全的居民住址信息时，就需要不同信息的拼配；判断现有信息难以反映社区居住的实际情况时，就宁可根据楼栋重建住址数据库。

地址的唯一性：唯一性主要影响抽样效率，也一定程度上影响到调研的科学性。居民有同等的抽选概率，前提条件是每个地址具有唯一性，即一个地址在抽样框中有且仅有一个。因此，在收集到构成抽样框的所有信息之后，需要对地址信息除重，只有除重之后的样本框才是可用的。而信息质量不佳会给除重带来困难。因为工作进度和人力的限制，不可能采用人工除重的方式，因信息质量差而无法保证地址唯一将影响样本的代表性。

地址的具体化：具体化主要影响调研的效率，也一定程度上影响到调研的科学性。调查中，可以采取一定流程在多户地址中选择调查入户地址；但现场抽取的方法不仅耗时费力，而且具有一定的局限性。因此，在抽样获得地址样本的过程中，地址越具体越好。不仅如此，有时候同一个地址会出现不同具体程度的两个版本。两者都进入样本框会导致无法保证地址的唯一性；选择其一作为统一的入选标准，则各有不足。选择更具体的地址可能会遗漏住户，选择不那么具体的地址又会给入户带来麻烦。

地址的有效性：住人的地址才是有效的地址，没有住人的地址没有潜在的访问对象因而是无用的。如果抽样框中收录大量的无效地址，将带来人力浪费；甚至，访员在接触过程中常常无法判断地址是否住人，这种浪费可能是无结果的反复接触。甚至，有时候因为大量无效地址，带来备用样本耗尽仍无法完成30户的调查目标，在入住率低的社区地址的有效性对调研的影响较大。

地址的一致性：一致性对调研的效率和科学性均有所影响。调研地址管理涉及民政、公安等不同部门，近年有多次对地址的重新整理，具体到社区某个地址可能有多达3个门牌，但同一个社区有些区域会摘掉旧门牌挂上新门牌。地址的一致性既指信息能按照同样的新旧标准编制，也指退而求其次可以区分出给出的地址是按照哪种标准从而找到现实中的地址。

(二) 社区信息质量低的评价维度

信息完整度、信息标准化、信息精确化，是信息质量的评价维度。而信息完整度低、信息标准化程度低、信息精确化不足则体现了制约治理现代化的社区信息问题。

信息完整度低：指居委提供的信息无法包括所有的住址。包括两种不同的信息损失：一是细节信息不完整；二是整体信息不完整。细节信息不完整很容易就可以根据收集到的信息判断，如某栋楼有301和501，有402和602，但缺少302、401、502和601。很显然，因为居委会没有根据地址核查，所以带来了细节上的缺漏。整体信息不完整一般涉及新老区域的变迁。例如，某某街某某巷已经改造完毕，建立了新的楼盘，而楼盘住户的信息可能长达3年仍未进入社区的信息库中。整体信息不完整需要对照现实情况才能发现，只能通过抽样人员与居委工作人员的反复沟通和现实比对发现。

信息标准化水平低：信息标准化低的表现五花八门，既包括各种错字，也包括同一个信息的不同格式，还包括信息的电子化，甚至也包括电子文档的整理方式。错字有各种主客观因素，暂且不论。信息的不同格式则是由于规范所导致的。比如同一份资料中是按照"某某街道—某某社区—某某街—某某巷—某某号—某某房"，还是"某某街—某某巷—某某号—某某房"，两种方式都没有问题，关键在于要有一个统一的标准，才方便整合、搜索、查验等不同用途的后续处理。信息的电子化，则是另一个层面的问题，暂且称作居委的现代治理能力吧。电子文档的整理方式，则是进一步的现代信息素养问题。从纸质信息到电子信息，不仅是转换了存储的媒介，而且涉及运用信息方式的转变，是一个思维转变和能力提升的过程。在调研的社区中，仍有少量使用纸质档案；用纸质时代的思维处理电子时代的信息，导致了信息质量较差的状况则较为普遍。譬如，在越秀区某社区，按照每个楼盘整理一个 Excel 表格，每个表格中又按照楼栋建立一个页面。把这些表格和页面汇总起来，也能"拼凑"出社区的整体情况，但极大地阻碍了效率提升。信息的分散带来了统筹管理的不可能。在信息分散在数百个页面时，要回答一个简单的问题（比如社区现有人口数量），都要把所有的表格和页面"整合"一次；如果遗漏了某个页面，则需要从头开始，因为根本就无从判断到底出错的地方在哪里。实际上一个 Excel 表格页面定义好各列的内容，可以把所有的楼盘、楼栋信息统筹管理，随取随用方便至极；通过办公室联机，不同区域负责人也可以实时更新对自己辖区的信息进行编辑。

信息精确化不足：指信息无法具体到住所，同时对于住所使用的变化也缺乏相关信息。信息的精准化直接关系到社区治理的目标和信息的可用性。在以小区为主的社区中，因为住宅单位的集中、标准，信息较容易具体到住所；在村转居社区、商用居住功能混杂的社区，则由具体化程度不一致的各种"住址"信息混杂组成。在流动人口数量大，网格化管理的人力配置、任务推进较好的区域，能较好地反映住所使用的变化。但从整体上看，广州各区的社区信息管理都较为滞后，基本上无法实现对居民信息的动态管理。

四 信息能力不足的原因分析及负面效果

（一）信息能力不足的负面效果

以上种种社区信息呈现的问题，可以统称为社区信息能力不足。信息能力不足增加社区工作负担、减低社区人员积极性、制约社区工作成效，具有以下几方面的负面效果。

首先是重复劳动，浪费人力。理论上，社区工作者是最熟悉社区基本情况的基层工作者，因此各项调查都需要依赖于基层工作者的信息提供。就笔者了解的范围，广州社区工作者需参与的信息调查工作包括：人口普查、经济普查、地名核查、消防排查、综治网格化等，还有林林总总的各种社区调研课题。各类信息收集工作，虽然有各自的工作重点，但具有同质化的基础信息要求。社区信息能力不足，就导致面临各个层级的信息调取时，居委会需要不断地重复工作，无法形成便捷、高效、优质的工作机制。实际上，居委会已经形成了用"劣质"信息应对上级要求的应对机制。抽样过程中不止一次遇到基层社区工作者与笔者协商能否用某某资料替代；再三要求下，社区针对调研全面放开所有的资料，面对其中的质量问题表现得也相当坦然。

其次是被动服务，缺乏成效。居委会的职能定位于服务社区居民，但实际工作负担主要来自上级各个部门部署的行政任务。居委会在基础信息上的薄弱，既体现了居委会在服务社区居民上的被动性，即只有找到居委会办事，或上级要求服务的居民信息才会被登记、被更新；也进一步制约了主动服务的开展。比如，社区对哪些住所有人入住，哪些住所空置，哪些住所改作他用没有全面的信息，就不可能有针对性地在治安、消防等方面有所部署；社区不清楚老年人的分布、年龄分布，就更不可能了解他们的身心状况、服务需求，从而为老年人提供足够的社区养老支持。

再次是缺少规划，响应力弱。在信息上管理薄弱，就不能及时掌握社区情况的变化，并根据社区的实际需求个别性地进行规划。从而带来各类事项的均依赖于上级指令，推一步走半步，无法对社区的真实需求进行有效响应。例如，在白云区抽样时发现，某些社区身处山区、周边的工业化发展已破坏社区的经济基础，近十多年已陷入严重的衰败过程中。到访时发现社区建制完整，但仅有 1 名工作人员上班，进一步了解得知，因居民陆续外迁现有居民不足 100 人且多为长者，根本无法满足调研样本数量的基本要求。社区的衰落不是一日之间造成的，因缺乏足够规范的信息管理，上、下层的信息脱节，从而缺乏规划，未进行及时撤并，带来人浮于事的结果。

又次是事倍功半，满意度低。社区没有充分的基础信息，就不清楚自身的工作重点，只能被动应付上级部门的行政任务。既不能建立起服务社区的长效机制，又不能形成有积累的工作成果，自然无法获得较高的群众满意度。群众满意度低，上级部门就提出新的工作任务要求；新的工作任务要求带来新一轮的疲于应付，但无法转化为居民真正的受益和满意度的提升。长此以往，事倍功半恶性循环，社区服务无法做到真正的改善。

最后是责任下移，流失率高。凡是运转良好满意度高的社区，都需一定程度上的团队合作：社区书记有担当，团队成员负责任，面临困难一起解决，共同解决居民之所急。社区工作不能依靠行政压力，而需要把自身工作与居民实际需求真正联结，这依赖于良好的信息管理。例如，荔湾区耀华社区身处老城区、社区设施老化、老龄化严重、资源缺乏，通过良好的信息管理、界定社区问题、重点突破，就形成了良好的社区服务关系，获得了较好的居民口碑。相反，缺少足够的信息，就只能通过机械划分的方式责任到人，社区工作者任劳任怨缺少积极反馈和价值回报，难以对工作产生认同，从而人才流失居高不下。

（二）信息能力不足的原因分析

结合社区实际走访，可将社区信息能力不足的原因归纳为以下四方面。

首先是部门边界分明，社区工作者无法共享数据成果，基层缺乏建立信息系统的动力。人口普查、户籍档案信息、四标四实等工作，都需要基层社区工作者的实际参与。但是，基层社区工作者无法保留相应的数据成果，被要求销毁相应的资料。

因为，社区工作者已经做了一定的数据收集的工作；所以，没有动力重新凭借自身的力量建立一套独立的信息系统。

其次是任务导向、运动式的工作方法，缺少对社区持续建设的关注。完善的基层信息系统的优势在于深化社区服务，推动社区的持续建设。但在实际的社区工作中，上级部门更关注社区是否能协助其完成相应的工作任务，往往是以运动式的工作方法检查社区的执行情况，对于社区服务的深度和建设的持续性关注不足。因此，基层信息系统的必要性就无法凸显。

再次是缺乏培训，忽视社区工作者能力支持体系。基层社区工作者被要求参加各部门的工作会议，从而领取相应的工作任务。但围绕工作任务目标完成，缺少配套的职能培训及支持系统。基层信息系统，作为现代社区治理能力的一部分，很难寄希望于社区自身的觉醒，而必须有赖于上级部门的意识培育与能力支持。

最后是强行一致，制约社区工作者的工作能动性。在调研过程中，反复听到基层工作者认为行政任务太重，整天都在办公室难以走入社区服务居民；同时，因为财政权统一收归街道，审批麻烦，很多基层工作者都承认，在现有体系下宁愿少做服务、少惹麻烦。在强制任务过载、财务流程烦琐的背景下理解，即便通过信息管理的完善，精准定位了社区需求，也很难有相应的服务匹配。

五 加强信息能力建设的对策

2020年10月28日，广州市召开市委平安广州建设领导小组第一次会议暨市域社会治理现代化试点工作推进会，提出"强化党建引领共建共治共享，打造市域社会治理现代化示范城市"。会议强调，推进市域社会治理现代化是加快实现老城市新活力的重要抓手。要坚持扬优势、补短板、强弱项，推动市域社会治理现代化试点工作走在全国前列。其中,抓好科技赋能支撑强化智能治理、强化综合治理、培育亮点品牌,列入市级层面关注的要点。只有坚持目标导向、问题导向、基层导向,紧盯时序进度,狠抓工作落实,加大宣传引导和督促检查力度,才能推动试点工作取得实效。① 有学者提出,数字技术不光是劳动力和生产力,也是执行力和战斗力,更是智治力和善治力。日常工作实践中,要充分发挥数字技术在社区治理中的服务提升作用,通过数字化转型,进一步延伸社区治理之眼力,拉长社区治理之臂力,拓展社区治理之脑力,让社会治理插上智慧的翅膀,不断打造社区治理从"微治"到"精治"再到"善治"的升级版。② 落实到基层社区,则可以通过信息能力建设提升基层治理现代化,从而促进试点工作的实效。

(一) 建立电子政务系统,促进多方协同管理

"电子政务的本质是运营信息和通信相关技术打破原有行政部门之间的有形的组织界限,建构虚拟组织,让这种虚拟组织成为政府、社会以及公众之间有机服务的系统,从而实现社会管理和内部管理的功能。"③ 不同部门对信息的内容和使用有不同的要求;有关部门基于信息保密等原因,将基层社区排除在信息使用的范围之外。但这都不成其为部门各自为政、基层无权使用信息的理由。因为,不同部门的信息都具有相同的基础部分;技术上已可实现赋予多元使用方不同的使用权限,从而实现信息共享。信息共享,不仅节约了重复采集的人力、物力;而且所有的信息使用者都可以在自身的工作权限内成为

---

① 《广州市召开市委平安广州建设领导小组第一次会议暨市域社会治理现代化试点工作推进会》,https://www.sohu.com/a/428081438_120214184。
② 秦新春:《让数字化转型为社区精细化治理赋能聚力》,http://mzzt.mca.gov.cn/article/zt_19jszqh/mtbd/202005/20200500027795.shtml。
③ 田铮、闫函:《社区信息化建设路径的思考》,《中国管理信息化》2014年第5期。

信息的维护者，从而加快信息更新的速度，提升信息的质量。有意识的社区工作者会认识到信息协作的重要性，比如在越秀区新河浦社区的调研中，居委书记就明确提出希望建立信息协作制度。

（二）发掘先进做法，推动社区持续建设

推动社区基础信息完善，也可以通过先进示范和目标引领。早在2014年，就有研究指出，"以户管人"的模式已不适应社会经济发展，"以房管人"是复杂社会背景的对症下药。[①] 如前所述，海洋、大德中、耀华等社区均在长期的社区服务及治理实践中，摸索出了自身独有的经验，同时这些经验都有赖于社区基础信息管理的完善。通过挖掘相应社区的先进经验，组织各社区之间的参访、交流等方式传播优秀成果，就可以将现有的完成任务式的工作方法转化为社区持续建设的方式，从而促进社区基础信息管理重要性的提升。

（三）建立培训体系，支持社区工作者能力提升

社区工作者的能力提升，离不开知识体系完善和教学相长。社区工作者的培训，不能只停留在政治意识的提升上，还必须结合实际的工作任务场景，围绕社区工作中经常遇到的实际问题。信息管理、信息辨识、信息运用是很好的切入点，通过信息作为一个切入点可以把社区工作的方方面面都串联起来，既具有实际的可操作性，又可以培育社区工作者的整体思考能力。

（四）赋予社区自主权，激发基层社区的能动性

为基层减负的呼声日益高涨，实际情况则是越减越多、越

---

① 马致峰：《现代社会管理新模式下的人口信息控制方法研究》，《赤子》2014年第7期。

负越重。世界在发展，时代在进步，对基层社区工作的要求必然越来越高，这决定了对基层社区工作者的期待和要求只会越来越高。这同时也决定了，如果基层社区缺乏持续发展能力，负担只会越来越重。基层负担的减少和发展目标的完成，只有在基层社区能动性激发中才能找到平衡。因此，上级部门根据不同情形适当放权，给予基层社区工作者主动作为的空间，是突破现有发展瓶颈的关键。

第十四章　广州居民境外关系及其影响分析

一　问题的提出

华侨华人是广州改革开放和现代化建设的优势和资源，在对外经贸文化交流合作中发挥了重要作用。邓小平在改革开放之初就指出"海外关系是一种好东西"。2020年习近平总书记视察广东时表示"中国的改革开放，中国的发展建设跟我们有这么一大批心系桑梓、心系祖国的华侨是分不开的"[①]。当前，广州面临粤港澳大湾区建设的重大发展机遇，要在新时代的城市发展中注入新思路，把海外侨胞和归侨侨眷中蕴藏的丰富潜能转化为助力广州城市发展的强大动能，以更高站位、更大气魄推动全面开放，以建设枢纽型侨都为动力，承担起"在形成全面开放新格局上走在全国前列"的新使命，助推粤港澳大湾区建设和"一带一路"建设。综上，本书所指的"境外关系"[②]的意义并不在于"关系"本身，而在于这种"关系"所能发挥

---

① 《习近平肯定华侨贡献》，2020年10月14日，https://baijiahao.baidu.com/s?id=1680490274763023786&wfr=spider&for=pc。

② 本章主要研究广州居民的境外关系，即将港澳台关系包括在内，为了行文方便，主标题、小标题均统称为"海外关系"，但具体分析时，仍保留"境外亲属""境外关系"等说法。

的巨大作用。①

二 广州境外关系数据来源及研究方法

本章采用广州市社会科学院开展的"2019年广州社会状况综合调查"的数据对广州境外关系现状及其影响进行分析。课题组于2019年4月到11月进行入户抽样调查，在广州11个区采用PPS和等间距相结合的抽样方法，抽取50个街道的100个社区，最终回收有效问卷3040份。调查样本中男性有1376人，占比45.3%，女性有1664人，占比54.7%，年龄在18—70岁。本书利用STATA15.0分析软件，通过描述性统计（Descriptive Statistics）和相关性检验（Correlate Test）以及回归分析（Regression Analysis）等统计方法对样本数据进行分析。

三 广州居民境外关系的基本情况

（一）境外关系的基本情况

1. 广州拥有境外（含港澳台）亲属的人口比例符合都市侨乡特征

"广州社会状况综合调查"问卷中针对境外关系一共设置了13道题，访问对象限定为亲属中有居住在境外（含港澳台）一年以上的受访者，因此筛选出符合条件的样本425份。② 本研究涉及的问题包括：是否有境外亲属，境外亲属迁移时间、途径、生活状况以及国内亲人联系等方面。

统计结果如图14.1所示，在被调查的家庭户里面，拥有境

---

① 孙嘉明、杨雄：《全球化进程中的跨国界交往现象——试论"海外关系"对本土经济、社会转型的影响》，《社会科学》2007年第6期。
② 因本章对受访者具有一定的限定条件，本章所用的有效样本为425份。不同分析问题因数据缺失或调查对象限制而出现样本量差异，图表中均有标示。

外（含港澳台）亲属的家庭户占13.98%。如果以广州市第七次全国人口普查公报"平均每个家庭户的人口为2.22人"的数据来参照①，那么拥有境外亲属的人数将占人口的31%，与广州官方的数据"占广州户籍人口近1/5"②相近，这也说明了广州在国内大城市拥有境外关系的突出特征。此外，调查数据显示，受访平均眷属拥有3.05位境外亲属，但家中有1个境外（含港澳台）亲属的受访者最多，有180个；此外，拥有的境外（含港澳台）亲属最多的受访者有20个境外亲属（见图14.2）。

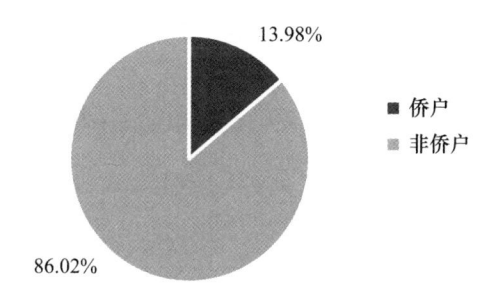

图14.1 广州居民家庭的境外关系基本状况

2. 区域分布

在本章分析的有效样本中，境外（含港澳台）亲属居住在港澳地区的数量最多，有258个，占总体的62%。其次多居住在北美洲（19%）、大洋洲（6%）和欧洲（4%）。图14.3展示了广州居民境外亲属的地区分布情况。

3. 迁移时间

图14.4展示的是与受访者保持联系最紧密的境外（含港澳

---

① 《广州市第七次全国人口普查公报》，2021年5月18日，广州市人民政府门户网站（http://www.gz.gov.cn/zwgk/sjfb/tjgb/content/post_7286268.html）。

② 《广州概况》广州市委宣传部网站（http://www.guangzhou.gov.cn/156080.shtml?id=g2g5），2015年末，有境外华侨华人、港澳同胞和归侨、侨港澳属近400万人，其中市内归侨侨眷、侨港澳眷属近160万人，占广州户籍人口近1/5，境外华侨华人、港澳同胞近240万人。

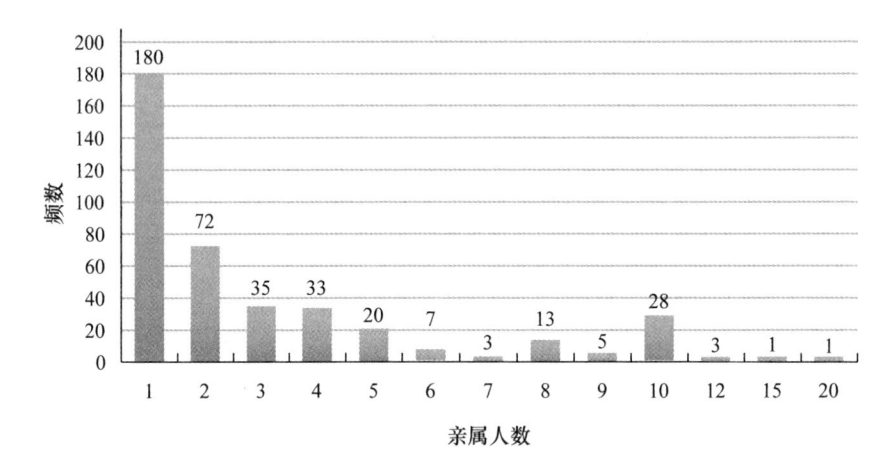

图 14.2　境外亲属数量（N=401）

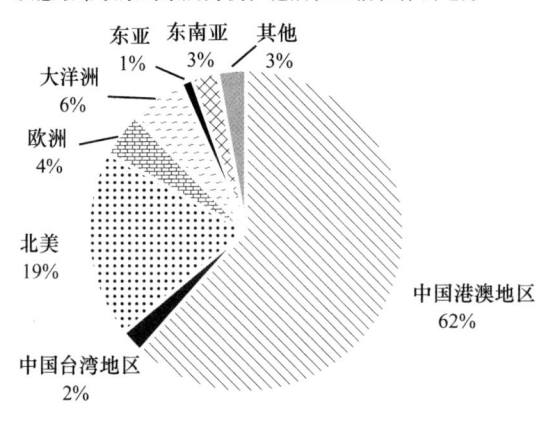

图 14.3　境外（含港澳台）亲属地区分布（N=418）

台）亲属移民到境外的时间。其中，改革开放以来移民人数逐渐增加，80年代以后出去的占到了总体的65%；而新中国成立以前就移民到境外的人数最少，仅有29人，占总体的7%。

4. 迁移途径

境外（含港澳台）亲属移民的途径较为多样化，分别是投资移民、技术移民、婚姻移民、投奔亲属、留学、劳工移民等。其中婚姻移民的方式所占比例最高，占到22%。其次是劳工移

第十四章 广州居民境外关系及其影响分析

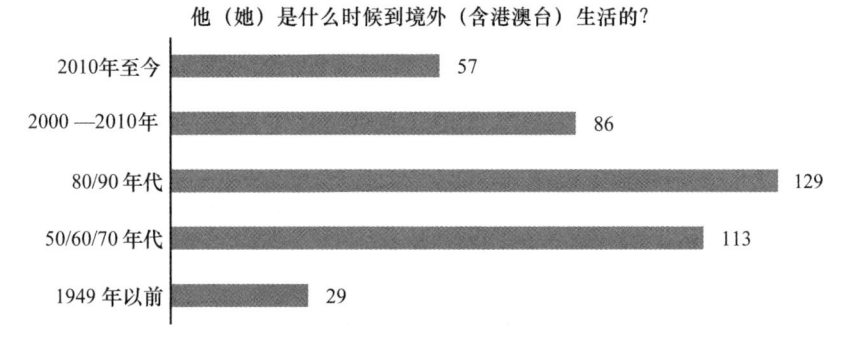

他（她）是什么时候到境外（含港澳台）生活的？

- 2010年至今：57
- 2000—2010年：86
- 80/90年代：129
- 50/60/70年代：113
- 1949年以前：29

图 14.4 境外（含港澳台）亲属移民年代（N=414）

民（21%）和投奔亲属（16%）。投资移民和技术移民这两类新型移民方式占比较少。而通过留学和技术进行移民的数量随着时间的推移不断增加；相较之下，劳工移民的数量则有随着时间推移不断减少的倾向。婚姻移民方式在20世纪八九十年代达到了高峰。图14.5和图14.6分别展示了境外（含港澳台）亲属移民方式以及基于移民年代的境外（含港澳台）亲属移民方式。

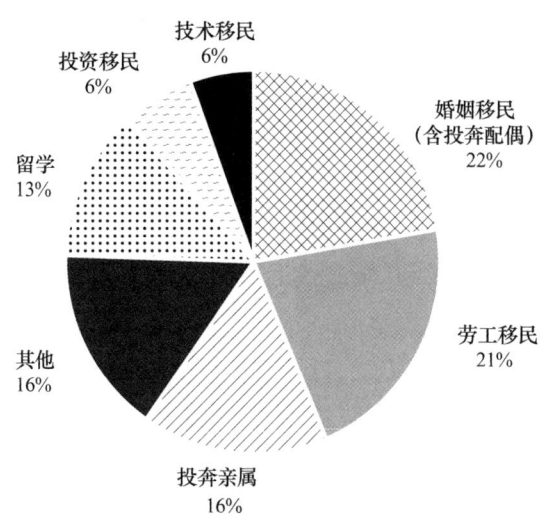

- 技术移民 6%
- 投资移民 6%
- 婚姻移民（含投奔配偶）22%
- 留学 13%
- 劳工移民 21%
- 其他 16%
- 投奔亲属 16%

图 14.5 境外（含港澳台）亲属移民方式（N=417）

5. 生活状况

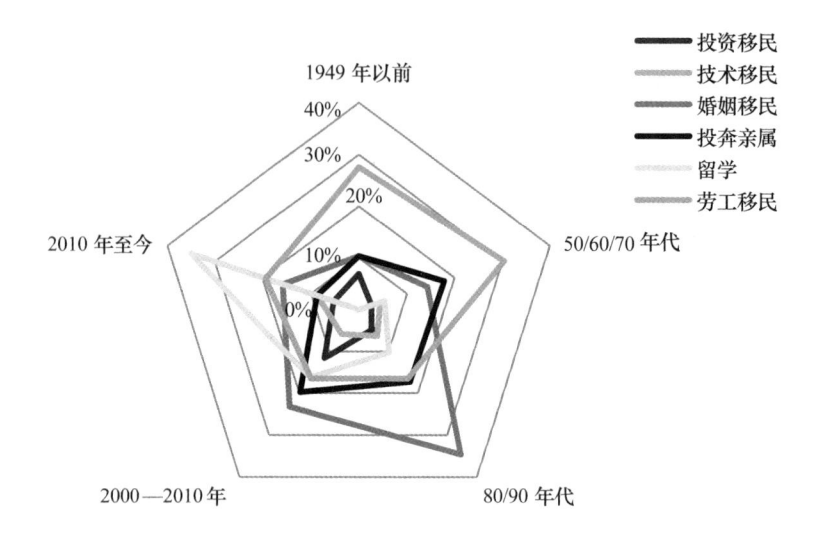

图 14.6　基于移民年代的境外（含港澳台）亲属移民方式（N=411）

课题组以受访者自身作为比较基准，询问受访者境外亲属的生活状况，带有一定的主观性。图 14.7 数据表明，与受访者自身对比，与受访者关系最亲密的境外（含港澳台）亲属生活状况各方面都比受访者好的占 34%，和受访者差不多的占了近半数（48%），仅有不到两成（18%）的受访者认为他们境外的亲戚过得不如他们。

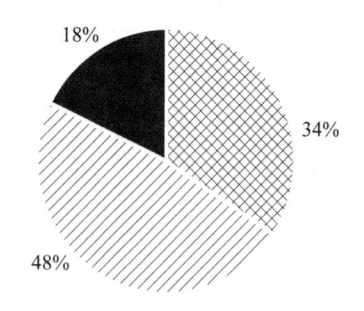

图 14.7　境外（含港澳台）亲属生活状况与受访者对比（N=415）

（二）与境外关系的联系情况

1. 广州受访眷属与境外亲属联系总体较为紧密

图 14.8 显示，从联系的频率来看，多数受访者与境外（含港澳台）亲属的联系比较紧密。有 61% 的受访者表示一年里与境外（含港澳台）亲属联系多次；联系频率为一年一次和两年多次的受访者占 23%；仅有 12% 的受访者表示与境外（含港澳台）亲属几乎没有联系。

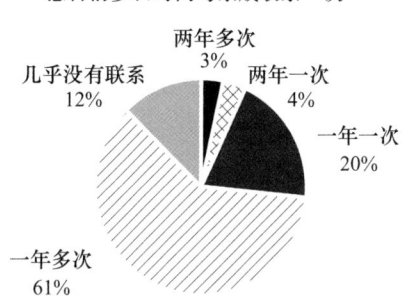

您目前多长时间与亲戚联系一次

- 两年多次 3%
- 两年一次 4%
- 一年一次 20%
- 一年多次 61%
- 几乎没有联系 12%

图 14.8　受访者与其境外（含港澳台）亲属联系频率（N = 425）

2. 联系方式主要为网络聊天、见面和电话

从联系方式来看，超过半数的受访者主要通过网络聊天，如微信等，与境外（含港澳台）亲属进行联系；其次是通过见面联系和电话交流，分别有 44% 和 35% 的受访者采用该方式。（见图 14.9）

3. 经济来往较少，非经济联系较多

在经济来往方面，受访者与境外（含港澳台）亲属有经济来往的占比较低，仅占到总数的 17%。由此可见，受访者与境外（含港澳台）亲属的联系更多集中于非经济联系上。在这部分有经济往来的受访者中，他们的主要经济来往方式是境外亲属不定期寄回来和受访者不定期寄给亲属，分别占 35% 和

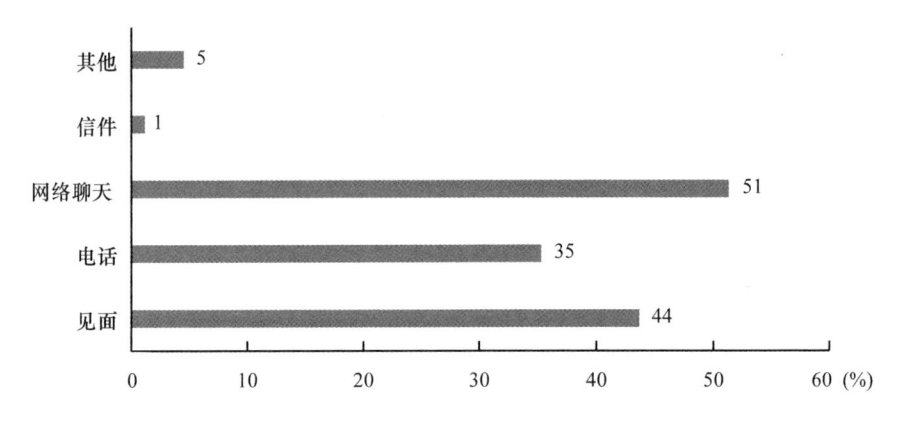

其他 5
信件 1
网络聊天 51
电话 35
见面 44

图 14.9 受访者与其境外（含港澳台）亲属联系方式（N=419）

36%。详见图 14.10。

是否有经济往来：没有 83%，有 17%

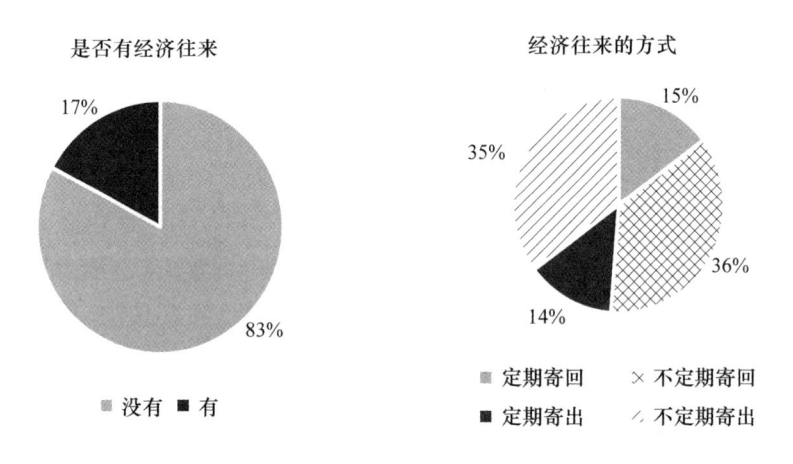

经济往来的方式：定期寄回 15%，不定期寄回 36%，不定期寄出 14%，定期寄出 35%

图 14.10 受访者与其境外（含港澳台）亲属的经济往来情况（N=435）

（三）影响境外关系基本情况的人口因素

1. 户口

有关广州居民的境外亲属关系的影响因素我们首先考虑的是户口性质。根据表 14.1 可知，受访者的户口性质与其是否拥有境外（含港澳台）关系有显著相关性，即农业户口和非农户口两组受访者在是否有境外（含港澳台）亲属上有显著差异，我们根据列联表中的数据可以得出，拥有非农户口的广州居民更有可能拥有境外亲属。这可能是由于农村与城市之间的经济发展水平差异所导致的。另外，此次调查范围是广州的城镇社区，农业户口样本偏少，样本的选择性偏差也有可能造成结果偏差。

表14.1　**是否拥有境外关系与户口性质的相关性**（N=2990）（*P≤0.05）

是否拥有境外关系与户口性质的交叉分类表				
		您的亲属当中有在境外居住一年以上的吗		总计
		有	没有	
您目前的户口性质是	非农业户口	340	1724	2064
	农业户口	82	844	926
总计		422	2568	2990
Pearson chi^2 (1) = 30.5998　　Pr = 0.000				

其次，受访者的户口性质还与其境外（含港澳台）亲属联系频率有显著关系，即非农业户口的广州居民相较于农业户口的广州居民与境外亲属联系频率更为频繁。但受访者的户口性质与其亲属出境年份以及二者间是否拥有经济往来并无显著关系，如表14.2所示。

表14.2　**境外亲属基本情况与户口性质的相关性**（*P≤0.05）

境外（含港澳台）关系与户口性质（卡方检验）	
	户口性质
出境年份	Pearson chi^2 (4) = 8.7243　　(N=411)
联系频率	Pearson chi^2 (4) = 10.3918*　(N=422)
是否有经济往来	Pearson chi^2 (1) = 1.7196　　(N=422)
境外（含港澳台）亲属人数	Pearson chi^2 (13) = 16.6281　(N=422)

再次，我们还可知受访者的境外（含港澳台）亲属人数与其是否非农户口是不显著相关的。2019年的调查是在广州11个区的城市社区开展的，因此农业户口的受访者相对较少，难以体现统计学差异。

最后，除了考虑受访者的户口性质，我们还探究了户口登记地与其是否有境外（含港澳台）关系的相关性。根据表14.3我们发现，受访者的户口登记地与其是否拥有境外（含港澳台）关系有显著相关性，即广州户口、本省其他地区户口和外省户口的广州居民在是否有境外（含港澳台）亲属上有显著差异，我们根据列联表中的数据可以推测出，广州本地户口的居民更有可能拥有境外亲属。

表14.3　是否拥有境外关系与户口登记地的相关性（N=3015）（P≤0.05）

		您的亲属当中有在境外居住一年以上的吗		总计
		有	没有	
您目前的户口登记地是	广州市户口	335	1595	1930
	本省其他地区	50	453	503
	外省	38	544	582
总计		423	2592	3015
Pearson chi^2 (2) = 51.8400　Pr = 0.000				

且受访者的户口登记地还与其境外（含港澳台）的出境年份有显著关系，即户口登记地不同的受访者在出境年份上有显著的差异。但受访者户口登记地双方的联系频率以及是否有经济往来无必然关系，如表14.4所示。

表14.4　境外亲属基本情况与户口登记地的相关性（*P≤0.05）

境外（含港澳台）关系与户口登记地（卡方检验）	
	户口登记地
出境年份	Pearson chi^2 (8) = 22.3588* 　（N=412）
联系频率	Pearson chi^2 (8) = 14.4247　（N=423）
是否有经济往来	Pearson chi^2 (2) = 1.2693　（N=423）

2. 性别

男性与女性在是否拥有境外（含港澳台）亲属以及拥有境

外（含港澳台）亲属上不存在差异，而且在出境年份、二者的联系频率以及是否有经济往来上，两者也不存在差异（见表14.5）。

表14.5 境外亲属基本情况与性别的相关性（*P≤0.05）

境外（含港澳台）关系与性别（卡方检验）	
	性别
是否有境外（含港澳台）亲属	Pearson chi^2 (1) = 0.1438 (N=3033)
出境年份	Pearson chi^2 (4) = 4.6531 (N=414)
联系频率	Pearson chi^2 (4) = 4.3635 (N=425)
是否有经济往来	Pearson chi2 (1) = 0.8294 (N=414)

（四）影响广州居民与其境外关系联系状况的因素

1. 影响双方联系频率的因素

在探究受访者与其境外（含港澳台）亲属联系频率的影响因素时，经过卡方检验，最终选取了教育程度、生活状况以及有无国家行政级别这三个变量。从表14.6，可知，首先，不同教育程度的受访者在与境外亲属的联系频率上有显著差异，教育年限越高，其与境外亲属联系密切的比例就越低；其次，不同生活状况的受访者也有显著差异，根据数据分析可知当受访者与其境外亲属生活状况差不多时，二者间联系频率越高；最后，不同国家行政级别的受访者在联系频率上也有显著差异，无国家行政级别的受访者与境外亲属联系更为密切一些。

表14.6 影响受访者与境外（含港澳台）亲属联系频率的因素（*P≤0.05）

联系频率的影响因素（卡方检验）	
	联系频率
教育程度	Pearson chi^2 (24) = 61.7516* (N=425)
生活状况对比	Pearson chi^2 (12) = 30.1121* (N=415)
有无国家行政级别	Pearson chi^2 (20) = 36.1915* (N=206)

2. 影响双方经济往来的因素

在探究受访者与其境外（含港澳台）亲属是否有经济往来的影响因素时，经过卡方检验，最终选取了政治面貌以及2018年所在单位是否与港澳地区有业务往来这两个变量。如表14.7所示，拥有不同政治面貌（中共党员、共青团员、民主党派、群众）的受访者在与境外亲属经济往来上的差异在统计学上具有意义。但二者之间的相关系数较小（Lambda＝0.0109），即二者的相关性较低；此外，所在单位2018年没有港澳地区业务的受访者更有可能与其境外亲属没有经济往来。

表14.7　影响受访者与境外（含港澳台）亲属经济往来的因素（*P≤0.05）

经济往来的影响因素（卡方检验）	
	是否有经济往来
政治面貌	Pearson chi^2（4）＝10.9970* （N＝416）
是否有港澳地区业务	Pearson chi^2（1）＝6.6935* （N＝413）

四　境外关系的社会影响

（一）广州居民的客观社会经济地位与其境外关系

本部分将分析受访者境外（含港澳台）关系对其客观社会经济地位的影响，从而推断整个广州居民这个整体的情况。其中客观社会经济地位指标将使用个人收入、家庭收入、家庭消费、教育程度、工作状况这五个指标进行测量。

1. 广州受访侨眷收入与其境外关系

表14.8显示了两个模型的回归分析结果。模型Ⅰ是对个人收入的回归分析，模型Ⅱ是对家庭收入的回归分析。二者是否有境外（含港澳台）亲属变量都对个人收入和家庭收入没有显著影响。但其境外（含港澳台）亲属数量对个人及家庭收入存在着显著的正向影响，说明广州居民在境外（含港澳台）的亲属人数越多，其个人收入乃至家庭收入也就越高。此外，境外

（含港澳台）亲属出境年份对个人收入和家庭收入也有显著影响，亲属出境年份越晚，受访者个人及家庭收入越高。双方的联系频率变量对受访者个人收入和家庭收入的影响也是显著正相关的，即双方联系越频繁，个人及家庭收入越高。但是与其境外（含港澳台）亲属是否有经济往来对广州居民的个人收入与家庭收入没有显著影响。由此我们可以得出，境外（含港澳台）亲属通过非经济因素对其居住在广州的亲属的个人收入以及家庭收入产生正向影响。

表 14.8 境外（含港澳台）关系对收入的影响：回归方程分析结果

模型与因变量	是否有境外（含港澳台）亲属	境外（含港澳台）亲属人数	出境年份	双方的联系频率	是否有经济往来
模型 Ⅰ：个人收入					
B	0.00967	0.0668***	0.179***	0.237***	0.0621
R^2	0.000	0.020	0.053	0.093	0.095
样本数	2369	308	305	305	304
模型 Ⅱ：家庭收入					
B	0.0533	0.0307*	0.146***	0.177***	-0.106
R^2	0.000	0.005	0.032	0.060	0.061
样本数	2452	311	311	311	311

注：双尾检验统计显著度：* $P<0.05$，** $P<0.01$，*** $P<0.001$。

2. 广州居民的家庭消费情况与其境外关系

模型Ⅲ是对家庭消费的回归分析结果。如表 14.9 所示，是否拥有境外（含港澳台）亲属对于广州居民的家庭消费无显著影响。但境外（含港澳台）亲属人数越多，家庭总消费金额越高，且相关性显著。而境外（含港澳台）亲属出境年份对其在广州的亲属家庭消费也有显著的正向影响，即广州居民的亲属出境年份越晚，其家庭年总消费量就越高。此外，双方的联系频率也有正向影响，即双方联系频率越频繁，广州居民的家庭消费水平越高。而与境外（含港澳台）亲属是否存在经济往来与广州居民的家庭消费水平无显著关系。

表 14.9　境外（含港澳台）关系对家庭消费总额的影响：回归方程分析结果

模型与因变量	是否有境外（含港澳台）亲属	境外（含港澳台）亲属人数	出境年份	双方的联系频率	是否有经济往来
模型Ⅲ：家庭总消费					
B	0.0467	0.0499***	0.104***	0.112**	-0.00209
R²	0.000	0.021	0.037	0.049	0.049
样本数	2598	325	325	325	325

注：双尾检验统计显著度：* $P<0.05$，** $P<0.01$，*** $P<0.001$。

3. 广州居民教育程度与其境外关系

模型Ⅳ是对教育程度的回归分析结果。表 14.10 显示，广州居民的教育程度与其是否有境外（含港澳台）亲属存在显著的相关关系，有境外（含港澳台）亲属的广州居民更有可能有更高的教育程度。且境外（含港澳台）亲属的数量与教育程度也呈显著的正向相关，广州居民在境外（含港澳台）亲属的人数越多，其本人的教育程度就越高。境外（含港澳台）亲属出境年份对其在广州的亲属教育程度也有显著的正向影响，即广州居民的亲属出境年份越晚，其教育程度就越高。此外，双方的联系频率也有正向影响，即双方联系频率越频繁，广州居民的教育程度越高。而与境外（含港澳台）亲属是否存在经济往来与广州居民的教育程度无显著关系。

表 14.10　境外（含港澳台）关系对家庭消费总额的影响：回归方程分析结果

模型与因变量	是否有境外（含港澳台）亲属	境外（含港澳台）亲属人数	出境年份	双方的联系频率	是否有经济往来
模型Ⅳ：教育程度					
B	0.705***	0.121***	0.285**	0.269*	-0.00809
R²	0.006	0.013	0.028	0.036	0.036
样本数	2598	349	349	349	349

注：双尾检验统计显著度：* $P<0.05$，** $P<0.01$，*** $P<0.001$。

4. 广州居民工作情况与其境外关系

广州居民的工作情况通过"是否工作""工作类型""有无

国家行政级别""2018年所在单位是否与港澳地区有业务往来"和"未来三年，所在单位是否会拓展港澳地区业务"这五个维度体现。根据表14.11可知，是否有境外（含港澳台）亲属与广州居民是否有工作显著相关，即有工作和没有工作的受访者在是否拥有境外（含港澳台）亲属有显著的差异。根据相关系数检验结果（-0.0756*，*P<0.05），二者呈负相关，即有工作的受访者反而更有可能没有境外亲属。基于此，不同工作类型（单位负责人/高层管理者、中层管理者、服务业一般员工、制造业员工、专业技术人员）的受访者以及不同国家行政级别（无级别、科级以下、副科级、正科级、副处级、副局级及以上）的受访者在这方面也存在显著差异。此外，受访者所在单位2018年以及未来三年是否会与港澳地区有业务往来与其是否拥有境外（含港澳台）亲属也有显著关系。

表14.11 广州居民工作状况与其是否拥有境外关系的相关性（*P≤0.05）

境外（含港澳台）关系与工作状况（卡方检验）	
	是否有境外（含港澳台）亲属
是否工作	Pearson chi^2（2）= 18.6039*（N=3032）
工作类型	Pearson chi^2（5）= 20.1636*（N=1778）
有无国家行政级别	Pearson chi^2（5）= 19.3204*（N=1763）
2018年所在单位是否与港澳地区有业务往来	Pearson chi^2（1）= 9.8250*（N=1738）
未来三年所在单位是否会拓展港澳地区业务	Pearson chi^2（2）= 12.5259*（N=1329）

（二）广州居民的主观社会经济地位与其海外关系

如表14.12所示，广州居民的主观社会经济地位与其是否有境外（含港澳台）亲属、境外亲属人数、出境年份以及双方的联系频率都没有显著的相关性。但与双方是否有经济往来有显著的关系，即与境外（含港澳台）亲属有经济往来的广州居民和没有往来的在对自己社会经济地位的主观判断上存在显著的差异。由此可见，境外（含港澳台）亲属通过经济因素对广州居民当前主观社会经济地位感知产生影响。

表14.12　广州居民工作状况与其是否拥有境外关系的相关性（*P≤0.05）

广州居民的主观社会经济地位与其境外（含港澳台）关系（卡方检验）

	主观社会经济地位
是否有境外（含港澳台）亲属	Pearson chi^2（4）= 8.9364　　（N=2955）
境外（含港澳台）亲属人数	Pearson chi^2（48）= 61.7951　（N=392）
出境年份	Pearson chi^2（16）= 15.2874　（N=385）
双方的联系频率	Pearson chi^2（16）= 13.3306　（N=385）
是否有经济往来	Pearson chi^2（4）= 10.6672*　（N=384）

五　移民意愿

（一）移民意愿基本情况

如表14.13所示，仅有不到百分之三的受访者有移民的意愿。总的来说，广州居民移民意愿较低。

表14.13　广州居民的移民意愿分布

移民意愿	频数	百分比（%）
有	83	2.7
没有	2957	97.3
总计	3040	100

（二）移民原因

探究受访者想移民的最主要原因时，将近四成想移民的受访者选择了想改变生活环境（38%）的原因，其次主要出于孩子教育考虑的占将近三成（28%），此外，也有受访者移民主要是因为国外社会福利较好（22%）或是出于公司未来发展的打算（13%）。

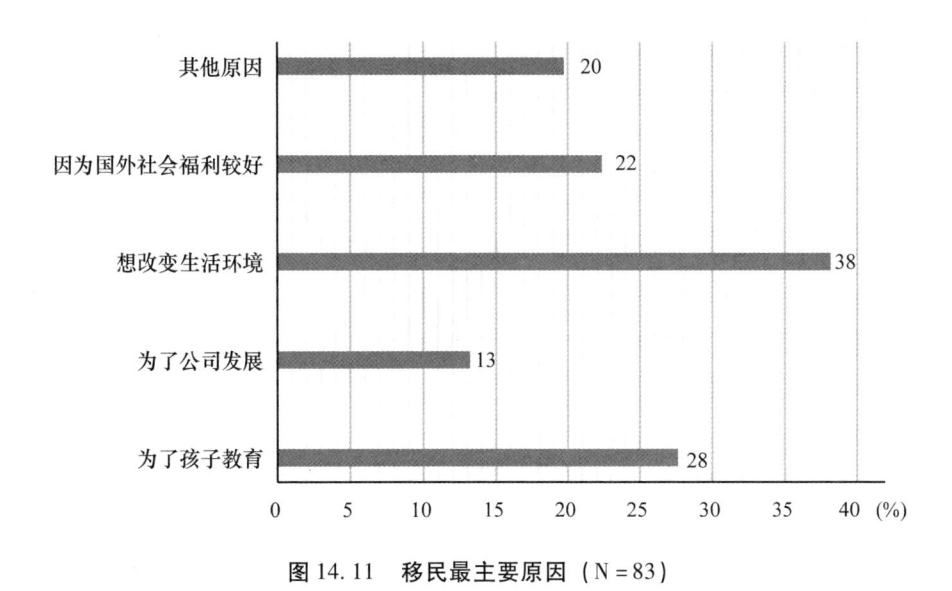

图中数据(从上到下):
- 其他原因: 20
- 因为国外社会福利较好: 22
- 想改变生活环境: 38
- 为了公司发展: 13
- 为了孩子教育: 28

图 14.11　移民最主要原因（N = 83）

（三）移民目的地

想移民的受访者的移民目的地总体来说比较分散，其中想去澳大利亚（21%）、美国（17%）、加拿大（17%）都占到总数的两成左右。其次是想移民到新西兰的（12%）；而想移民到中国香港地区或是英国的受访者数量最少，分别占比6%和3%。（见图14.12）

（四）移民方式

在移民方式的选择上，途径也较为多样，分别是投资移民、技术移民、投奔亲属、留学、劳工移民等。其中投资移民这种新型移民方式占比最多，达到32%。其次是技术移民，占到17%，也属于新型移民方式。劳工移民、投奔亲属和留学这三种移民方式占比较少，分别占到14%、13%和11%。（见图14.13）

（五）与移民意愿相关的因素

经分析，年龄、归属感和是否有境外亲属与移民意愿存在

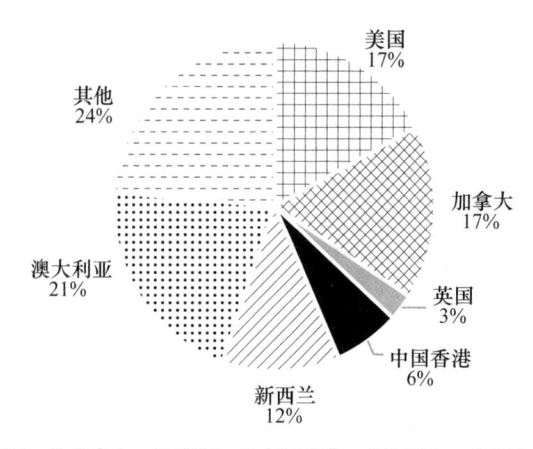

图 14.12　移民目的地（N=76）

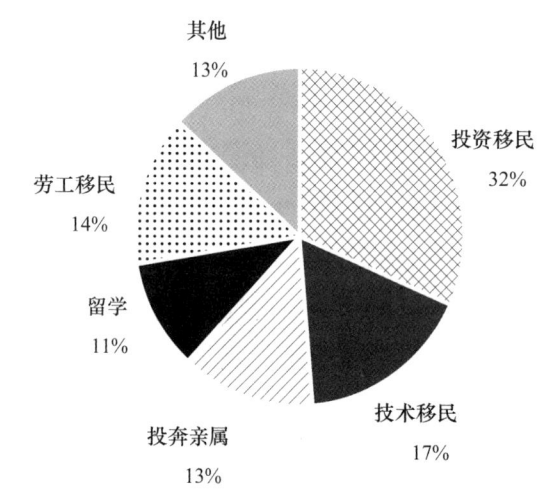

- 美国 17%
- 加拿大 17%
- 英国 3%
- 中国香港 6%
- 新西兰 12%
- 澳大利亚 21%
- 其他 24%

图 14.13　移民方式（N=76）

- 投资移民 32%
- 技术移民 17%
- 投奔亲属 13%
- 留学 11%
- 劳工移民 14%
- 其他 13%

相关性。首先，年龄越大移民意愿越低，相关系数为 3.459。其次，对广州归属感强烈与广州居民移民意愿显著相关。此外，是否有境外（含港澳台）亲属与移民意愿有显著相关性。（见表 14.14）

表 14.14　是否拥有境外关系与是否想移民的相关性（*P≤0.05）

影响因素	与移民意愿的相关系数	检验类型
年龄	3.459***　　N=3040	F 检验
归属感	Pearson chi^2（2）=7.3419*　　N=2908	卡方检验
是否有亲戚在境外	Pearson chi^2（1）=9.4075*　　N=3033	卡方检验

六　小结

根据前文描述统计与相关性分析，我们可以得出以下结论。

第一，广州的境外（含港澳台）关系特征具体来说，广州居民拥有的境外（含港澳台）关系占到将近一成半（14%）。其中，这些境外亲属最主要分布在港澳地区，远超总体的半数，其次是居住在北美洲、大洋洲和欧洲等地区。而与广州居民联系最为紧密的移民主要是改革开放以后出去的新移民，其迁移方式多样化，婚姻移民所占比例最高，其次是劳工移民和亲属移民。在比较广州居民与其境外（含港澳台）亲属的生活状况时，近半的受访者认为境外亲属过得和自己差不多，仅有不到两成的认为境外亲属过得不如自己。此外，广州居民与其境外（含港澳台）亲属总的来说保持着密切的联系，但以非经济联系为主，伴有一定比例的经济上的联系。

第二，从境外（含港澳台）关系的社会影响来说，境外（含港澳台）移民对广州居民的客观社会经济地位的积极影响更多是通过非经济层面而非传统的经济层面。具体来说，相比没有境外亲属的广州居民，有境外亲属的广州居民在教育程度上要更高；境外亲属数量越多，广州居民的个人家庭收入、家庭消费以及教育水平都越高。但双方是否有经济往来对广州居民的客观社会经济地位无显著影响，也就是说，境外（含港澳台）关系对于广州居民在上述方面的正向影响并非通过经济上的联系与支持。

第三，境外（含港澳台）关系对于广州居民的主观社会经济地位有一定的影响，这种影响主要通过经济层面对其自身评价产生显著影响。具体来说，拥有境外（含港澳台）关系以及与境外（含港澳台）亲人保持经济联系影响了侨眷当下社会经济地位感知。这意味着境外（含港澳台）关系作为一种象征，仍然影响着境内眷属目前的主观社会经济地位。

由此可以看出，境外（含港澳台）移民在广州所发挥的作用越来越从物质经济层面迈向其他非经济层面（例如智力、技术、思想、观念等方面）。这很可能与广州的境外（含港澳台）移民的特殊性有着密切的关系。相比传统的五邑侨乡、潮汕侨乡以及客家侨乡，广州的境外（含港澳台）移民的社会经济背景较为多元，其中有不少是属于正向移民（positive migration），也即移民相比非移民的社会经济地位更高。在新的时代背景下，这些群体与亲人和家乡的社会互动也不同于以往境外（含港澳台）华侨华人与传统侨乡的互动模式（如侨汇、捐赠以及投资）。广州作为一个侨都，应该与境外（含港澳台）关系保持怎样的关系，这仍需进一步的数据分析与探讨。

七 广州做好境外关系社会资本增持工作的路径思考

社会资本作为新的资本形式，强调人与人交往互动关系的重要性，是比较稳定、制度化和可持续的一种社会关系。培育与本地区经济发展相适应的社会资本，提高与本地区经济发展相适应的社会资本存量，是成为转型国家或地区推动经济持续增长的重要措施。

华侨华人一方面连接了中国与侨居地，另一方面融入了当地主流社会并积累了实力雄厚的资本，因而有雄厚的社会资本。而广州作为中国最大的侨都之一，拥有数百万华侨华人及港澳同胞，外向型文化底蕴深厚，尤其是近40年经济发展所提供的商事机会和发展空间，更是连接海内外精英才俊的纽带。因此，广州进行境外华人港澳资源再整合迫在眉睫：要在更高的层面统筹策划，结合国家中心城市的地位，打造高层次的港澳活动品牌，对接全体华侨华人资源，投入到"一带一路"建设中，助推粤港澳大湾区发展。

（一）打造广州侨都品牌，参与"一带一路"建设

"一带一路"倡议（丝绸之路经济带和21世纪海上丝绸之路）是国家统揽政治、外交、经济社会发展全局、构建全方位开放新格局的重大国际合作倡议，为推动构建人类命运共同体提供了现实路径。

近年来，华侨华人数量增长，素质提高，经济实力日益提升，是广州不可忽视的重要资源。因此，首先，广州应加强对境外华侨华人、港澳同胞的宣传推介力度，塑造广州作为华商在中国投资的重要门户形象，积极建设华商投资平台。其次，应创立侨智创业园地，不断完善创新创业环境，为入境创业人员提供完善的生活配套服务，塑造广州宜居宜业的城市形象，将广州作为华商侨智创业的最佳选择。最后，应建立侨情外联中心，积极培育华商智库、华文媒体、侨务港澳服务机构等中介平台，加强与世界各地联络与沟通，逐步建立信息沟通网络和平台，借助华侨华人、港澳同胞的社会资本，开拓世界市场，实现国际化发展。基于上述三个定位，广州还应发挥南沙自贸区优势打造华商经济开放合作试验区、积极争取华商银行总部落户广州、打造常态化的侨智华商人才入境各类创业平台、建立"走出去"对接境外华侨华人的平台、整合各方资源筹建侨商智库。广州应该充分发挥境外华人、港澳同胞资源丰富的优势，以增持社会资本的角度，再塑开放发展新理念，以更大的气魄打造侨都品牌，在建设"一带一路"中发挥更加积极的作用。

（二）建设新时代枢纽型侨都，助推粤港澳大湾区发展

广州作为国家重要中心城市和国际大都市，具有经济实力雄厚、辐射范围广，区位优势明显，华侨华人港澳同胞资源丰富，"侨味"浓厚等特点。上述分析也表明广州有境外关系的受访者中境外（含港澳台）亲属居住在港澳地区的数量最多，占到总体的62%，其与港澳语言相通，来往密切，利用好广州的优势对于助推粤港澳大湾区建设相当关键。综上所述，广州建设新时代枢纽型侨都应从以下几个方面入手：一是密织枢纽型侨务港澳合作三张新网络，即建立境外华侨华人、港澳同胞信息网络、侨港澳社团合作网络以及枢纽型服务网络；二是完善枢纽型侨务港澳工作四项新机制，即完善涉侨涉港澳单位联席会议机制和枢纽型为侨港澳服务机制，以及建立"侨务港澳部门+"工作机制和复合型侨务港澳干部队伍培育机制；三是打造枢纽型侨务港澳活动四大新品牌，即加强引资招技引智系列活动品牌、树立更有广州特色的文化活动侨字品牌、创新授予广州市荣誉市民称号活动品牌以及联手港澳资源，开拓境外新侨侨领、港澳青年领袖涵养活动品牌；四是优化升级枢纽型侨务八个新平台，即战略、创业、引智、组织、文化、宣传、交往以及基础平台。

广州应及时向华侨华人、侨眷侨属、港澳同胞做好沟通宣传工作；在枢纽型网络城市的基础上，结合侨务港澳资源的优势，打造成为联动内外、增进交流合作的"窗口之城"，吸引投资、推动经济发展的"机遇之城"，引导侨智、加快创新驱动的"创新之城"，塑造形象、提升城市软实力的"魅力之城"，维护侨益、做好为侨服务的"惠侨之城"，从而实现新时代枢纽型侨都的建设目标，争取更大突破。